改訂版

漢字に仏性あり

——安以宇衣於物語の世界観と思想

◆

観《かん》羅《ら》離《り》庵《あん》

小学館スクウェア

安《あ》以《い》宇《う》衣《え》於《お》

世に安らぎとは、衣を以《も》つことなり（法衣）

加《か》幾《き》久《く》計《け》己《こ》

人は久しきにわたり、仏の道を切り開き、
芽生え、みのるように自ら計《はか》るべし

左《さ》之《し》寸《す》世《せ》曽《そ》

知恵を出し工夫を重ぬれば、
曽のように、ちょっとずつ芽生え実ってゆくのがよし（之）

太《た》知《ち》川《つ》天《て》止《と》

移ろいゆく自然界に於いて、
知り過ぎること多くば、天は止まらん（科（化）学が発展し過ぎる）

奈《な》仁《に》奴《ぬ》禰《ね》乃《の》

知者も愚者も祈る心を大きく示せ

波《は》比《ひ》不《ふ》部《へ》保《ほ》

浮世の波定かならず、くらぶべくもなし

末《ま》美《み》武《む》女《め》毛《も》

武《ぶ》なる者、世の平安に努め、
女子《おなご》も、三界に根付くこと美しきが未《いまだ》しの感あり

也《や》由《ゆ》與《よ》

では、その由《わけ》を与うるなり

良《ら》利《り》留《る》礼《れ》呂《ろ》

最良の利益《りやく》とは、

万事処するに礼を失せず、誠意を持って当たるべし

和《わ》為《ゐ》宇《う》恵《ゑ》遠《を》

和を為せしとは、

遠き諸人らにも、恵み分かち与うることなり

无《ん》

天がはねればこの世はおしまいならん

はじめに

「漢字に仏性あり」

突然の珍奇なる題名で、さぞ奇異に感じられたことと思います。このようなタイトルを掲げるからには、その責任を十分に果たすためにも、ページの許すかぎり極力かみくだいて説明し、私の拙《つたな》い見解をひもといてゆくことにしましょう。

そもそも「漢字」とは、辞書には、「中国で作り出され、今日も用いられている表意文字」だと書かれています。しかし、私に言わせていただければ、「漢字」という言葉が持つ由来からその真意を考えてみると、「この世（娑婆や浮世）では仏の子と書かれている字が仏心を持った字として次第に芽生えてゆくものである」ということになると思います。

そんな仏の子の心を持った字を「学ぶ」（字に立心偏の心を追加したもの）ことにより、

各字形に宿る仏性を学びとらねばなりません。字形の骨格に仏性が含まれている以上、漢字の由来を知る為には、まず仏という世界を少々かいま見なければならないのです。

本書を順序よく理解していただければ、きっとそのベールも取り除かれて、漢字の一字一字が持っている本性即ち仏性が迫力をもって迫ってくることになるでしょう。

古来、東洋のアジア諸国圏内では、形こそ違え仏教を神髄とする精神が広範囲にわたりひろまっており、一大信仰の世界を形成しています。それを信じるか信じないかは、各人が生きてゆく上ではまったく自由で、なんら強制的なものではありません。しかし、たとえ信じない人にとっても、その意味を知るにこしたことはないのです。

私たちが夜眠っている間にも、上空の満天に輝いている星たちがこの母なる大地の森羅万象の一つ一つの命にあわい光を投げかけて、救いの手をさしのべています。なぜなら、「日や月や星」そのものの字形にも仏性が挿入構成されており、輝くその「光」の字にしても「仏の心」にほかならないからです(後述)。かの阿弥陀経の一節にも「有日月燈仏」や、「大光仏・大明仏」と書かれていて、なるほどとうなずけます。

昔から漢字の成り立ちとしては絵文字から発達した「象形文字」、それに点や線などの記号であらわした「指事文字」、次に意味を合わせる「会意文字」、最後に音をあらわす「形声文字」などがあるようです。

漢字の根源は、亀の甲らや骨に書かれた「甲骨文字《こうこつもじ》」と言われる古代文字です。しかし一般の私たちにはなかなかお目にかかれる代物ではありません。本書を書く私には、そのたぐいの発想や考え方は一切念頭になく、その方面の見識は学者におまかせする以外にありません。また最近知ったことですが、中国に現存する最古の辞書として『説文解字』というものがあるそうですが、これも私にはとんと縁のないところです。

ただ私が自信をもって強調したいことは、古き頃よりの古代文字と現在使われている現代（表意）文字との間には、相当の時間的経過があるということです。その間に、仏教の思想が組み込まれ、東洋人としての精神の息吹きが根付き、とりもなおさず「漢字」そのものがアジア民族や日本人としての誇りとなったのだと思うのです。ですから私は、仏教観が小乗（戒律などの形式を重んじ個人が悟りを開く事を目標とする仏教の教え）の世界から大乗（広く人間全般の救済を説く仏教の教法）の世界に移り変わり、仏教が集大成されたと同時に、現代文字も古代文字から脱皮したのだと考えています。文字の世界にも幼虫から成虫への脱皮現象があるのは、神仏のみぞなせる技《わざ》や術《すべ》なのかもしれない。そんな思いをはせています。

漢字を深く理解しようとすれば、「宗教を信ずる」ように、「神や仏の存在」をあらためて認識しなければなりません。しかし、べつに無宗教でもかまいません。取り立ててかまえる必要もなく、今や目に見えぬご先祖に手を合わせることさえできて、自らが微力な存在ですべてが神仏の加被力（加護）によって生かされていることの喜びを知り始めていさえすれば、それで十分なのです。

私は宗教家ではありませんが、在家の立場から宗教書（私譯般若心経）を書いたことがあります。これも、漢字の世界に、薫陶されたおかげで書くことができたとも言えます。

ですから漢字についての私の書が宗教書と見まちがわれるのも当たり前かもしれません。時には中途半端にかじった宗教を、しばしば先人の教えどおりに披露しなければならないことも事実であります。そのようなこともあって、やはり「仏なくして漢字を語れない」のです。この書をより深く理解すれば読者の方もきっとご納得がいくことになるでしょう。「宗教」とは、「教えることを宗《むね》とする」と大半の方々が思われましょうが、この書では、「仏（＝ウ冠り）が示す教えが宗教」だと解釈できることを説いておきましょう。「字が仏の子なるが由縁なり」です。「宗《むね》」の字は、辞書では「第一に大切なこと」とある。なぜそうなるのかは書かれていません。では申し上げましょう。それは、「仏が示す」から「第一（に大切なこと）」と言えるのです。

では、次に「愛」です。「愛」とか「愛しい《いと》」にも仏を表すウ冠りがちゃんと組み込まれているのです。まして、その下に心が入っています。なぜ、愛にみ仏の心が入っているのかって？　本来人間というものは、集団生活や共同生活のもとで暮らしてはいるものの、お互いに理性がある存在ですから、一人一人は絶えず孤独感にさいなまれることになります。それが現実であり、人間の本音ともいえます。陽気で賑《にぎ》やかな人ほどその反面寂しがり屋なところを持ち合わせています。一般的に、「愛」とは人から愛されることだと思えますが、それは何も人にかぎったことではありません。

やはり、み仏の心に愛されることが最高なのです。では、なぜそうなるか。愛とは普遍的なもので、また人間も若いときだけ愛を必要とするものでもありません。また、いつまでも気力や体力が充実しているとも限らず、次第に年齢を重ねるに従って、より孤独へと押しやられてしまいます。そんな時、み仏からの慈悲深い愛につつまれていることを知れば生活は楽しく充実感で満たされ、年をとっていても生きがいを感じられます。また後《あと》で分かることですが、私たち自身、お互いが漢字で見る限り「仏に位置づけられた存在である」ことも認識するでしょう。「私」や「貴方《あなた》」や「彼や彼女」の文字にもちゃんと「仏」なる文字が宿され息づいているのです。ですから、お年寄りに対しては若い仏としての立場にある者同士がやさしい言葉でいたわってあげることが長寿への薬となり、もっともよいことなのです。

「人々は皆、み仏の心というものを腰が曲がっても受けたい。それが愛の字のなせる業なり」

さて、漢字により一層の興味を持っていただくために、次の字を紹介しておきます。

私たちは生涯を生き抜いてゆく間、色と欲にさいなまれることになります。どうしても五欲（財欲・色欲・飲食欲・名誉欲・睡眠欲）や人によっては五悪（殺生・偸盗・邪淫・妄語・・飲酒）を行うことになる方もいます。この五悪に対しては、五戒と言って、在家の信者が守らなければならない五つのいましめがあり、不殺生・不偸盗・不邪淫・不妄語・不飲酒の説諭《せつゆ》が説かれています。しかし欲望としての色欲は、さて一体どうしたら救われるのでしょうか。

こうした事柄に対しても、み仏の子である漢字が用意されています。それは「絶つ」という字です。なぜ「色」に「糸」を寄りそわせて「絶てる」のでしょうか。もちろん、この糸に、絶つことのできるみ仏からの賜物《たまもの》としての真実がかくされているのです。まず、「糸」なる字の書きだしは「人」を表し、次に「仏のム」が筆順として位置づけされ、最後に「小」で構成されています。この小は立心偏のことで「心」を表し、糸なる字の全体で「仏心《ほとけごころ》」となっています。この仏心がみ仏に通じる糸《いと》となり、「糸偏」が種々の漢字を生み出すことになります。

森羅万象の個々の存在に与えられた命に、自らの意思で生まれ出てこられたものは何一つとしてなく、はたまた、山・谷・丘や岩や石においても、阿弥陀様の冥護力により見守られ、仏の加被力に与かり、まさに仏性により生かされています。その事実を的確にとらえ、各漢字の一字ずつにそれらの精神を吹き込み、神仏との絆を断ち切ることなく、各漢字同士にも縁をつなげ、意義や真意を正し、「みほとけの子」としての「字」の命の鼓動を今なお響きわたらせています。

また、これらの思想や精神を裏付けた名文がちゃんと残されていることには、今さらながら畏敬の念を禁じえません。

次にそれらの名文を紹介しておきます。

仏性の主体は無量寿（阿弥陀）仏なり

「阿弥陀は無量寿と記されている
その無量寿は不生不滅にして
三世常住なるをいう（過去・現在・未来）
人々具足の仏性のこと
一切衆生の命は仏性による働きであり
現在西方に在す無量寿仏は

その仏性の主体である」
と仏典に解説されています。また次なる名文は、この世の人が何たるかを明文化させており、深い感銘を受けます。

三摩耶戒《さんまやかい》

「われらは　みほとけの子なり
ひとえに如来大悲の本誓を仰いで
不二の浄信に安住し
菩薩利他の行業に励みて
法身《みほとけ》の慧命《いのち》を相続したてまつらん
おんさんまやさとばん」（普賢菩薩の真言）

素晴らしい言葉が巧《たく》みに選りすぐられ、真理をついた名文です。このように厳《おごそ》かな世界も、漢字の由来を読む術《すべ》に習熟すれば、たとえば「字」という文字自身（ウ冠りは人を表すなべぶたと仏のムのワ冠りで合成されており、組み合わせれば仏の一字が生れます）が「みほとけの子」を意味していることも理解できて、きっと素晴らしい世界が眼前にひらけ、猟をする狩人《かりゅうど》の如く、漢字をいとおしまずにはいられなくなるはずです。たえず煩悩の業火にあぶられる娑婆の世界の様相が一転し、ゆとりのある心は見る世間を楽しませ、いつのまにか取り越し苦労は影をひそめ、ちょっとのことではくよくよとせず、加えて物欲から解放され、おまけに時間を大切に使えるようになり、最後に般若心経をおぼえて唱えようものならもう鬼に金棒で、以来こわいもの知らずになることうけ合いです。

最後に、文字の由来を単純に読み取れる大切な術や便法として、漢数字に「一、二、三、四、五、六、七、八、九、十」なる十進法があることを付け加えておかねばなりません。あまりにも慣れ親しんでいるために、これらの漢数字群に大きな秘密の世界が宿されていることなど誰も気づきそうにないのです。

なぜ、漢数字の意味を理解しなければならぬのかと言えば、それらがたくさんの字の骨組みとして組み込まれているからです。一つ一つの字命、則ち一字一字が持っている字の命を正確に読解しなければならないからです。与えられたものを見て、学び、そして覚えるのと、目の力で読破するのとでは、おのずと伝わってくる字の真価が異なります。

すべての漢字が読めるわけではありません。日々精進しているところです。たとえば、「丸い」という字の解読に一週間かかりました。でも案ずるよりも生むが易し。自ら考証し続けることが大事です。

ちなみに、「丸い」とは、「九《ここのつ》の天（丶）」と言いかえれば、「九天《きゅうてん》」となります。天なる父の下に母なる大地があることを考えあわせてみれば、「九天九地」なる言葉、「天のてっぺんから地の底までの間と全宇宙」という言葉が連想されて、ああなるほど……と合点できます。

また、仏教用語に「十方世界」なる言葉がありますが、これは八方世界のそれぞれに「天」と「地」とを加えた世界です。四方（東西南北）、四隅（東南・東北・西南・西北）と上下（天と地）との組み合わされた世界ですが、全宇宙の意をとなえる九天とは、「地球を中心として回転する（昔は、天動説）と考えられた九つの天体で、日天・月天・水星天・金星天・火星天・木星天・土星天・恒星天・宗動天」をいうと辞典にありまして、この全宇宙が丸いことになっています。こうなれば、人間が持つ小宇宙内の心もおのずと丸くならざるをえないというのも、当然のことなのです。

一心に三世諸仏が一堂に会すれば心が丸くなるとは小宇宙の世界なり。

＊

これから書き綴ってゆく内容は、日頃、直接なじみの薄い自然科学や哲学に立ち入ることになります。森羅万象に息づき、芽生える現象を一連の考え方で捉え、そこから派生してくる世界観について考えてみます。まずそれらに共通する基本的な事項について、お話しておかねばなりません。

私たちは毎日、太陽の恩恵を受けています。私たちの太陽系は、悠久の昔から現在、そして恒久の未来に向かって、一遍も途切れることもなく、ひたすら流れ続けています。それは、刻々と移りゆく「時の流れ」です。この「時の流れ」と「一切の命」という二つの考え方が、漢字の世界においても大変に重要なことなのです。森羅万象の命は、この時の流れに張りついていて、個々の寿命とは、各々の命の持ち時間のこと（体内時計）を指しています。この考え方が、後で述べる漢数字「五」の文字の中に大切な意味として組み込まれているのです。

このように、日頃から馴れ親しんでいる数字（漢数字）と文字の世界も、一字一字の由来を追求し、それぞれの文字が持っている生命力や使命、それに各字形の不思議な縁《えにし》を理解するに従って、実に素晴らしい世界が開けてきます。また、大概の場合、漢字一文字の中に主語と述語に相当する要素が組み込まれていて、一文字だけでその中に一つの真理が宿されていることが、理解できるようになります。

まず、簡単に文字の由来を解き明かして行くために、ある一定の公式なるものを理解してゆくことにしましょう。

私も、はじめの頃は、漢字そのものが永年にわたる農耕生活より考案され編み出されてきたものとばかり考えていました。しかし、今では、一切の衆生に仏性があるように、また三摩耶戒のように仏教の思想が漢字の源流にあることがわかりました。

さて、その一定の公式とは、ごくわずかな関数式のようなものです。ところが、このわずかな漢数字の世界に、大宇宙（自然）の森羅万象、生きとし生ける物の生命、自然界の摂理や法則がうかがい知れるのです。

また、これらの取り決めをよく理解していけば、簡単な文字などから解き明かされ、次第に、漢字の方から解読を迫ってくるようになり、まるで狩人の如き経験ができるようになります。

そうなれば、もうしめたものです。各字形の真意が読み取れて、今まで考えもしなかった新鮮な世界、大宇宙における脈々とした命を新たに味わうことができて、つまらない取り越し苦労などなんのその、自然界と同化して、おおげさな表現をすればさながら桃源郷をさまようこととなるでしょう。まして、阿弥陀さまの世界がすぐそばにあるなんて思いもよらぬことなのです。

序論はこの程度にとどめ、一定のきまりや公式の説明に入る前に、森羅万象の命の根源の説明から進めていくことにします。

＊

小生は『漢字に仏性あり』の出版以後（約二年経過後）、もともと古書店に出向き、チベットと名の付く書を見つけ買うのが好きだった。なぜならこの国にも、日本と同じ「阿弥陀経」が有ることを知っていたからです。そして、ある日のこと『チベット死者の書』（ＮＨＫ出版　河邑厚徳・林由香里共著）の本を偶然見つけて購入。そして読み進むに従い、イギリスのノーベル物理学賞を受賞されましたブライアン・ジョセフソン氏は物事を物質的に見た場合、物質より前に精神が存在している方が、より明確な理論モデルを作りうると考えている。また共通しているのは、「人間には心や意識があって、そのことが物質的世界と無関係に存在しているのではなく、お互いに影響しあっていることを認めることだ」と記述されていました。この一字一句が、まさに小生が長年にわたり、漢字を解き明かしていく論拠を私なりに裏付けされているかのように大変深く感銘を受けた次第でした。

一方、中国天台宗の祖、天台大師の「智顗《ちぎ》」さんのお言葉に「一切衆生悉有仏性《いっさいしゅじょうしつうぶっしょう》」と出会えたこと。つまり「一切の動植物（山野草木花雑草）の命の三世代継承の繰り返しそのものに仏性があると理解し、例えば「止る」（卜に一人、⊥に一人）の字には二人で、二世代で止ることになれば、以後絶滅危惧種となり、あと一人の追加を試みれば、縦棒の部分の重複合成で「丅止で正」の文字に三人（三世代、親・子・孫への継承の繰り返し）で正しい文字が生れます。今、「メダカ、こうの鳥、信天翁《あほうどり》」等、捕獲厳禁で保護鳥になっております。

また、お経の三摩耶戒にも「われらはみほとけの子なり」そして仏性の主体は「人々具足の仏性のこと」と表現され、いつの世も「一切衆生悉有仏性」でありたきものとなります。私の仏性は三世諸仏とまで思考しておらず、この智顗さんのお言葉に出会いましたのも感激し、私に大いなる命を与えられましたように思えた次第です。以後、お互いに大いに楽しみましょう。

改訂版

漢字に仏性あり

——安以宇衣於物語の世界観と思想

目次

命の根源を構成する漢字の世界

生と死とは

この表題の「生」の文字をよく見ますと「人と土」で構成されています。一見《いっけん》単純な文字ですが、この文字には深い意味合いが宿されているのです。まず解体してみましょう。

まず、「人」以外の土に注視してください。「十」とはなべぶた（人を表現）の亠」と、ひっくり返した「丅」を、上下重複合成により「十」となさしめ、最後の三画目の横一で締めくくり「土」となし、先の「十で二人」、土の最初の横一と三画目の横一で、「二」となし、いまだ出会ったことなく、いつも平行線で行き交う不特定多数の人を表しているのです。つまり、「土」自体に「三人の人」を含ませ三世諸仏の概念を発生させているのです。先の「悉有《しつう》仏性」を実現化させる為の構想です。この考え方を基盤とすれば、人の誕生は、三世諸仏になれるように「生まれ」そして「生きて行き」必ず命の継承をなし、子孫を残し、また生まれた子も同じく大人になれば、また結婚して同じ命の継承をすることが大切なのです。私達は、とりたてて意識せず、暗黙のうちに行ってきていますので、各人は今この世に存在していられるのです。
すぐ近くにあり、三世諸仏であるナスやトマトやキュウリ等を毎年、育て上げているのです。別に人参や大根ごぼう等の野菜もそうです。大半が一年もので命の継承をする為に「種や球根や苗、その他の種子」などを保存して、お百姓さん達は何をどの季節にまけばよいか知っておられ、毎年、作物として実り、食膳を賑わせてくれているのです。この土の文字に仏の右側の「ムを土に覆い包んだ」ところが「田」となり、三世諸仏であるお米を育ててくれているのです。また、土や田をより一層肥沃《ひよく》にさせるために焼畑《やきはた》として、みのりがよく育つ為に畑が誕生しているのです。野菜など三年の間に、過去・現在・未来へと生命を継承され命がつながっているわけです。海中の魚や地上の昆虫類や他の動物自身、つまり、生きとし生けるもの、山野草木に至るまで全て命の継承がなされ、これら一切の衆生は皆、神仏の冥護力や不思議な自然神の怪力のなせる業だと言えるでしょう。但し、命の長さ（体内時計）は各員各様によるわけで、これらの考え方は漢字が考案された二千数百年前に編み出されていたことには畏敬の念を禁じえません。

次に「死」とは、まず、死の文字だけで三人の人が入っています。まず「丆」で一人、次にフ（ひとがしら）で一人、最後に二画目に垂れ下がるように小さく「𠂊」の組み合せからなりたって「歹」の文字を形成し、「匕」は仏や化身を意味し、「死」とは、やはり生きた証として「三世諸仏の化身」となり、生涯を全うし、命果てるわけです。

きっと、人は死の寸前に意識を失い、魂が抜け霊界へと入り、あとは死体や屍《しかばね》となり、生の脱け殻《がら》となってしまうわけです。

ゆえに、「大地に生き芽生えたものを、三世諸仏になれるよう、育て実らせる所が「土」なる由縁で、この世に誕生し、生涯の役割を全うし、各自の体内時計が切れる時に、各自、生命の終焉を迎えることとなるのでしょう。

なぜ、いの一番目に、この「生」なる漢字を選んだかと言いますと、森羅万象のすべての存在は大なり小なり「すべて土に縁がある」からです。

ところが、この生の中の「土」は大宇宙における「母なる大地」を指し示す場合と、人間の体内をおおいつくしている小宇宙の「知恵や考えを生み落とし精神的なる役目を司る心の土壌」に相当する土とがあるわけで、どちらの土もよく耕さないかぎり、よい実りは生まれ出てこられないことになっています。文字上どちらの土を意味しているのかをよく区別して理解することも時には大事なことと言えるでしょう。「耕田経《こうでんきょう》」というお経があるそうです。正にピッタシカンカン。小宇宙内の土が田となり、この田を生涯にわたり耕さねばならないのです。

また、この世でおこる母なる大地の現象を直視してよく考えれば、即ち小宇宙内にある心の天（脳）に反応し、その一切の物質的現象が記憶としての容量となります。そして心の土壌に深く根づいていき、時には一元一体化することが肝要です。相当の修練を積み上げねば、「大円鏡智」の如く、「万物の真理の姿を示す」ことはできません。別にその境地に至らずとも、様々な現象が心の土壌に波紋を投げかけ、時には根をおろし、芽生え、実《み》をなし、立派に成長してくるでしょう。

次に命の根源を維持している大切な事柄について話を進めましょう。

この世の物質界を構成している四つの元素といえば、即ち四大《しだい》をいい、「地水火風」を指し示しており、特に人間の身体を構成しているものと言われています。

四大が肢体《したい》（手足とからだ）なら、四大に「空」が加わり五大《ごだい》となり、万物を生成する「地水火風空」の五つの要素になります。大自然界での「地は母なる大地」であり、「水は森羅万象にとって大切な水分」を指します。「火は地熱や温度そして燃えたたせるエネルギー」、そして「風は酸素や炭酸ガスの代表的なものを運ぶ」のです。「空は大宇宙ではすべてをおおい包む空間や天上」を言い、人が持てる小宇宙では「理性や知恵をはぐくみ三世をすみかとする仏の存在する所」でしょう。

ところで、人間の五体を構成する「地水火風空」は小宇宙内の構成要素でもあり、まず「地は生きていく為の知恵や考えが育ち、大きくなっていく土壌のこと。「水」は万物すべての生命の維持に必要欠くべからざるものであり、体内の比重も高くなっています。「火」は一定の体温を維持し、燃焼させせます。「風」は植物には炭酸ガスを、五体には新鮮なる酸素を常に供給し、他の元素も包含します。「空」とは視界を通じ心の空間に投影され、五体の諸器官に指示や命令を下す小宇宙の空間の位置づけです。「空と地」の間は小宇宙内ではまさしく無限の創造の世界の空間で、その間をさまざまなる思いや考え、知恵が駆けめぐり交錯します。「地」である心の土壌ではいったんあらゆるものを受けとめ、不必要なるものを排し、必要なるものは自らの肉月の成育に有効に利用し、空もまた地を助け努めを全うしていくところなのでしょう。

さて、なぜ人間はこの「土」の文字と切っても切れない間柄にあるのでしょうか。

二、三の関連した漢字で進めていくことに致しましょう。

まず、息を吸ったり吐いたりするところで、呼吸を整える器官としての「鼻」の字を取りあげてみましょう。この字を分析すれば、「自らの田を芽ぶかせるところ（最後の三画は草冠りで芽生えることを表しています）」と表現されます。五体のみのりある肉月を支え、心の土壌を耕しよい考えや知恵を育てる土壌（田）に新鮮な大気の一部を送り込み、熱き血潮をたぎらせるのに不可欠な酸素を摂取する機能を持っているところです。

また、人間の体は別名、「肢体」とも呼ばれ、手足とからだを意味し、肢体の「肢」は

「肉月を支える」とも書かれ、この肉月も、もとをただせば、土や田から芽生え育ち、完成した五体を指しているのです。

次に「歯」という字形もよく見れば、田という字がそれとなく挿入されているのがわかります。米の点々を削除してみて下さい。田でよく働き耕し稔らせるということは、田に米が育ち上るということです。「歯」を分解しそれぞれを考え合わせれば、田をよく稔らせる為に、「一度ずつかんでは止まる」、「かんでは止まる」ことの繰り返しから形づくられています。実に合理的な着眼発想と言えましょう。

荒い息を「吐く」などの文字からは、「口と土」とは相関関係がしのばれます。心の土壌に芽生えた思いや考え、そして知恵などが天（脳天）の指令により、口の戸口にまでおし上げられて外に「吐き出される」ことになるわけです。

次に七（誕生と生きているものを表す）はラッキーセブンとも言われ、チャンスが「生まれる」といわれる程に愛されている漢数字ですが、この「七」に「刃物」の字を寄りそわせれば「切る」という字が合成されます。その結果、誕生を表す「七」が「亡ぶ」という字に変化し、七の胴体が鋭利な刃物でちょん切られ、即刻、命脈がとだえて、亡んでしまうことになります。いずれこれらの二字にも仏の字が組み込まれていることがわかるでしょう（後述）。

次に、大概の生きているもの（七）に刃物で、肉月を切ったり傷付けたりすれば、「赤い血」が出てくるのがわかります。この「赤い」の字をよく見れば「み仏の土の心」と書かれております。命の通った肥沃なみ仏の土の心（この世の一切のものに仏性があるから赤の字にもム（丁）が入っている）を意味しており、土壌の成分を維持する血の色を赤いと言っていることになるのです。なにも人間の体に限ったことではありません。森羅万象の生きとし生けるものすべて、海よりはい上がり地上で生育してきたという考えを踏襲してみれば、動物の大半の血は「赤い」ことになります。池や川や海に生息している魚や鯨も、立派な肉月を養うとされる田なる字を持っている関係上、その血は赤いのです。

以上のように、漢字の上では森羅万象はすべてこれ、母なる大地である土よりの恵みを受けることにより、命を保てることになっているのです。

「土」は、さまざまに姿や形を変えてつかわれているため、果たして本当にそれが土からでき、構成されているのか、判読に困ったこともたびたびあります。

たとえば、「幸せ」なる字を見てみましょう。時、所を選ばずさまざまな機会に人々の口々から飛び出してきては、「人間の幸せ論議」に花が咲きます。まるでそれが別世界の生物や別世界の概念であるかのように、簡単に得られるものと思われているのが世の常であります。

それほどにすべての人は「幸せ」にあこがれ、甘んじ、陶酔し、しびれ満足しようとしているのです。

では、この「幸せ」なる字をよくよく見て観察すれば、上も下も「土」で、その間に芽が出ているのがわかります。

つまり、自分の心の土壌と、不特定多数の相方の土壌との間に気脈や気心が通じ、お互いの間になんらかの芽がふくらみ、それがどんどん稔ってくる現象を、この字は物語り表現しています。

たとえば恋人同士の間で恋や愛の芽がはぐくまれ育っていく様や、心の芽を持つペットの犬猫との間や、お年寄りと盆栽の関係を考えてみましょう。土と土との間に芽をのぞかせその大地より得た大いなる収穫は大いなる安らぎを生み、充足感となり、大いなる幸せを生むことが納得されます。

これらの「幸せ」なる現象や行為は取りたてて別の世界にあるものではなく、ごく身近なところにたくさんちらばっており、慣れすぎるあまりに気がつかないだけのことです。この頃小生は、ごく平凡な生活を維持することが「幸せ」なことじゃなかろうかと思い始めております。上の土も下の土もいずれも三世諸仏だからです。

また、自分にあった趣味、嗜好、娯楽三昧や旅行、それに好物とのめぐりあいや、その他、盛りだくさんにあるはずです。

また、この土なる字を真横同士に組み合わせれば「共」となります。最初の四画までに二つの土が入っており、同じ土同士が芽ぶいています。この共の字に由《よし》を加えれば「共に由」「黄」の字が誕生します。豊かな稔りの色をあらわし、五穀豊穣の色として尊ばれるわけです。そして、共でない田は「異なる」ことにもなります。

また、人の心の土壌を信心などでよく鋤き耕し続けていけば、よき知恵やひらめきが授《さず》かり、心全体が肥沃な「土また土」でおおわれてくれれば、「佳《よし》」となりよろこばしいことです。

また、土に十（芽生える）を加えて逆さまにひっくり返し、芽の点々を加えると「羊」となり、この右側に羽を寄りそわせれば「翔《と》ぶ」となります。羊《ひつじ》に羽がはえるわけはなく、百花繚乱の如く、芽ぶき咲きほころんだ土また土の上を羽をひらいて飛ぶということが、まさに「翔《と》ぶが如く」となる次第なのです。

他にもまだたくさんあります。自然界の母なる大地と、人の心の土壌のどちらを指し示しているかを察知して、区別してゆかねばなりません。

繙《ひもと》けた零と壱

まず、素数に組み込まれない「零と壱」について進めることと致しましょう。

この零と壱を説明する前に令なる意味を取り入れるに当り、「命令」なる文字の意味の項を進めましょう。この「命」とは生物（人類、植物類、魚類、その他動物類）を生かしていく根源的な力とあります。命の漢字には「口」なる文字が入っており、「令」の字には入っておりませんね。「口《くち》」とは人類を含む各動物類が各自の生命を維持していく為の「実り」を意味し、それらの実りを「口」から食して命を継がしていかねばなりません。植物には口がなく、水分や肥料を吸収して育ちます。もし、なんの食べ物も口に入らなければ餓死《がし》してしまいます。「命令」とは命あるものがいまだ命のないものに対し、命ある状態のものに早くなりなさいと命令を下しているわけです。「命」の字はまず、𠆢（ひとがしら）と一切《いっさい》の実り（一口）が大地に卩（ふしづくり）として根づいている状態であります。「令」にはひとつの実りである口の文字がいまだ入っておらず命をなし得ていないのですね。職場で言えば上司や先輩などが一つの業務知識や会社内での取り決めとする規程や仕事の運び方に熟知しておられ、命令を受ける側の「新人」は、よく理解して貢献し、実績を残して、その反対給付として実りを得られる給与をいただき命として糧《かて》を得ているのですね。ところが、まだ経験が浅い人や新入社員達には早く実績を積み上げてもらう為に各種の業務知識や折衝の方法を習得していく為に職場内で教育指導を含め「命令」を下して行かねばなりません。また一方、野生の動物ですら親は子やひなに、成長させる為に取って来たえさを与え、危険な時に逃げる方法など絶えず教えていることに懸命なわけです。これらの理屈をよく理解されたうえで「零《ゼロ》」の字をとくに眺めていただくと、つまり、雨《あめ》が令《れい》を下《くだ》している訳ですね。なぜ雨が令を下すのでしょうか。私は数学で因数分解だけが得意で、まさかこの漢字を分解することなど思ってもみませんでした。この雨を大きく書いて分解してみましょう。

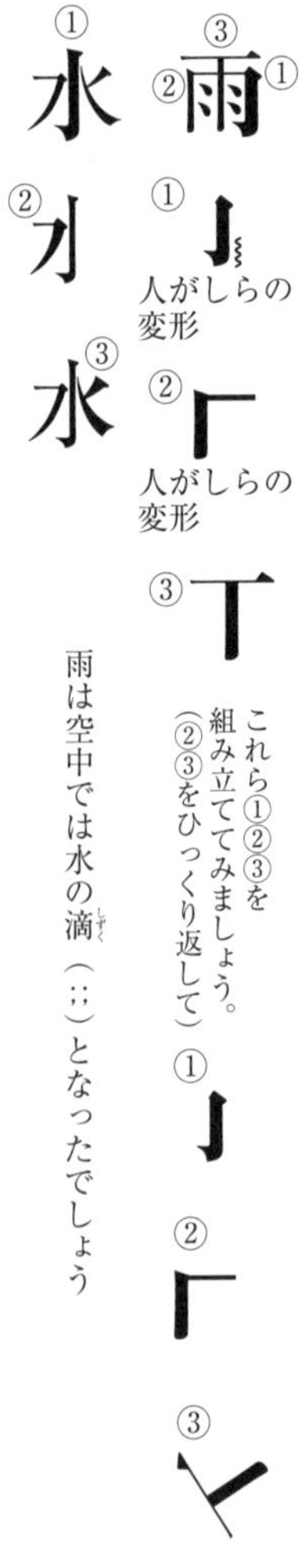

雨
人がしらの変形
人がしらの変形
これら①②③を組み立ててみましょう。（②③をひっくり返して）
水
水
雨は空中では水の滴《しずく》（:;）となったでしょう

結論を申し上げましょう。もう既にご理解いただけた方々がおられましょうが、雨が令を下しているということは、大地に降りそそいだ「雨は空中では水の滴《しずく》」となり大地に水滴が落ちてしまえば水となり、水自身が早く命を持ちなさいと令を下しているわけですね。アメリカの宇宙研究所のNASA《ナサ》は水がありそうな（特に火星）にロケットを飛ばし、水の可能性を探っているのですね。その星は生命が有るのか。

もう既に秦の始皇帝の時代以後に水が生命の誕生の因果関係を熟知されていたのですね。また、雨の文字には三人の人の字が入っているのですよ。最初の①の亅は、人がしらの変形です。文字は人間のためにつくられたのです。三人よれば文殊の知恵でしょうが、漢字の三人となれば「三世諸仏」を意図し、「過去・現在・未来に生きた人々」に未来永《えい》劫《ごう》に必要な訳ですね。雲とは水の滴を降らせる仏なのです。人は既に知り合っている人、つまり天と地（後述）の二が支えあっているのです。二はいまだ知りあいでもなく常に行き交う平行線の状態にある不特定多数の人々をも意味し「魂」の文字や「会」にも出てきます。人の心の中には「善なる仏」と「悪なる鬼」とが同衾《どうきん》しているのです。さて、どちらが出るでしょうか。勿論、大半の人は善人の仏さんが支配し、悪人となる人は鬼が支配する心根を持ち合わせているのでしょう。この当時、既に勧善懲悪だったのです。故に現在では地球以外の惑星の水の有無を探査するために種々のロケットを飛ばし、その星に微生物をはじめとし、生命の存在を確認しているのですね。どのような経路を辿り生命が発生するのかを調べたいのだと個人的には思うわけです。

さて、「零」の次は「壱」です。普通は一（一は素数に含ませない）と書くべきでしょうが素数ではない関係から零に対応して、「壱」の漢数字をもって説明致します。まず雨が水の滴《しずく》となったことから天空から降り始め母なる大地（海上も含めます）へと概《おおむ》ね降りそそぎます。これが現実の自然界の姿ですね。当然、実りをもたらせる耕《たがや》された土の上にです。すさんだ荒野、それに山野では、自然界に実のなる果実以外は当然、常に人の力により耕された土地に恵みをもたらせる所です。まず、「十」とはなべぶた（亠）の上下を縦横に組み合わせれば、「亠丅」となり、結果的に二人の人が出てきて「十《じゅう》」となります。最後に「十」プラス横線の「一」を加算すれば土（下が長い大地の土）に合成された文字が出来上がりましたね。故に土の字には、ここでも三人の人が組み込まれていることがうかがえますね。上段のプラスの十に含まれている横一と最後の一で二で三人目の人を含みます。何もこじつけではありません。はるか悠久の昔から、過去・現在・未来に住んでいた人の生業《なりわい》として食の糧を得るために耕し続け耕作を続けねばなりません。故に常に子孫を残すことが最優先の時代で、過去・現在・未来の人々が飢《う》えずに生命を維持し続けられるのです。だが、ここで一考を要します。この土の下側には「仏のム」を表す「ワ冠り」と「化身」を表す「匕」が入っており、「壱なる文字」は水の滴のお蔭で三世諸仏やその化身が芽を出し、大地の動植物の生命を支え現在の自然界の姿を髣髴《ほうふつ》とせしめ続けてくれています。その状態が移ろいゆく自然界の生命を持った生物の姿なのであります。

なぜこの壱の字の「下が短い士」を使用しているのかと言えば、漢字で表す場合、仏や化身は人の心の中での着眼発想することで心の土壌として、下の短い「士」となるわけです。

ここまでの文章で「零・壱」の相関関係がご理解いただけましたでしょうか。「仏」という文字にも三人の人が入っていますね。①イ②𠃊③㇀、①②③を合成すれば仏の字になるでしょう。やはり、過去・現在・未来の順繰りの繰り返しが三世諸仏の考え方が浮かび上がらせるからでしょう。

この「三世諸仏」とは過去・現在・未来を順繰りに生命を継《つな》いで行くことを意味し、古来将来の未来に向けて存在し続け、古来永劫の意味を含め携《たずさ》えているのです。五百年や千年を生きる大木もあれば、後から出てきます大自然界に存在する、ここで「五大」の「地・水・火・風・空」の一字一字も永久に存在してくれているから生物は順繰りに生きてゆけることになっているわけで、自然界の姿なのですね（「佛」とは縦に三人を配し弓矢の弓のつるに、「㇕（一人）」そして「㇄（一人）」最後に「㇇（ム）」で弓の字を完成させ、縦の三人を締めくくって成り立っているのです。ご理解いただけるでしょうか)。

この事柄が零と壱との相関関係だと考えられます。実際の一は次の項で述べることと致します。

片陰り (一服・小休止)

私は幼少の頃から、他の人には告げることもなく、とにかく「誇大妄想の気質」が宿っており、一つ一つの妄想の事柄に取り組み深入りしてゆくことで自己満足にふけっていました。元来はごく普通の子どもで、学業も特に秀《ひい》でたところもなく、とにかくテスト試験は一夜漬け、また山勘《やまかん》をはること、高校や大学の入試など過去五年間の入試問題を徹底的に調べ、その解答を覚え、高校入試では理科の一問、大学では英語の一問がそっくり出題されましたことに大変有難く思いました。

やはり、「日本語の言葉」を友からの導きにより、本の乱読により、よく覚え、それが自然に身につくまで頑張ったつもりでした。また片道二時間往復四時間の通学の時間を有意義に利用することが大事だと初年度より全集ものの読破に取りかかったことでした。以後、現在の齢《よわい》になるまで時間を有意義に利用し、道々、般若心経を手始めとし浄土三部経と観音経、それに各種呪文をそらんじられるまで暗記したものでした。そのお蔭で種々様々なる苦汁や難題を乗り越えられ、現在に至らせもらっているわけであります。

いわゆる、「ながら族一代」が私の処世術だったかと思われます。また優秀なる友にも恵まれたことにも感謝し、できるだけ妥協できる考え方に心がけ、時には不特定多数の相手を許すという寛容なる精神を持つことも大事だと思いつくことに至っておりました。また、新刊書を読むより、古本屋さんで見つける本の方が私の記述した内容を肯定してくれる書籍が散見され嬉しい限りでした。次に素数に入る前に、一般的にあまり見受けない言葉や、ある一定の取り決めを順序よくご説明したうえで入ってゆこうと思っております。

私の父は昭和二十九年の年初に現在の胃癌、一端退院後の三か月で大腸癌を患い、現在で言う進行性癌で、死を覚悟した母がその三日前に退院させ、自宅で親族に囲まれながら個人医院の先生に来ていただきながらの死の寸前の言葉を耳に致しました。「どんな辛抱我慢もするから、もう一度生かしてくれ」という不可能なる言葉でした。その言葉が一番末っ子の私の胸に深く突き刺さり、私への最後の言葉として受け止め、それ以後の「信念」として、どんなことも表情に出さず、辛抱・我慢を貫き現在に至っております。有り難い最後の父の言葉でした。

梵《ぼん》我《が》一如《いちにょ》

このような言葉はあまり見受けず、また耳にすることすらありませんでした。お読みいただくにつれてご理解いただけるものと思っている次第です。

この言葉は私の思想の基本的なる考え方を集大成してくれているように思え好きな表現です。相当以前から、自らの考え方の裏付けを求めて古書店を漁《あさ》り、歩き求めたり、大辞典の頁を飽《あ》くこともなく繰って時を過すこともありました。別に無駄なることとも思えず、探り当てた喜びと言えば、めぐり会いの最高の境地の邂逅《かいこう》で、我が人生の途上における良い本との出会いやめぐり会いがいかに大切なことかと考え、心嬉しき限りでした。

というわけで、かくなる言葉は明治以後に、わが国の有名なる国学者が作られた語（広説佛教大辞典一五四二頁　中村元著　東京書籍）とあり、「宇宙の根本原理と個人の本体は同一だ」と解説されています。「仏教界」では、この大宇宙を背景にした大自然界は全て「五大」で構成されていることになっており、いわゆる四大の「地・水・火・風」に「空」を加えたものだと辞書にも説かれています。また、各自人間自身が持っている肉体を維持し支えています五体の中にも小宇宙が形成内包されており、心の土壌からの素晴らしい知恵や考えや記憶を内蔵し、都度、「空」にある「脳天」からの指示により発芽し、実りを得るという「地と空（天）」がまず自身を自在に制御コントロールし、「水」（人の体の六〇％が水分とされています）はまさに必要かくべからざる水分を補給し、「火」は食物を煮たり焼いたりして糧《かて》を得ては血液を造成し体温の維持とエネルギーの燃焼、それに燃える情熱の根源を司《つかさど》る心のマグマとして、ふつふつと煮えたっている命の灯《あか》り、「風」とは当然体内の全てのところにまで送り込まれていく酸素や気等々。五体もまた、皆「地・水・火・風・空」で構築されており、これらの五大がいつもバランスよく五体を安定維持されてこそ、健《すこ》やか気分で元気におられるわけですね。例えば、台風などで、大自然界にて天地の均衡が崩れると気圧による気流の変化から大地では竜巻《たつまき》、海上では台風の発生、強風雨、洪水の発生による災害、あるいは空気の乾燥による山火事の被害、山崩れによる土石流の発生による大災害等、想像を絶する現象が起こり、世間に大きな被害影響を及ぼします。また、五体の中の五大にしてもそうです。体のバランス均衡を崩すと各種様々に病魔に襲われ、時には生命維持すら困難な目に遭遇致します。うつ病ともなれば精神と肉体が同時に制御出来ず常に遊離し精神統一し得ず、気もそぞろの散漫な頭となり、もはや人間小宇宙内の五体にひそむ五大はバランス均衡も崩れ、人前にも出られず明るい日射しからもおのずと遠ざかり、自閉症はまだしも遂に魔神に追い詰められてしまい取り返しのつかない結果となってしまうのであります。私自身、厄年に大腸の良性（結果的に）の腫瘍（父が胃癌から大腸癌で五十一才で逝く）を切除した翌年に肺癌の嫌疑《けんぎ》を自らに思い煩《わずら》い、死の淵をさ迷い、うつ病になった折に年老いた優しい母からの労《いたわ》りの電話一本で滅入《めい》っていた気持を徐々に取り戻し再起につとめ持ち堪《こた》えられたことを思い出します。

かくの如くに、大宇宙の自然界自身も常に天と地との均衡をはかり、生きとし生ける森羅万象（宇宙間に存在する一切の生命をさす）を安穏にうち過ごせ、大海原では、べた凪《なぎ》を装ってくれ、全て皆平穏に暮せるわけであります。体内に小宇宙を構成している者も各人に天（空）と地が備わっている以上、人一人でも自らの天と地の均衡を上手に計り、水・火・風の援助は勿論のこと、他からの色々な誘惑にも負けず抑制に努め、五体の平生にこれ努めあげねばなりません。私のちょっとした友人でも、お酒の場で肴《さかな》を食さず、お酒ばかりでまた、ピッチが早くうわばみの如く痛飲した彼等は定年後楽しむこともなく、あっという間に彼の岸へ行ってしまわれました。思い当るに五、六人程おられました。人の漢字は二画の天と地との支え合いから造語されており、色々な場面に形を変えて出現してこられます。まだ他人同士や道を行き交う者同士なれば、「二《に》」のままで人と解釈する場合（不特定多数の人）もあります。やはり知性のある人間のこと相互扶助の精神は共同社会で生活している以上、当然必要かくべからざるものと言えましょう。もしも、二人の人の間で意見が食い違う（見解の相違）こととなれば、各自の「天と天のぶつかりあう」こととなり、言い争いの喧嘩のもととなるでしょう。どちらかの一方が妥協案を出し、互いの接点を求めてよい結果で収まりますようにすることが大切なことです。

さてここで既に前述致しましたように復習として、「魂《たましい》」の漢字を再度分析してみましょう。決して鬼が一方的に云《い》うのではありませんね。そうなれば世間は鬼ばかりとなるでしょう。「云」の字の「二」は不特定多数の人を表し、この文字自体で一人一人が持っている不特定多数の「仏」の字体を意味します。人の持つ「魂」とは不特定多数の人々の心に内在しているからです。仏教では、してはならない「五悪《ごあく》」イコール「五戒《ごかい》」の言葉があります。鬼の部分が常に先行し犬畜生のようにふるまえば恐ろしい人間となります。五悪とは①殺生《せっしょう》（殺人等）②偸盗《ちゅうとう》（盗むこと）③邪淫《じゃいん》（社会通念上絶対に認められない情事……近親相姦《そうかん》等）④妄語《もうご》（常に嘘をつくこと）⑤飲酒《おんじゅ》（自らの体をいためる程の痛飲や同席者を困らせる飲酒の仕方）。やはりみ仏さまの「慈悲喜捨」の精神がちょいちょい出回り、顔をのぞかせてくれる方が頃合で五大も安定していれば決して鬼の出番はありえません。

また次に「会う」という文字がありますが、一体誰に会うのでしょうか。もうおわかりですね。魂の仏さまとの出会いが肝腎なることです。かの仏さまは常に見破られないように心の奥の方で鎮座しておられます。たまに神社へ行って鈴を鳴らしてお願いに参上する方は、私も含め多くおられますね。大概の場合、神様は昼寝しておられるそうで、足しげく祈願に通えば、また大枚のお賽銭をすれば目覚めて起きてこられ、ささやかなお願いをお聴きくださるそうです。お百度参りや地獄の沙汰も金次第だとかね。

ゲーテさんも中村元先生と同様のお考え

前述の「梵我一如《ぼんがいちにょ》」、即ち「宇宙の根本原理と個人の本体は同一だ」と中村元《はじめ》先生が説き明かされましたように、大宇宙の中の大自然を形成している五大（地水火風空）と人間の五体である小宇宙を形成している五大（地水火風空）とが同一でありますことを説明して参りました。この言葉の真実に等しい表現が、かのゲーテ全集のファウスト（育生社・相良守峯著翻訳四七二頁註釈四二九の下）に「パラツェルズスその他の神秘家は宇宙のことをマクロコスモス（大宇宙）、また人間のことをミクロコスモス（小宇宙）と名づけ、両者の間には相関関係があると考へた」とも記述されていることを見てびっくり仰天致しました。私が誇大妄想にふけっていた考え方が、日本の中村先生と時・所を別にしたゲーテ全集の項目にも、大宇宙と小宇宙の表現がなされていようとはあにはからんや、思ってもみませんでした。『チベット死者の書』の、第十章「科学と仏教の出会い」（一九六頁五行から十二行目まで）によると、「ノーベル物理学賞を受賞したイギリスのブライアン・ジョセフソンさんは、物質より前に精神が存在しているほうが、より明確な理論モデルを作りうると考えています。共通しているのは、人間には心や意識があって、それが物質世界と無関係に存在しているのではなく、お互いに影響しあっていることを認めていることです。

さて、次なる項目、同第十三章「ダライ・ラマの叡智」二五六頁一六行目から二五七頁四行目までに、「心の安らぎを得られる唯一にして正しい方法は心の訓練を行うことです。私《ダライ・ラマ》個人の経験によると、心の安らぎを得られる主な源《みなもと》は、善き心です。それはなぜでしょうか。心の安らぎを破壊する最も強力な力は「憎《にく》しみ、極端な執着《しゅうちゃく》、慢心、疑い、恐怖《きょうふ》」だそうです。「いったんあなたが善き心、温かい慈悲の心、利他心をもつことができたならば、憎しみ、恐怖、嫉妬《しっと》といった心の働きを弱めてゆくことになります。」と表現されています。加えて梅雲丹《ばいうんたん》（福岡県㈱薬師堂発行）のチラシの中に、色（体）と空（心）とは一心同体とあり、この世の全ての原理は、「色即是空」であると喝破《かっぱ》したのは、仏教の祖「釈迦」である。この原理から色は人間の肉体、空は心に相当する。「肉体と心とは一心同体のものだ。体が病めば心も暗く曲ってくるし、心が曲っていると肉体にも異変が起こる」等とありました。私が一九九四年十一月十日の『私訳般若心経』で、『色即是空』の色を、この世で目に見える全ての存在の様子（物質的）や現象、そして空を無無意心《むなしいこころ》と目で見たその存在を眺め認識する心が無限にあると解釈し、一心同体で同じ土壌に芽ばえ『色即是空』を自らの「無限なる心にも果てしなき物質的現象とが相宿《あいやど》らん。ひと度《たび》に日がたなびけば（朝日が昇れば）、たちどころに色と空とが根付き、瞬《また》く間にも無無意心（空）と物質的現象（色）とが蔓《はびこ》らんと、受想行識もまた然り、日々く（ママ）り返されること定かなり」と大宇宙《マクロポリス》を小宇宙《ミクロポリス》に反映させ五蘊《ごうん》が目覚めてゆくことが日々の現象だと申しました。また、「苦で満つる心に因を宿すも、また因を滅する手だての多きことかな。（苦労して）実を成し得るにも心を以って臨《のぞ》み、心より為し得る所からそれは生《しょう》（結実）ずる。為に一心に曇りやかげり（迷いの心）がうせるまで六波羅蜜に依《よ》り悠《はる》かなる知恵を呼び起こし、あまねく芽の、善にはぐくみ得るがよう、心すかねばならぬ。（心の訓練）」とダライ・ラマさんの「心の安らぎを得られる主な源は善き心です。」と重なり合い、「その正しき方法は心の訓練を行うこと」だと言っておられ、それがひとえに正しいことだとお釈迦さまの理念に通じるわけです。また、心経の呪文《じゅもん》として最後の章に「ガーテー（ギャーテー）ガーテーパラガーテーパラサンガーテーボディスバーハー」とどの書の訳述にもたいして翻訳されぬままに、心経の呪文に相当するものだと言われているのも一案ですが、私自身にとってみれば、心経の二百六十数文字全体が呪文だと解釈しておりまして、この部分は起承転結の結に相当する部分だとも考え、実践の場や時・所、実践の方法や手段、それに説法として「四正諦《ししょうたい》の苦集滅道」を説き明かしてくれますのが「僧籍の方々（サンガー）」だと解釈されます。「一つ一つの説明などにて、自ら悟りを得られるものなのでもなく到彼岸度も含め全く綺麗ごとでは片付けられず、様々な苦集を大いに身に浴び、もがき苦しみ盛苦の経験・体験をしてこそ（かのツルゲーネフさんの「幸《しあわせ》あれと願うなら、まず苦しみを学べ」との名言があります）滅道なる道への世界が開拓されてゆけるのでしょう。一方、「六波羅蜜の布施《ふせ》・持戒《じかい》・忍辱《にんにく》・精進《しょうじん》・禅定《ぜんじょう》・知《ち》恵《え》を大いに学び取得すると同時に波羅蜜なる世界を実践得道し尽した僧籍の方々から苦集を滅道させる方法などを教示し賜わらんとあり、その時や場所とは今一人一人の方々が生きて住んでいる所で、飽くこともなく諦《あから》め続け行くことが菩薩心であり、今あるこの娑婆の世界が即菩薩とする所なり。」となるわけでしょう。だから、僧や尼さん等の方々は般若心経側の人達であり、この心経自体全ての宗派を乗り越え超越し、各自の宗派の経《きょう》を読誦《どくじゅ》し心経を唱え始めること尚《なお》よく、全ての在家の方達が共有できる最大のものだと言っておられるのです。故に説法をよく拝聴《はいちょう》し自らも心の訓練を積み重ねていくことが大切なことだとダライ・ラマさんも言っておられます。私にとりましても『チベット死者の書』とのめぐり会いは大変嬉しく、古本屋さんを探索したお蔭で感謝致しております。

三世常住なるを以って仏性を得る（一切衆生悉有仏性《しゅじょうしつうぶっしょう》）

「脈絡《みゃくらく》」とは元来「①一貫した筋道、②血液の流れる管」と辞典の『大辞林』（三省堂）にあり、「必然的なつながりの有る続き方」だと解説されています。まず、「三世諸仏」の言葉が「般若心経の中で表現されている」のは、心経を読誦される方々なら誰しも知っているところですが、この三世とは文字通りに「過去・現在・未来」へと一貫して時代が流れていく意味と解釈され、それらのいずこの部分を切り離そうとも、切断のしようがなく、連綿としていつまでもその脈絡が繰り返すことによりうち続き、必然的なるつながりを永遠に持続し、人類誕生以前の太古の昔から現在に至るまで、また、これからも未来永劫にまで及び、「三世常住なる姿や形としてあるもの」が、縷々沢山にあります。私達が唱える般若心経の「三世諸仏」の対訳として「三世の脈絡を歳《と》し、住み処《か》としている」と解説しましたように、一切の諸仏は過去・現在・未来（私達の三世代を含む）を同時限に太陽系の全域を凌駕《りょうが》し、宙天に君臨し輝いている日輪の太陽の如く息付いているのです。無論、今に生存している約三千四百万種類の全生命の背後におられる三世常住なる仏さん達のこととなります。神々には八百萬《やおよろず》の神さんがおられますように仏さまも無限におられる由縁です。

とにかく基本的に、このような神仏《ほとけ》さまにいつまでもよりすがりついていこうとすれば、我が身一代でも結構なことではあるが、とても三世常住にあらせられる神仏様《みほとけさま》らのお側にも寄りつかせてもらえず、私達自身も三世代（親・子・孫）にわたり脈絡としての行為、繰り返しの継承を望みたきもので、植物なら種の保存、また昨今では精子卵子の保存バンクも創設されており、三世常住法が自然分野を主に科学の分野にまで依存を図ることも鮮明となり、各人のこの世に存命しえた証《あかし》を尊《たっと》び、先祖の霊として祭られていくわけです。

ざっと二千数百年以上の当時の昔、現代人が考え思う程、命の継承は簡単なものではなく、他部族との闘争による死者、難産また死産など夭折《ようせつ》（早死）が多く、まして男の子は胃腸が弱くて育ちにくく、食糧不足に加え医療環境にも恵まれていない時代はおして知るべし。また今時のような婚姻制度も整《ととの》わず、種族、部族の存続をはかるべく近親婚はなやかなりしことだったと想像できます。各人の身は一代ごとに尽きる可能性もあり、精神的世界に於ける気心は常に、三世常住なる三世代を基軸に何事も熟慮し考案して最良の策を取り上げることが重要でかつ、信仰を崇《あが》め継承させてゆくことも大切だったことでしょう。その当時の方達も毎日の飢えをしのげる食物の家畜や植物自身らの種を絶やさず、絶滅させるなど、もってのほかで各生物の子孫繁栄にこれ努め、めいめいが生かされてゆく間に、意識せず知らぬ間に頂戴しているご加護や神仏からの怪力（不思議な力）には余すことなく感謝すると共にはかなくも生を維持しうる命の尊さの喜びを持って志《こころざ》さねばなりません。何事においても全ての生命は三世代の継承しうること自体が三世諸仏の一員となれる要件であります。江戸時代には家督制度（旧民法では代々の戸主に受け継がれていく権利・義務）化が盛んな頃で、養子・養女が頻繁に行われていた時代でもありました。

人類を含む自然界の動植物（魚類含む）は全て三世代継承の原理原則を自然環境のあるがままに、この地球が誕生して以来また、この母なる大地である地上や海中に生命体の各種も誕生し、今なお現存し、将来に向かっても維持しうる行為自体が「一切衆生悉《いっさいしゅじょうしつ》有仏性《うぶっしょう》」だと考えられ、その真意は『広説佛教語大辞典』（東京書籍 中村元著 六七頁）に「生きとし生けるものはすべて生まれながらにして仏となりうる可能性（仏性）があるという意」だと解説されています。また『法然の宗教』（浄土宗出版 髙橋弘次著 四〇頁）「ホンネの仏教」の巻頭から「仏教の一般的な立場からいえば人間は仏性という仏になる可能性を持っているわけである。また人間に限らず「悉皆草木悉有仏性《しっかいそうもくしつうぶっしょう》」という、「草木（食糧となる野菜や果実も含むと思考）にまで仏になる可能性を認めていく言葉がわが国にはある」等々と解説されています。愚説によりますと「仏性といわれる言葉やその表現」上を推《お》し量《はか》りまするに、三世代継承の事実を以って、三世常住（私達自身の人類生命上の過去・現在・未来を同時限とし）に生き生かされる諸仏さまたちに近寄らせていただけ、はじめて大宇宙の自然界を塒《ねぐら》とし三世の脈絡を歳《と》し、住《す》み処《か》としている仏の怪力でもある仏性を頂戴し、日が昇り照り輝き日が陰り没して行く間に生れ去ってゆく（現在日本では年間百三十万人以上の方々が逝去）のが現実で、自然法爾《じねんほうに》のあるがままの姿を給われるのでしょう。当然のことながら三世代にわたり継承される命を持てる生命体、特に人類の人間を代表して先祖を敬《うやま》い、自らの存在を尊《たっと》び、常に善なる根が張り栄えますように。頭《こうべ》を垂れ願うは必至の定めだと祈りたし。やはり神仏《みほとけ》さんらのなせる業は摩訶不思議な瞬間的な知恵や判断そして目に見えない神仏のご加護ともいえる冥護力《みょうごりょく》を下されれば、これに勝るものはなく、やはり信心厚き輩《ともがら》に下賜《かし》さるることしばしなりと思えます。また私達個人一人一人にとりましては、仏教界では次なる名文が用意されています。

あえて再度記載と致しました。

仏性の主体は無量寿《むりょうじゅ》（阿弥陀仏）なり
阿弥陀は無量寿と記されている
その無量寿は不生不滅にして
三世常住なるをいう
人々具足《ぐそく》の仏性のこと
一切衆生の命は仏性による働きであり
現在西方に在す無量寿仏は
その仏性の主体である

また次なる文体は、この世の人が何たるかを明文化させており深い感銘を受けました。

三摩耶戒《さんまやかい》

われらは　みほとけの子なり
ひとえに如来大悲《にょらいたいひ》の本誓《ほんぜい》を仰《あお》いで
菩薩利他《ぼさつりた》の行業《ごうぎょう》に励《はげ》みて
法身《ほっしん》の慧命《いのち》を相続したてまつらん
おんさんまやさとばん
（普賢菩薩《ふげんぼさつ》の真言《しんごん》）

「まさに法身の慧命を相続したてまつらん」と「三世常住たれ」と。

言葉巧みなる真意をくみ取れば、一切の衆生やこの世に生きとし生けるものは過去・現在・未来への命の継承を暗に願ってくれているのです。私達はみんな自分の意志で生まれてくるものでは一切なく、自分の親すら選ばれず、お互いに生誕の意志反映は双方には起こらず、ただただ授《さず》かり預《あずか》りとするところなのであります。但し現代は自分の意志で生まれてきたかの如く、結婚しても言われない事情がありて子どもをつくらず、まず産まない夫婦も多く増え、少子化への道を辿《たど》ることは、一面、三世常住の継承をないがしろにされ寂しい限りであります。但し前述の「仏性の主体」や「無量寿は三世常住なるをいう」ことから「仏性からの責任回避」だと考える方もおられ致し方のないことです。

そして三世常住なるものの代表格の主体は阿弥陀さんだよと説かれ、また、天台宗の経典でもある法華経の「如来寿量品第十六の自我偈《じがげ》」にもある如く、「久遠実成《くおんじつじょう》の仏」とされ永遠の命を持つのは釈尊で今も尚、人々の心の中に生きておられることになっています。（双葉社 うちのお寺は天台宗 八三頁）。

ここに「元」なる漢字を分解してみましょう。かの仏さんの実体にも三人の人が入っていましたね。この「元の最初の二」は不特定多数の人が入っていると説明いたしましたが、次の二・三画目にも（丆）人が入っていますね。最後にはムの字を草書の如くに書かれ、これを一体とすれば丆（人）でし（ム）で「兀」がみ仏となるでしょう。私の所見では「元」なる文字は日輪である大日如来の「一仏を元《もと》にして三世諸仏の元《はじめ》なり」という考えを取りたいのです。「し」の一字にしても、「礼」なる文字にも使われていまして、感謝の気持ちを表して最初の出始めた頃は、み仏さまに対して示した態度で作られたと想像したいですね（後程に出て参りますが、「私《わたくし》・貴方《あなた》・彼《かれ》（等）」にも「仏の文字」がそっと組み込まれていることも説明の予定です）。この一仏だと考えた場合、この字体（兀）に立心偏の心（忄）を付加すれば「光」となる文字が出現し「天照大神《あまてらすおおみかみ》」ではありませんが、「み仏さまの心が光」となる字の由縁なのでしょう。

阿弥陀経の経文にも記載されていますように「有日月燈仏《うにちがっとうぶつ》」と日（日輪《にちりん》・日照王《にっしょうおう》）や月（月光王《がっこうおう》）達も、この地球上の全生物の生命体に対し過去・現在・未来に及ぶまでひがなよがな、日中は頭上で輝き、夜には足元を照らしてくれています。いずれも整・素数をベースにした、偏《へん》・旁《つくり》・冠《かんむ》りなども含め併せて繙《ひもと》いてゆきます。この世に介在しているものの漢字を手始めにして、五大の地・水・火・風・空（天）のほか山野草木花に至るまで「悉皆草木《しっかいそうもく》（一切衆生）悉有仏性《しつうぶっしょう》」でありましたように「仏性を漢字の命として組み込まれ」、三世常住の一員として、日々お会いできているわけです。誠に喜ばしいことですね。

こういうお話が『よくわかるお経の本』（講談社　由本義文著）五二頁のコラム「毎日が地獄に」と玉城康四郎先生のお話によれば、「仏教者の命はみ仏からの働きを感ずることができるかどうかということです。いくら仏教の文献が読めても、あるいは様々な知識があろうとも、仏からの働きを感ずることができないなら、それは仏教者ではない。僧侶であるなら毎日がいっそう地獄なはずだ」「……また、立派に装飾された美しい本堂に住む人たち、あるいは、そこに集まる人たちが仏からの働き、救いの手を感ずることができるかどうかだと思う。いくら外側が立派でも中の人間がそれを感じていなければ中はガランドウだということである」。「自我偈」は仏が常に私たちに働きかけていることや、薬師寺の写経で学ぶ「舎利礼文《しゃりらいもん》」中の一節の「我等礼敬《がとうらいきょう》　為我現身《いがげんしん》　入我我入《にゅうががにゅう》」「仏は私たちのために姿を現《あらわ》し、私たちの身に入り、両者は一つになります」と舎利礼文を礼拝していけば、仏と一つになり、成仏できるとしています（大意は『よくわかるお経の本』（講談社　由木義文著　一九七頁）。

以上、かかることに実践し写経は薬師寺に赴き、国宝　東塔大修理特別写経を願い出ればよいことでしょう。

かくの如くに考えようによっては、「地獄・極楽この世にござる」の言葉通りで、心悪《あ》しき者、罪咎《つみとが》の常習者・交通違反者による事故含む、麻薬剤の転売及び麻薬常習者等々。彼等は犯罪者となった結果、地獄への狭間《はざま》に陥《おちい》り、刑《とが》によっては八大地獄をなめつくさねばなりません。今や私たち人類、いや人間は大自然界の生態系の中でピラミッドの頂点の位置付けで君臨しており、様々な温暖化現象の諸悪の根源は人間がまいた原因で、早急に地球環境を回復の域にまで各国が国連のもと協議検討をはかる義務があり、これ必死に務めねばなりません。

整・素数の漢数字に入り行く前に

この整・素数の漢字内での立位置やどの部分に挿入使用されているかを識別できるかは、よく理解できますと、自分自身が読みゆくに従い、今までに経験したことのない新しい天地がひらけてくることに違いありません。整・素数でない零と壱の説明は私自身の詭弁《きべん》ではなく、べつに三段論法を披露いたしたわけでもなく、こと細《こま》かに分解できましたので、それをご理解していただければ結構な事です。

例えば、ここに色気の色を「絶《た》つ」の字を分解してみましょう。実際に「糸で色を絶てるのか」と思われるでしょうね。まず「糸」に注目してみましょうね。

まず「ㄑ（人がしらの変形）かㄑ」で次にムで「幺か幺」になりますね。最初のㄑは（ひとがしら）で人の変形で辞書では明確にㄑと書かれています。それにムを継なげれば「幺」となり「仏」の文字が出てきます。そして、下の小とは立心偏の心をたてに使用しています。則ち、「糸」は「仏心」となっているのですね。つまり「二」を合成して、天と地を抱き合わせて「人」が出てきました由縁でしたね。以前、人間はミクロコスモスの小宇宙を持っており、大宇宙同様の「五大」となる「地・水・火・風・空（天）」を持ち、「宇宙の根本原理と個人の本体は同一だ」とありましたね。大宇宙の天（空）と地は暗黙のうちに支えあっていて、この五大のうち一つでも異常となれば、気圧の変化、台風や嵐による水害や温度の上昇、おそろしい程に乾燥すれば自然発火を起こし山火事となるわけでしたね。

一般の在家の普通の人が僧籍《そうせき》の僧になろうと決心したものの山門の下にまでやってきますと色《いろ》を絶たねばなりません。だから門の下で「あれやこれやと悶《もだ》える」のです。よく山門の前には「葷酒《くんしゅ》山門に入《い》るを許《ゆる》さず」の石碑が建てられており、おのずと女色《にょしょく》である色を仏け心によって絶たねばなりません。入門後の修行は大変に厳しいのです。

次に「夜」の字を見てみましょう。この字にも三人の人が入っておりますね。おわかりでしょうか。亠《なべぶた》に一人、人偏《にんべん》に一人そして一番小さい「人」に一人、これで三人、そして受けるの「又」（後述します）で締めくくられているのがおわかりですね。即ち「三世諸仏を受けるのは夜です」ね。結果的に三世諸仏としての「子」を授かるのは夜なのです。文字が統一された時代には、まだ電気などある筈はありませんね。その時に出る「液が精液」なのでしょう。でないと命の継承として授かるのは子だけしかありません。大昔からの考え方として平均寿命が短い時代には子沢山、現在のように平均寿命が長くなりますと子どもが少なく、現代などでは未婚者が増えたり、少子化の時代へと向っていってますね。悲しむべき事です。近い将来、年金制度の諸問題が高齢者や現役の方々のご負担にも、大きな解決策が見つかればよいのですが。国内ではまかない切れず対外国への国家を上げての技術提供やよき指導などで国としての利益を上げねばならない時代が来ることでしょう。また高額所得者への対策も検討しなければたちゆかなくなりましょうね。まして大企業の内部留保とその税制にもです。

一とは（一切の物事の始まり）

「零と壱」とは既にご説明しました所でありますがご納得ご理解をいただけましたか。

また、「素数」とは無限にあることがギリシャ時代から知られています（大辞林一四〇七頁）。また、アラビア数字はインドで考案され、アラビア人がヨーロッパに伝えたのでこの名があります（大辞林七八頁）。また、三省堂国語辞典（三三頁）にもアラビア人がインド人から受け継いでヨーロッパに伝えたともあります。では、漢数字とは（大辞林五四九頁）「数を表す漢字のみ」との表現で、三省堂（一一三八頁）ではやはり、「漢字の中で数を表わすもの」で最近では「和数字」とも言うそうです。私としましては、漢数字が中国か日本での誕生なのか知るすべがありませんが、漢字そのものが漢数字の組み立てによるものでやはり「中国」でしょう。

三省堂の辞典（六四三頁）では、ゼロとの表現では、①個数が一つも無いこと、②一番目のもう一つ前であること、③実数としての零などと、ごく算数的な明快な表現でしたね。ついでに、大辞林（一三五二頁）では、零とは①「ある数に加えても、ある数から引いても、もとの数を変えないような数、②正《せい》でも負《ふ》でもない数、とありました。

いずれも数学的表現にとどめていました。

さて、本論の「一」とは何を意味しているのでしょうか。①物事の数量を数えたり、順序を示したりする際の基準となる自然数（三省堂五七頁）。

私がこの書で表現したいのは、数学的なことではなく、マクロコスモス（大宇宙）やミクロコスモス（小宇宙）の概念から生まれでる発想や思想についての考え方から、そして精神的世界から今後進めてみることと致しますのでご了承くださいね。雨の滴《しずく》が母なる大地に降りそそいだ観点からの話でございます。私たちは幼い頃から十進法の世界を基点にしてアラビア数字に慣れ親しんでいるために、素数を含む「一、二、三、四、五、六、

七、八、九、十」までの漢数字に大きな秘密の世界が宿されていることに気付きはしないことでありましょう。また特殊な事柄以外には何の関係もなく、大概の場合、数字の順序や羅列《られつ》された数字を読み取る程度で終始して、それ以上の何ものでもないと思うのが小宇宙を持てる人の通常の考え方だと言えます。なぜ、これらの一から十までの数字が持っている意味を理解してゆかねばならぬのかと言えば、大宇宙が織り成し持っている事柄の自然背景を含めて考えてみた場合、一字一字が持っている字の命を正確にくみ取り、読解せねばならないからです。ここで誤解してはならないことは既に過去世に生きて、一字一字に命をふき込み、各文字そのものには良い文字や悪い文字等の概念はなく、強いて言えば、中庸なる心を持っていると解釈できます。例えば、「良い」の文字が絶対的に「良い」とも言えず、否定的に言えば「良くない」とも表現され、常に「肯定と否定の二面性」を持っており、立体性を宿し、良い悪い正邪、善悪等々には精神的なる人の心より派生してくる行為そのものに付着しており、行為の結果が善徳か悪徳か、善人とか悪人とかと言うことになり、各文字自体にはひとかけらの責任もなく、責任の転嫁《てんか》は、許すまじきことかと言えるでしょう。

　次に文字の由来に行きつくまでの見解が異なる場合がしばしば出てきますが、なんら不思議なことでもなく、あってしかるべきことです。持って生まれた環境から始まり、昔の生活様式、趣味、娯楽、はては嗜好品《しこうひん》の分野にまで異なるのですから極く当然のこと。だから意見が異なるからといって、なじったり、中傷したり息巻いてもいけないと私は思います。紀元前二、三百年の始皇帝の時代にある程度統一され漢の国が受けついだものだからで、時代の変遷と共に熟語など幅広く、奥深いことに気付き始めたことだからと言えるでしょう。やはり、自らが考証することが大事で、そのことが頭を常に若々しく、また柔軟性を生み、ついては、知恵の発露《はつろ》につながれば幸いなことになるでしょう。

さて、改めて「一」とは何を意味しているのでしょうか。物事の始まりや、これから躍動しようとする根源、また零の無から生れ出てくるところで、丸い輪（○）からとった一片や地（水）平線の無限なる広がりを示す一片。このほかにも種々色々な意味あいの考えが思いつきましょうが、究極なる真意を私なりに述べますと「海水からあがり、人を含め他の動物が持っている足でしっかりとふみ支えることの出来る母なる大地や、それに自然の恩恵を一身にうけ、森羅万象が芽ばえ育つ母なる大地」と一切のもの。漢（数）字を作った昔人、諸先人の物の考え方にも、「母なる大地」が全ての基点をなした事でしょう。また、何もなかった「零の世界から壱の如く」、三世諸仏やその化身がみひらいた世界、まるで神仏が自然の真理を生かし、森羅万象の各位が生を賜わり、恵みを分かちあい、共存できる場所を与えて下すったところ。つまり、「一の上が大宇宙につながる低辺に接した空間の無限の広がり」で上空には、日や月や星なる仏（神も含む）の存在があり、「日なる字」は「人（ト）」と「」」（人がしら）、「｜」（人がしら）から成っています。そして、夜ともなれば仏（日）が生まれるとかかれた「星が夜空に浮かんでいます」。「月」は象形文字からの月と肉月《にくづき》（食物）を意味する二つの意味を持っています。「明るい」とは日と月が同時に出ていることもたまにありますが、この現象では食事にありつけず食べものがなければ飢えてしまうでしょう。太陽が照り輝き、食べられる肉月がありますので、「人々の心は明るい」のですね。明るいとはただ単に、日射しが明るいといえることではありませんね。もともと太陽は太陽系の主《ぬし》であり、現在も何千度の炎で燃えており、光を発しているのです。「有る」とは肉月の食べものが、芽ぶき実っている字体で、亠《なべぶた》を二つ横に並列的にならべ「䒑」は人の複数を表現し「前」とは「人々が料理できる（かたなの刂《りっとう》）」と食べもの（肉月）があるから生きてゆけるのですね。「玄」とは人の心に仏（幺）を宿している人で、それを表面に出さない「玄人《くろうと》」（くろうとさん）のことで、この文字を二つ横に並べれば「慈悲《じひ》」の「慈」となり、「慈しむ《いつく》」となり「相手をかわいがるとかあわれむ」などとなります。精神的に月をなぜ肉月を意味するのかと言えば前の字にもありました「䒑を⺊《たて》」に書けば人々を意味し、「丁」は仏の厶を縦に書かれており、肉月には色々な動物の肉などの仏を食べることから、肉の字にあります人々を縦に「⺊《たて》」

としるしたわけで「月《にくづき》」となっているわけで肉自体には果肉から色々なる動植物の肉を食することから肉が月《にくづき》とされたのでしょう。

　どんな動物にしろ、自らの子孫を残す為には弱肉強食の如く、まず生命を維持してゆくためには「食」にありつかなければならない仕組みとなっており大宇宙としての存在を支えていくための基本的なる行為なのです。また、「三竦《さんすく》み」のように必ず天敵の如く、「蛇はナメクジのぬるっとした体液に弱く、ナメクジはカエルに、カエルは蛇に食われまいとお互いに恐れる」所から、この言葉があみ出され、三つのものが互いに牽制《けんせい》し合って、積極的に行動できないこと（三省堂四五七頁）とあります。

　別の横道にそれていきましたので、「暗い」文字も話しておきましょう。左側に太陽の日が出ているのに、音の字が右側にあって「暗い」と読ませ、明るいの反意語を形成しております。もともと、音《おと》は口（実り）を二倍（日）三倍と増やすために「立ち働く時に出る音」なのでしょう。ところが天災の地震や台風による思わぬ大被害に遭遇し、その困難に出くわした為実りを増やす行為に働けない状態となれば、一切の物音が出ないことになれば、貯蔵していた食糧も尽きてくれば飢えや飢饉《ききん》の為、食物が足りなくなり、辺り一面の雰囲気が「暗く」なってきます。だから、日が出ていて食物を意味する肉月があってこそ、明るさが充足され、日が出ていても働く音がせず、食糧が涸渇《こかつ》してくれば、生きてゆく命が脅《おびや》かされ暗くなってしまうのでしょう。アフリカのある国が内乱の為に食糧が乏しく、大勢の子ども達の命が奪われ、本当に暗い実情を抱えた国となっているのです。私達も終戦後、食糧不足にさいなまれて、芋の蔓やナンバ粉の焼いたものまで食べて生き延びてきたのです。まして戦場で国を守る兵隊さんなんかは、矢玉は尽き、食糧もなく餓死で戦死された方々の多き事かと聞かされてきました。まして戦争の悲惨さは心が痛むばかりで、誰もしたくないのが本音です。古い歴史を辿れば、国内でも幾多の争いがあり、その犠牲者の方々のお蔭で私達は現在、安閑《あんかん》として生かされていることの感謝を大いに持たねばなりません。以上のように、易しい漢字一文字にしても深くて広い意味が含まれていることに頭が下がります。単なる漢数字一つにしても、単なる数字の羅列だけにあらず、一十百千萬は一つの集合体や単位を表しているように見受けますが、現実のところ、この大宇宙に存する地球内に於ける自然界を背景にして、あらゆるもの全てが芽ぶき繁殖していく様や光景が本音で本当の事でしょう。このからくりと言っては大変失礼で、自らが納得するまで理解し、その組織だっていく理論の展開や絶妙なる味わいを噛みしめねばなりません。さすれば自然界の仕組みや構造、自己の存在への認識にまで及んでくれればしめたこととなることでありましょう。

この一こそが、全ての始まりとなることでしょう。

二とは（素数であり書家では天・地の意）

私・彼（女）・貴方などみ仏の意を含む文字の出現

一の次には、二があり三があります。単なる物の数や順序を表わすものだと狭義《きょうぎ》に考え解釈してしまえば、それまでのことですが、新天地を求めマクロ的な考え方をするところに大いなるみそがあり、暗黙の秘密が宿されているのです。狭義が広義にミクロがマクロに生成発展し、物事の広さ、深さを考えることに面白味が泉の如く湧《わ》き出《い》ずるのですね。かの仏の字をもじってみますと「山」という文字が出てきます。象形文字であることを否定するのではありませんよ。まず、ムを凵のように書いてみて人を丄と書いて重複合成してみますと丄凵で山の字が出てくるでしょう。かの富士山ともなれば霊峰が宿るが如く「霊峰富士」とたたえられるでしょう。そういう意味でも解釈できますように「山」にはチベットでは神、日本では仏が宿り、ご神木や美しい場面ともなれば「聖霊《せいれい》が宿り神や仏の超自然的な力を人格化したもの」と三省堂の辞書にもあり、今更に驚くことでもありません。書家の世界でも、この「二」を「天地」と表現されているでしょう。やはりマクロにしてもミクロにしても五大（地水火風空）が存在していることを思い出してください。「仏教の五大」にも立派な「五輪塔」があり、ご先祖の死者の霊を祭る為にも、五大をかたどって五個の石を積み重ねているでしょう。ここで表現する「三世諸仏」は般若心経にも掲載されていましたね。「生」とは人なるもの三世諸仏（土に三人の人「⊥丅一」）の一員として生まれて、生かされゆき、「死」とは三世諸仏の化身として死んでゆくことになっていましたね。もう「死」の文字を記述済みだし、あの「夜」の漢字にしても、三人含まれていたでしょう。そして「花」の字にあります化身の「匕」を入れて死の字を形成していますね。この「二」の天地をまぜ合成し「人」を編み出し、三人の三世諸仏の意味を喚起させて、「死」とは「三世諸仏の一人の化身」と相成る次第でしたね。

さて、本論の「二」に立ち戻ることにしましょう。「一が母なる大地の地、天上に対しての下界、地上での一切の出来事、現世、あらゆる物が生まれ芽吹き繁殖（動物植物が）し、どんどん生まれて増えることや果てしなくうち続く大地のつながり」であることから、その上段の一は限りなくうち続き、地肌を覆い尽している「天上」を指しています。故にこの生きとし生ける森羅万象は全て一つ一つの存在がこの大地に深く根を張り、私達自身も地と天上の空間との接点に介在していることになります。この両者の相関関係は大きくは大宇宙、特にこの地球と地球をとりまく天上界との関係であり、小さくは人間が持てるミクロコスモスの小宇宙内での「脳天（頭脳）と心の土壌」との間柄ともなりえます。自然界然り、人一人の構造上においても「天と地」とが交わるところ、交錯するところにあらゆるものの芽ばえ（考え）が生じてくることになっています。そしてAさんの天と地、Bさんの天と地が相互互換の如く支えあうことから、人はこの社会において相互扶助の精神が芽ばえ、互いに天と地が支えあい協同生活を成り立たせる由縁となり得るわけです。また人間は心や精神をたずさえている関係上、心の土壌は畑やたんぼの如く常に鋤《す》き耕しておかねばならず、よい知恵や考えが正常に発露しうるように「耕田経《こうでんきょう》」の如く心の土壌を鋤き耕しておかねばなりません。つまり天のご加護と地の恩恵、ひいては地水火風なる元素の融和が母なる大地にみのりを育み芽ばえてくるのが大宇宙の基本的作用で、植物が太陽の光を利用し、二酸化炭素を吸収し、炭水化物と酸素が大気に放出する働きの「光合成《こうごうせい》」を発し、中でも酸素の副産物を編み出してくれることが重要で人間を含む他の動物も大いに助かり生かされているわけです。光合成は光の届く海中でも起こっています（海の二百メートル以下には光は届かず深海となります）。人の小宇宙内での天上の様は神仏をはじめ信仰の世界や心に浮かぶ諸々の現象の全てで、これらと心の土壌とが精神統一や一体となり得た時から、一つ一つの知恵の芽生えが生じ、素晴しい知恵の発露や思想の思いつきや考え方につながっていくことになるでしょう。

ここで、反復の意図から再度、「正しい」という文字を思い起こしてください。

ある大僧正さまのご意見では、「一つの真理のこと」で、「ひとところに止まる」ことも「正しき」事かなと。私としては別に異論はありません。植物は地上へ出る際、大地に牙《きば》をむき、幼い芽が出た所の一か所で成長し、その場所で生涯を全う致します。また動物は習性や縄張りとし、その大地の一定の範囲内で獲物をしとめ命を維持し、草食動物は草を主食とすることから、遊牧民の如く、牧草の有る所へ移動します。私の場合、この「正しい」文字を三世諸仏が大きな主眼命題とすることを本旨としていますから、やはり人なる文字を画策して「丅」で一人、「卜」で一人、「丄」で一人とし、合計三人(名)の方を連続で継ぎ合わせて、筆順として「丅卜丄」となり、「正しい」文字を形成し、「爺婆・親・子」の三世代即ち、三世諸仏が形成されるでしょう。最初の一を外せば二代で終わってしまいます。

人間が動物の毛皮や象や犀《さい》の角《つの》等、高価に売却できることなどで密猟で狩猟しすぎますと二世代で終わり絶滅危惧種となり、これを国際的に禁じ、輸出入業者は摘発《てきはつ》され、多額の罰金もしくは、刑務所入りとなる次第です。やはり人間を頂点とする各生命体は人間の命を永久に守るために必ず三世諸仏の如く順繰りに命をつなげてゆくことが大切なのです。植物など、種子・球根・苗等次世代の為保存し、工夫をしながら延命を続けてゆかねばなりません。戦後、農地等にＤＤＴや化学肥料を散布し続けたことにより、多くの昆虫が死滅し、自然界を破壊してゆくこととなり、農薬から無農薬へと再考を要している次第です。人類がこの世に存在する限りあらゆる生命体は必ず三世諸仏をめぐらせることに必死なのです。あらゆる生命体で、もうストレスから精子や卵子が極端に減少してゆく時代に突入していることから精子や卵子を保存し、売却する銀行さえ設立されているのです。

以上、マクロコスモス的な大宇宙を背景にした考え方は大変重要なることで、ここでより一層客観的に深く掘り下げれば、「天」とは辞典（三省堂八〇〇頁）には、「天地万物《てんちばんぶつ》を支配する神（仏）、不浄偽《ふじょういつわ》りのない世界、大自然の働き」とあります。

「天」という文字にも三人の人が入っていますよね。この世は弱肉強食という原理原則から成り立っている為に、この地上では起こる一切の出来事、諸々の原因、因果が発生し人々は色々な業《ごう》に見舞われる事でしょうが、各人はその業の打ち寄せる波を乗り切ってゆかねばならず、理想、想像の世界をより現実に近づける力を持ったものが「心」であり、さらにつきつめれば、「天は地を支えている」、天からの恵みや施《ほどこ》しが与えられればこそ、この地が脈々と息吹き、芽吹いてきます。人間界では、つまるところ自らが地なれば相手が天の役目、その逆の立場もまた真《まこと》なるがゆえに人となっています。結局、相互扶助が正しきかな。

この世で最高の寿命を持つものに「木」があり、字の分解で、十に二人と、人がしらのへで一人と三世諸仏の意味をなし、この木に仏の字を合体し、私の文字を形成し、次に貴方《あなた》の方には、亠《なべぶた》の下に厂《ひとがしら》と丁《ム》で仏となし、貴方《とおといかた》とし、お坊さんの字には、土で三人と方の仏で、昔は世襲制で三世諸仏となり。また、彼（女）とは、亻は亻偏で人々の複数の人々を言い、次に厶をひっくり返して、厂とし、最後に支える字をあてはめ重複合成していいます。かようにして、この世の人々をも全て仏性を含んでいるのでした。

「入る」とは、一体何がどこに入ることでしょう。「出る」は「土に芽が出る」ことになっていると想像できるでしょう。ムが二つ重なり、山となり、芽になる仏が出ることになっているでしょう。前述の「人」は「天は地を支えている」ことでした。この「入る」も全く同じ論法からゆけば、「地は天に覆われている」と素直に訳してみました。地に入ってくるべきものは一体何でしょうか。つまり地を覆っていることから天の恵み、それは、大気である空気（酸素を含む）、陽の温《ぬく》もりや光、時には雨雲から滴り落ちる水滴など一切の自然の恵みや加護に覆われ、地中深くに浸み入り、陽の光やその暖か味のある熱が地中に入り、夜、昼となく自然界の営《いとな》みが推《お》し量《はか》られます。

誠に芽出たいことです。

内・外・円

皆さまは仏さまとは一体いずこにおられるかと思われますか。「仏像は（礼拝の対象としての）仏・鬼神などの彫刻像や画像（三省堂一〇三三二頁）」とあります。当然、仏としての仏像には魂が入魂されてはいます。では本当のみ仏さんはと言えば、人々の内面深くに居座っておられます。単純に申し上げますと「魂」の中の仏さまが善良なる人ほど天邪鬼《あまのじゃく》の鬼を押さえつけて、み仏の心が大きく心の中に内在しておられることになっております。ダライ・ラマさまの「善の心」それを自覚しつつ、各寺院内の仏像を拝み、より一層のみ仏さんのパワーを頂戴することになっているのです。糸《いと》の仏け心にありましたように、糸のような細いものを頼りとして、切れない糸に仕上げねばならず、ついこのことを忘れてしまいますと、より一層細くなり、いつしか不縁となり切れてしまうかわかりませんね。

では、「雨の字を分解しました要領」で行いましょう。この「内の字」は①「亅《人》」（ひとがしらの変形）②「（ひとがしらの変形）③人《人》の順で合成しますと三人の人から三世諸仏の姿が浮かび上るでしょう。①と②を合わせた後に（冂①②）③の人を添えますと三世諸仏の仏となりますね。決してこじつけではありません。漢字の「字」自体「ウ冠り」と「子」から形成されております。「宀」は、人の意を表わす亠《なべぶた》とムを表す冖から形成されウ冠りのみで「仏」を表し、そして「子」を入れており、「字」の文字自体で「仏の子」となっているのですよ。まさにみ仏の子なりですね。＄《ドル》に対しての円は内にありました「人を冂の内側に入れており円も内と同様で三世諸仏を意味しており、決して屁理屈ではありません。文字自身が私にそう語っているのですから。これらの考え方が新世界へ導かれてゆく今までにない世界観となるのですね。まだ、「二《に》」の人の段階で「三人よれば文殊の知恵」のみならず、整・素数を文字に挿入し、どんどんと、かの仏さまが出てこられることになっていますね。では、内に対しての「外《そと》」はいかがでしょうか。「夕」（夕そのもので仏となっていますね）の字に二人、そしてトに一人とで構成されていまして、外側には野菜類や木々など実りを得られる「み仏」さん達で、囲まれているでしょう。いくら機械化の時代や科学が進歩しても、同じものを人工的に造ることはできません。但し、養分や成分は摘出してサプリメントなどは作られていますね。あの大木にまで成長する「木」なども「十」と「𠆢」（ひとがしら）とに分解してみますと「丄丅が十」となり、二人と、そして𠆢（人の意）で一人と私共の命より長く長くこの世を見渡してゆかれることでしょう。

「今《いま》」の字にも、𠆢（人を表すひとがしら）と「二」の人と最後の「フ」で今を構成していますす。二とフが横の部分を重複させ重ねあわせているのですね。三世諸仏（子ども）を作るのは、「今夜」だといえば傑作でしたね。

次に「一番長命の代表格の木と仏との合成」をしてみましょう。「イの縦の部分」と、「木の縦の部分」を重ね合成しますと、禾偏《のぎ》とムで、なんと「私」の文字が出てきましたね。三世諸仏を全うする各自の私の存在は大切なことです。なぜ「木」かと言えば当時から木は長寿長命だと認知されていたのでしょうね。では、あなたとは「貴方」とも書きますよね。つまり「貴《とうと》い方《かた》」ですね。この「方」をよく見てみますと横の部分を合成し、「亠　丆」そしてナとなり、ムを逆さまにて合成し、「方は仏さま」を意味しています。「お坊さま」は昔は世襲制が多く完全に三世諸仏のお方の意味がくみとれますね。そうしますと、「彼」はどうでしょうね。彼や彼女そして彼等に相当する立場の人々は沢山におられます。このように理解してゆきますと一人ではなく、二人以上の複数の人々がおられることになってきますね。まず、「行人偏の彳」は、二人以上の人々で、右側の「尸」は「ム」を真っ逆さまにして反転させており仏さまが複数存在しており、いずれの方々も芽ばえ大きく成長しておられ、仏心なるものを享受できる方々が彼等であり、彼と言える存在の方々なのでしょう。ましで自分を支えてくれる方々なのです。こうして考えますと、みんなの一人一人が誰一人となく、自分の意志で生まれてこられた者は一人もなく、みんな授かりこの世に誕生してこられた仏さま達であり、地獄極楽はまさにこの世に存在しているのですね。西国三十三所御詠歌集、裏面の最終の所に徳道上人は「極楽は、よそにあらじ、我が心おなじ蓮のへだてやはある」。お見事ですね。但し、善なる心になるのか、悪に染まっていくかは各自の志《こころざし》ひとつで人生の方向づけが決まってしまいそうですね。

くわばら、くわばらですぞ。

三とは（素数）天・地・時の流れあらわす

聖数観ありて、「時量師《ときはかし》の神」の出現

新訂「古事記」（中村啓信補訂・解説　武田祐吉訳注　角川文庫・解説三九三頁）に「三という数字に聖数観をもった古代の人々の分巻法による、という見解も正当性があるかもしれない」……三巻仕立ては造本の自然の理《さとし》でもあった。と書き記されていました。ここで、私の表現したいのは、「三」という数字に「聖数観」の表現がある部分です。また、本文中の訳注三〇頁の五の部分に「時量師《ときはかし》の神」とも伝える（時間がかかる意でありましょう）。これらの言葉の表現に私は心底、感銘や深い感動を受けた次第です。かの『チベット死者の書』（NHK出版）や、この新訂『古事記』（角川文庫）も古書店にて購入したものであり、新書を買うより、古書店を訪れる方がよほど楽しい限りでした。

この「三」とは、「二」の天と地の間に、もう一本の「一」が余分にあるだけです。前述の『古事記』や『チベット死者の書』など、私が考え製本にして以降（後）に手に入れたものですから、実の所、わずか「三」の漢数字を繙《ひもと》き謎を解くのに、十日程の時間を要しましたのが事実でした。手始めに、どこまで行っても果てしない天、この天と地の間にあるものは、雲の流れや風の流れをさそう空間、それに大本の大気、いやそのほかに一体何がと暗中模索《あんちゅうもさく》。色々と詮索《せんさく》できる範囲も限られているやに思えるが、どっこい、なまやさしきものでもなく、ありました、ありました。ついに発想の展開を重ねたあげく思いついたのは、天や地、空間にあり流れるもの、それは「時の流れ」だったのです。この時の流れこそ、太陽系（太陽の誕生、約五十億年・地球の誕生約四十三億年、人類の誕生約二十万年、現在のホモサピエンス）やそれ以外の銀河系の発生する以前、いやいや、かのビッグバンの一三八億年後から現在に至るまで刻々と時を刻み、古事記に出てきます、

「時量師《ときはかし》の神」さんが、沈黙をしながらに、あらゆるものの全てを凌駕《りょうが》していき、一刻も待ったなしに未来永劫に向かって流れていくのです。ここまで、零、一、二、三の文字がこの世の全てを語り尽しているような錯覚にすら陥《おちい》る次第です。

即ち、この「三」は、「天の流れ、地の流れ、時の流れ」を同時限に組み合わせた所に、昔人の大いなる度量のみならず、卓越した叡智《えいち》には、ただ感嘆あるのみです。

実は、この「三」を横から縦に置き換えて見ますと「川」となり、流れる川や人の心中にあります忄（心）という字の立心偏の心が生れ出てきます。まさしく、私の愛する書、『佛との出会い』（紀野一義《きのかずよし》著 角川文庫）の百二十頁、大数学者「岡潔先生」の講演の開口一番、「まずこころがある。こころがあるから世界がある。世界があるから衆生《しゅじょう》（仏教でこの世の中に生きているすべてのもの）がある。その衆生に心がある」と言われたと書かれています。まずこころがあるとは、マクロコスモスの大宇宙の自然界に移ろいゆく世界として既に心が宿っていて、そんな世界が存在し、そこに衆生の人々がいて、ミクロコスモスの小宇宙を持《じ》した人々に心があると言っておられます。まさに、これらの言葉は天台大師の「智顗」さんはじめゲーテさんの「マクロポリスとミクロポリス」、また中村元《はじめ》先生の「梵我一如《ぼんがいちにょ》」、『チベット死者の書』内のノーベル賞を受賞されましたイギリスのブライアン・ジョセフソンさんの、「物質より前に精神（ミクロコスモスの心）が存在してい

	マクロポリス	ミクロポリス
五大	①大宇宙、自然界を構成しているもの（五大）	②小宇宙観を持つ人間の五体
地	母なる大地	肉体そのものを成長させてゆく所。五感を受け止め、記憶する心の土壌
水	水分（動植物に不可欠）	人の体の平均60％が水分、体重60kgなら36リットルが水分
火	日射、地熱、温度、火力	血液、体温、エネルギー
風	動物には酸素、植物には炭酸ガス、他大気の流れ	血液を通して体全体に酸素を運ぶ
空（天）	無限の広がり、自然界の心	一般的に脳天を指し、指示、判断命令系統をつかさどる各種の知恵を呼び起こす

人一人でも「人」で、地・水・火・風・空のバランスがとれた正常体。人は、人同士が支えあっていると一般的に言われているが、その実状とは主に会話などで、天と地のバランスを計り、お互いに円滑に行く天と天となればお互いが自分の主張を繰り返し相性が合わず論争に至るでしょう。

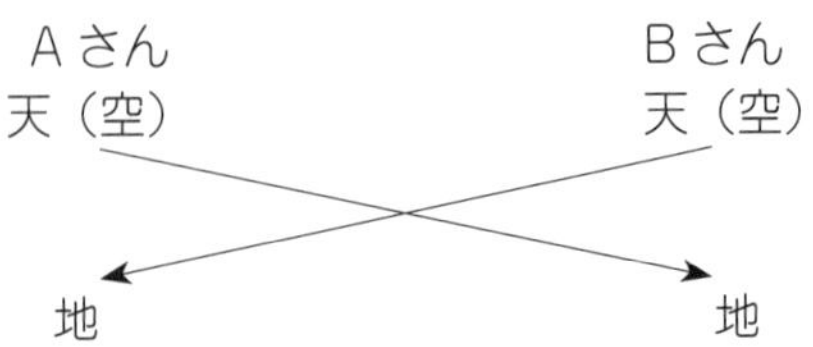

る方がより明確な理論モデルを作りうると考えている」等々とありました。やはり大数学者と言われる岡潔先生・ゲーテさん、中村元先生・ブライアン・ジョセフソンさん、それと仏教者の深い深い憧憬《どうけい》を表しておられます紀野一義先生を含む面々の崇拝する方々は別々の国々、別々の時限で異口同音に意図せずに同様のご見解を述べておられるのには、畏怖《いふ》や驚異さえ感じます。ここで、改めて、マクロとミクロの五大を一覧表を作成しました上で、「三」に入っていきましょう。

人間の存在なくしても、この天の川銀河の誕生で約百億年（『銀河のすべて』一七〇頁発行人高森康雄）、太陽系の存在で五十億年、この地球が誕生し存在して約四十三億年、その間幾多の地球の歴史の変遷があり、人類の誕生ですら二十万年とまだ新しいのですが、人がおらなくても大宇宙界の一端を担う自然界に心がすでに宿っていること（自然法《ほう》爾《に》……ありのままの姿）になっています。木や川や山々が存在している以前にどっかりとした大宇宙の心が息づいているのです。時には、この三が「三水偏」（二は二水偏）に組み込まれているのです。この「三水偏」は、深く水とのご縁があると同時に、初中終《しょっちゅう》、うねりを生ずる娑婆や浮世の流れに通じてくるのです。自然界の心も、人の心も一定の箇所にとどまることもなく、絶えず流れているのがわかります。

また、「五」の項で取り上げる予定ながら、世の森羅万象の全ての命は、このマクロコスモスの時の流れにミクロコスモスの各々の命が張り付き寄り添っており、この「体内時計」の考え方が大変重要なことなのです。各自各様の持ち時間は神仏が決めるところとなります。

この時間の流れは色々な事柄を昔へ昔へと追いやり、新しいものをどんどんと生み落としていき、いわば「時量師《ときはかし》の神」を含み、いわば神仏の支配者なのでしょうね。きっと。

私どもの「体内時計」は、大宇宙の大河の流れや、大自然界の自然法爾の時の流れに、張り付いているので、神仏に見放され、いつ止まっても仕方がない体内の時の流れです。無理や過労はつつしみましょう。ここに夭折《ようせつ》（早死）もあれば、人生（世）を儚《はかな》み自殺、交通事故死、自己管理ができない我が身の無理無体等色々あるようで、特に天災や幾多の災害には自らの命を守る手立てを自らに事前に講じることが、最近やかましく報道されています。

「二水偏《にすい》」と「三水偏《さんずい》」とは

さて、この二水偏や三水偏の由来を正しく解き明かしたものにお目にかかったことがありません。わずかに一画の差ですが実に興味をそそられるところです。勿論、「丸い」ことが全宇宙であったように、昔人の我が祖先が考え出されたことですから、とてつもなく大きな世界から考え出されたことに違いありません。

この「二の天と地」とが交わってできるのが、芽生え育つ意味を持つ「十」です。時には、この「十」は「二人の人」の合成でもあります。具体的には一方が男で一方が女の人です。この十が真横に二つ並列的に並べば「草冠り」が出てきます。これら、天と地とが交わり交錯するところに芽生えやみのりが誕生します。また天のご加護と地の恩恵、ひいては地水火風なる物質の元素の融和が、母なる大地にみのりをはぐくみ芽生えさせ、森羅万象の命を守護していることになります。

また、この「二」の交わり方が変われば、「工夫の工」の文字となります。天と地との一瞬のひらめきが素晴らしい発想を生み、み仏さまからの知恵をさずかる文字として重宝がられるのです。そして「夫《おっと》」の文字は、天と地を持った人を表しています。鋤き耕された心の土壌と、いつでも適格な指令を下せるすみ切った紺碧の脳天を持っている人のことです。み仏としての知恵を持った人のことで、実に明瞭なる見解となります。

ここまで「二と三」の本質を語ってきました。そうしないことには「二水偏と三水偏」の真意がくみ取れそうにないからです。また、三水偏は多くの場合、「水」の意のみを含むものと解釈されがちですが、時には水のない娑婆や浮世の世界の流れを表して、「この世」を意味することもあるわけです。

では、「二水偏と三水偏の違い」を申し上げましょう。二水偏には真中《まんなか》の時の流れが含まれていないことから、「瞬間や静止」の状態を表す文字に使用されているのです。たとえば、「冷《さ》ます、凍《こご》える、凝る、次ぐ、姿」等々です。これらの文字には流れがなく一瞬の現象の状態を表す語と言えます。

一方、三水偏には流れがあります。その代表格のみを記載すれば「河・波・浮く・池・沈む・没する・法・海・沼・泥・洗う・消す・汗・涙・清」等々で、いずれも水の流れをさそい、うねりや動きを伴うものばかりです。

以上、二水偏と三水偏の真意の違いをお含みおき下さい。

ついでのことながら、天と地の「二」と立心偏の心を意味する「三」との組み合わせで「示す」なる文字ができます。つまり、この世は「天と地のみ仏の心がすべてを示している」ことになっているのです。また、「良いことを大きく示してくれているのが奈良」で、もし、悪いことを示すことにでもなれば、奈落の底に落ちて行き二度と再びこの世には帰ってこられませんよと諭《さと》してくれています。

さて、この「示す」はネ偏とも書かれますが、もし、この示すが示さないということにでもなれば、「ネ」が不可能の「不」に変化をとげ、打ち消しの意味を表すことになります。これは、天地一方のみの心では示すことにはならず、天地の両者への感謝の心が大切であるということでしょう。

この流れを表す「三」に関係のある文字を最後に掲げてみましょう。

ここに「非《あら》ず」という文字があります。やはり「不」と同様に打ち消す否定の意味を持っています。うねりをさそう流れや心の流れを表す「三」の真中を「せき」とめるようにしてしまえば、流れは完全にストップしてしまいます。一本の縦棒では流れをふせぎ切れませんが、二本で完全に堰《せき》をすれば流れはたちどころに止まります。三が非《あらず》になってしまえば、もう正常ではなく、よくないことです。やはり心というものは、常に流れがあって環境の変化にも対処できる自然体が一番よいのです。「悲しむ」とは「流れのない心」

が悲しくて、「心ここに非《あ》らず」となるわけです。まして神仏の信仰の世界を表す「羅《ら》」の文字にある「罒」（網がしら）を非に足せば、「罪」となります。神仏《みほとけ》にすがらない人は神仏らと無縁な人々もありますが、特に人の魂の鬼が出ばり、世に犯罪を犯す罪人つまり仏教では、殺生・偸盗・邪淫・妄語・飲酒（人に迷惑をかける呑み方）等をする不逞《ふてい》の族《やから》。せっかくこの世に生まれながら罪なことです。

このようにあらゆる漢字は、漢数字と文字との合成で高度な技術が駆使されており、由来の本筋がなかなか読みとりにくくなっています。私たちの祖先が残された大いなる遺産で、一つ一つの真理を見極めねばなりません。

また、おいおいとご理解が進みゆくに従って、漢字が仏教のみ仏の世界から派生してきていることが納得されると思われます。また、そこまでの深い味わいをかみしめて下さればこれほどの喜びは他にありません。

四とは（実りが膨《ふく》らむ四方世界）

この四は、二の二倍で四となり素数ではありません。四は死と同じ発音から、忌《い》み嫌われているところですが、別に気にすることではありません。いたって単純なる発想から起こるごく最少単位の意味あいからきているもので、常にこの世に生かされゆくものの生という裏側にあるが為、いわば暗黒の世界を想像するからです。でも、私達は常に死の狭《はざ》間《ま》（あいだ）で、生かされていることになっており、自らの体を無茶苦茶に使いすぎると五体を形成している、「地・水・火・風・空」のバランスを崩すはめとなり、体調を崩し、病を抱え込んだり、精神的に追い込まれ、「うつ病」となったり、正しい判断すら為《な》し得ず、自らを死の淵へ追い込み、それこそ自殺行為という、とんでもない結果を招くはめに陥る可能性すらありますので、常に身近なる人に相談するとか、気分転換によりストレスを趣味や娯楽を生かし、取り去らわねばなりません。

ここで、死の理論をとなえる訳でもなく、むしろ、「四」は実りの膨らみや成長して行く過程での文字で、むしろ愛され喜ばれる筋合いのものなのでしょう。人の口に入るもの即ち、肉にしろ野菜の実りにしろ、未成熟なものではなく、「育」った字の如く、かの肉月の月にみ仏（云）が月の上部に入ってくれば、もう、口から食せる「実《みのり》」となっている訳なので、お百姓さんはよく熟知しておられます。

この四の以前に、既に前述しました口（実《みのり》）という概念が形成され、定義付けられていたのであろうと推察されます。まるで一つの実《み》の口が細胞分裂していくごとくに自然界からの恩恵の五大と共に養分を得て実《みのり》となるのでしょう。「育つ」とは実りの上部に「亠《なべぶた》」と「ム」で合成され、立派に育つこととなれば、口の実りにも仏の心が入る訳でしょう。「元」や「光」の下層部分に「兀」としての仏が入っていたことを思い起こしてください。この口に「兀」が横軸の部分を重複合成されたものが口の中に重複合成として四となりましたのでしょう。これも、詭弁《きべん》ではなく、芽が育ち、実り（果実含む）となり、つまり、「四とは」熟した実がはじけ散る寸前の「四方世界」を意味し、東西南北に住んでいる方々にも、同じ行為現象となってゆかねばなりません。人の生命の維持が図れないことになるでしょう。先人の昔人《むかしびと》は上手に深い意を重複合成しあいながら、文字同士の間の縁《えにし》を築き上げられた訳ですね。東西南北の「西」の字を一見《いっけん》してください。この西とはみ仏の実りを持《じ》した極楽の世界がある西方浄土（阿弥陀さんがおられる世界です）を指しているのですね。口の中に兀（仏）が位置するのか、口の上方に位置するかの、この絶妙なる妙技に畏怖《いふ》驚嘆《きょうたん》を禁じ得ませんね。

　匹《ひき》（漢語の造語成分と辞書にあり）という字は、もともと、獣や虫・魚などを数える言葉に使用されており、「匚《はこがまえ》」の上部の横線に仏を表す「兀」の横線を重複合成して、「匹を構成」しています。その数を表すのは大半、動物ですね。ごくたまに「男一匹」とも言われますね。

野菜や果実などを成長させるのには「窒素《ちっそ》・燐酸《りんさん》・カリウム等の肥料」等は三大要素で不可欠で、それと五大の恩恵を受け生長させることも、お百姓さんは、土を耕される時に必要なものを含め散布した上で育て上げられるのでしょう。以上、これらは一回限りの行為では困るわけで、人類を含む、森羅万象内での全生物の命の継承繰返しは、全種類が同世代で各生命を維持されておかねばなりませんね。特別な木々は何百年何千年にもわたり生命を維持し、魚類や鳥類にしても必要なメイティングの時機がくれば繁殖する行為を自然に行い、要は、人間が、私・貴方・彼（女）、彼等自身、三世諸仏の過去・現在・未来に種族として生き延びる為には平行して全部同じ過程を辿らねば自然神ならぬ神仏の行為を甘んじて享受《きょうじゅ》せねばならないことに成り立っているのですね。

植物のあるものには風媒花《ふうばいか》のように種子が一陣の風により四散し、定着した所でまた根付き新たなる命のひろがりを続けてゆく。かの蝶やみつばちや、他の昆虫や鳥にしても、自然のうちに、おしべをめしべの所に花粉を運び、受粉（人工授粉）をさせている仕組みになっています。わが国の歴史にも自給自足の農耕生活を長年にわたり続けている関係上、全ての人々が土になじむ事が毎日の生活で、荒野《こうや》の開墾《かいこん》から始まり、土を鋤き耕し、いつも稔りを得る土壌を切り開いていったのでしょう。

今の科学（化学含む）の進展や医療技術の発展など漢字が誕生した頃には一切なく、牛や午（馬）の労力を借り、大地を開墾し、常日頃の蓄えも少なく、いつも飢えがつきまとう種族や部族の維持をはかってゆかねばなりませんでした。

故に人の命も母なる大地からの恩恵を得て支えてゆかねばならず、人間の体も三世を維持し土よりの恵みを受け、生かされていく関係上、五大の恩恵を受け、五体そのものが、人間自身も肉月より構成されており、「手足とからだのこと」を「肢体《したい》」（肉月に支えられた体）と表現されています。当然、一人前の五体を形成させてゆくにしても肉月を育てる「田」が必要となります。ここで、「鼻」の字とはこのような訳で「自らの田を芽ぶかせる（草冠りで稔ってゆくことを表す）所」を意味しており、「鼻」から「人間の命を維持してゆく酸素」を取り入れ、生命の持続を図る大変重要な存在となります。口から空気を吸い込めるにしても、基本的には鼻がその役割とする所でありましょう。自らの五体を立派に育て上げるにしても、田を常に肥沃なるものにするにしても、「鋤き、耕さ」ねばならないのです。田（土の上部にムをかざしています）があれば、必ず素晴らしい稔りの米をもたらしてくれるという保証はありません。天災や台風による川の土堤の決壊《けっかい》や濁流《だくりゅう》により、田畑が収穫の寸前に水底や水浸しにあい、収穫は零、まして、後始末に多大な時間をさくことから、当分の間、稔りの収穫は望めそうにもないでしょう（この期間が暗いとなります)。また、肥沃だった田がやせ細っていったり、土石流等で土くれだったり、雑草に覆われていったりすれば、稔りどころか、何一つとして収穫し得ないことにもなるでしょう。さすれば改めて初手の一から田の土や土壌をよく耕し、風通しよく、水はけもよく、日射しや熱も入りやすく、心を込めて事に当らねばなりません。この口が稔り与うる実とならば、田の中にも、天と地で交合し「十」が存し、また芽の仏の部分を出していた「出る」の字にも、各々が実りをつけ、四つの口があわされた様に「田」の字を形成していきます。もともとの「土」に冠りの「ムの冂」をいただき、「田」とも成り得たのでしょうから。なかなか合理的な考えを披歴《ひれき》していますね。ここで重要なる事実をもう一度、よく理解しておかねばなりません。昔人はこの世の森羅万象といえば、全て土(三世代)より生まれ育ち、水を得て生かされているという概念を持っていたと解釈されます。「土」には前述しましたように三世諸仏を育てるという所で大切なる意味を持っていましたね。過去・現在・未来の繰り返しで、過去に入ってしまえばもう生《せい》を離れたところのご先祖に入ってしまい完全に仏さんになってしまいますが、蝶やトンボの一年ものでさえ、神仏の加護により生の継承を行って、その後、去っていきます(カマキリのオスは授精後メスにたべられます)。あの水の中で棲息《せいそく》している「魚」という文字ですら、見事なまでの「田」を持っていることに興をそそられます。また、結婚した女性が子を孕《はら》み、妊娠すれば子宮に羊水を満たし、その羊水の中で胎児が保護され、一般的には十月十日で出産を迎えるのですね。

元来、各生命体は海水のアメーバなる考え方がシダ類を通じ、大地の方へ移行し「シア

ノバクテリアが生命体の起源」だと最近発見されたとのこと。私の場合、この三世諸仏の

概念から考えますと、水から生れてきた説が事実でありましょうが、漢字で見る限り昔人

は全ての生命の発祥は水から上がった後、「土」が生命の維持する所だと考え水を得て生

命を宿すとしても不都合とも思えません。こう考えますと、全ての漢字に間接的なつなが

りが生まれ、縁や因縁がうかがえてくるのでしょう。

君も僕も私も貴方も、それに全ての動植物の命ある全てが互いに「土」と切り離せなく

なります。「お互い」の字は「匸とユ」でどちらもムの変形で合成されていることに気が

付くでしょう。「思う」という字の田の心とは「飢えをしのげる田と思う気持ち」と、自

らの心の土壌で形成している田を思うと心とが同時限に発生するのでしょう。飢えをしの

げる田は勿論のこと、自らの田もよく耕し、よい稔り（考え思想）を成し得ることが大切

であることに、腰が曲るまでに、鋤き始めることを「急ぎ」なさいとなっています。「急

ぐ」とは、「お年寄りの腰の曲った老人」は幾久しく年を重ねていることから、永久の久

の字をご年輩の方だと考えられて、まして「灸《きゅう》」などは、「中国や日本に古来行われてい

る医療法で、モグサに火をつけ、その熱の刺激で病気を治す」と三省堂辞典にあり、農作業で疲れを治すことから、お年寄りの「やいと」で灸の意の老人語ともされています。「急ぐのク」はこの久しい文字と山の仏を横にした文字で表していて、お年寄りになるまでに早く仏け心を出せるように鋤き始めることを急ぎなさいとなっているのです。かの「絶つ」にもありましたね。「色」とは年寄りになっても心がむらむらとすることを仏け心の糸で絶ちなさいと言っているのです。本当に漢字の真意は楽しく愉快ですね。仏籍の僧としてお寺に入門すれば色を絶たねばならなかったように、現在では、既に婚姻を認められており、主に世襲《とうしゅう》制を踏襲され、お寺が継承されてきたことは、良い事ですが中には村からの離散《りさん》で過疎《かそ》となり、檀家もおらず、廃寺となっているお寺も多く、葬儀の折には各宗派の出張で、まかなわれていますとかで解決されているそうです。

刻々と、私達の身の回りを手始めに、温暖化を起点にプラスチックの問題、核廃棄物の処理問題、気象現象の変化、飲料水を含む食糧事情等、色々な難題を世界各国が協力して、住み易い青い地球に戻していくことが、近々の課題ではないでしょうか。難問難題を若き世代に付け回さないようにこいねがう気持ちです。

東・西・南・北とは

さて、「四」が出れば、四方世界に戻りましょう。これら四つの方位方角を示す漢字の由来について、触れておきましょう。当然、誰しも小さい頃から教え込まれ、東西南北の方位を知っておられます。ただし、字の成り立ちや由来は教えられてはいません。あくまでの私見です。

さて、これらの漢字は太陽の日を中心にして考案されているものと考えられます。それらの現象を含む各字体が持つ一字一字には深い意味あいを含んでいます。だが、互いに相通ずる意味の相関関係が隠蔽《いんぺい》されているやに思えます。これらの字にも約二〜三週間程度、費やされました。他の全てと同様に解けてみれば、なんだとお思いだろうが、この謎を解き明かしていくところに、昔人との気心とも触れあい、実のところ、他にこんな喜びや味わい、それに充実した満足感は得られないことも真実なのです。

まず、地球の自転軸（地球は一回転二十四時間で自転する　三省堂四九四頁）は、公転面（ある天体の周囲を他の天体が周期的に回ること・地球は太陽の回りを公転する）に対して六六・五度ほど傾斜しています（地軸　大辞林一五三八頁）、そして、「緯度《いど》」とは地球上のある地点が赤道からどの程度南北に離れているかの度合いを示し、赤道を零度とし、南（北）極を九〇度とする。（三省堂六九頁）。また、「経度《けいど》」とは経線で表す地球上の位置（の関係）、世界的な位置づけとしてイギリスのグリニッジを通って北極と南極を結んだ線を零度として、東と西へそれぞれ一八〇度ずつ数えるとしています（同三三三頁）。そして、地球を垂直の線で見た場合、北（南）極を含めて二十三・五度傾斜しているることから、一年を十二か月で太陽の周りを公転しその約四分の一ずつが日本に四季が訪れる位置に存在しているそうです。

東とは

「日」は人を含め、芽ばえのみのりのあるものの上に昇り始めます。各地の所在位置が緯度経度の若干のずれから、日の出時刻は、「北は札幌」、「南は沖縄」の間、時刻的には変差が起るのは当然だそうです。まず、各地の山の端や地平線、水平線から昇り始めて、「夏至《げし》」は日照時間が一番長く、「冬至《とうじ》」が一番短いとされているのです。

ではなぜ、この「東」の字は「日と木」との合成から構成されているのでしょうか。私の推量から考察しますと、まず、外敵から種族を守ること、そして家畜以外の野生の獣から身を守ってあげることなどから、木立ちに囲まれたところに居を構えた事が一つでしょう。まして、この地上の衆生の中で一番、長寿・長命を長く維持する「木」を三世諸仏の代表に選んだのでしょう。「木は三世諸仏」の構成で代表的なことでしたね。過去・現在・未来の人の生活ぶりを常に見下ろしてきた訳です。まず、日が地上へ昇り始めれば、木立《こだち》のあい間を通し、朝露《あさつゆ》に輝き、映《は》える日射しが帯状になって、差し込んでくる光を見かけたことがおありでしょう。幾重にも幾重にもたばねた光が射し込んでくる。一本一本の木々に当たる太陽は顔をのぞかせ、その情景を抱きあわせて、合成した文字を「東」としたことでしょう。木々は三世諸仏（人々の親・子・孫の繰り返し分）を生きる代表格であります。

また日が昇り始めれば、田畑の作物も陽の光を浴びることを求めて、より一層太陽に向かって生長し稔っていくことになります。仏教では、東方の世界の守護神は太陽が日輪で、「大日如来」で「宇宙の実相を体現する根本仏」とされているようです（大辞林一四四九頁）。

次に「朝」という字を紹介しましょう。「明るい」や「暗い」を既述致しましたね。この「明るい」という文字内の上下に「十（芽ぶき育つ）」を合成し、明るさが時間の経過と共に、どんどんと上（天上）にも、下（下界の地上）にも、一切の森羅万象を、芽吹かせ、木の葉は光合成を発し、一層に光の束《たば》となって、輝きを増してくるということで、日の出はまさしく、その通りですね。いずれまた、一日の「日の動き」を記する予定です。

西とは

西とは、「亓（仏）」と「大地の実りの口」の状態と合成表現されています。日の暮れ初めから、とっぷりと辺りが闇につつまれる頃から、地中に植えていた、種やもみや苗が自然の恵みを受け、翌日の朝日が昇るまでの間、地熱のぬくもりと引き続き水分を吸収し、芽や実がふくらみ、より芽吹いてゆく状態を表しているのでしょう。四の冒頭で、「四」とは「実《みのり》」の細胞が核分裂し、「育つ」の月《にくづき》の字の上にありました「云」即ち「仏」さんがみのりを表す「口」の中に進入されて、一層の成長をとげ、この現象が、ちまたの方々、つまり四方世界の住人の方々にも貢献しているのが現実ですね。今日に至るまで、現在の人々が正しい食物としていただけるよう、様々に品種改良されてこられたのでしょう。また更に現在では遺伝子（神仏の領域）にまで組み換えようとされていますが神仏の恵みの世界にまで関与するのは、私はいかがなものかと個人的には思っています。種が殻を破り、幼虫が成虫になる折に脱皮するが如くに、にょきにょきと芽を出し、最後に完全に人の口に食べられるまでに実りをつけてしまうなんて素晴らしいことで四が西と徐々になっていき、大地の実が一層ふくらんでいく世界が西の世界となるのでしょう。

日本国土には人類が四万年前に住みつき、大いなる変遷を経た昔人は大半農耕生活に辿り、それが主流だったので、時間の概念は、最初の頃、日が地上に顔を出し昇り始めた頃から東が始まり、日が沈み没し、また昇るまでの間を西としたことでしょう。大昔人さん等は初期の頃、日が沈むことを太陽が没することを死ぬとか眠っているとか考えてたのかもしれません。現在でも、草花が開花し始めるのは、日が再びこの地上に戻り、昇るまでの早暁《そうぎょう》が大半でありましょう。太陽が中天に輝く日中のお昼時に、草花が咲き始めるなど、目に触れたり聞いたこともありません。このように、「西」とは「東」とは反対に、日が没する夕暮れや、夕暮れから晩に入り、地中の芽が、ざわざわ、もぞもぞとふくらみ、育ちゆく方向として編み出されていると考えてよいのではないでしょうか。今日では天動説が地動説だと、ガリレオ（一六〇〇年初期）氏が確立した（大辞林五三二頁）。ここで「尊ぶ」や「尊い」は見て字の如く䒑（人々）は兀（み仏）の口《みのり》が（口の中に）二（天と地）に、ちょっとずつ、芽吹いてゆくことを「尊び」、そして、その現象が尊いのですね。かの、お釈迦様が沙羅双樹のもとで、「北を枕にして、西方に向かわれご逝去されました。これは、勿論み仏の実りの世界、即ち極楽西方浄土」をあがめられ、花開き実を結ぶ別世界が続いていることを意図されていたのでしょう。きっと。

「沙羅《さら》双樹《そうじゅ》頭《ず》北面西《ほくめんさい》涅槃《ねはん》西方《にし》」とお釈迦様はすべての煩悩を無くし高い悟りの境地に達し、沙羅双樹の下で亡くなられたことでしょう。

南とは

太陽は真北を頂点にして、東の右廻りなるが故に、他のどの方位よりも日照時間は少々長く、日当たりがよい分、日射しも強くて明るい。その分、芽の育ち加減も早く、雑草も含め、ありとあらゆるものが、どんどん芽をふくらませ育ってゆきます。例え、囲いをされ、ふたをされていても、そのすき間から、芽吹き、豊かな稔りの収穫が得られるのでしょう。

もう一度、「南」という字体をよく見てください。「幸せと冂《どうがまえ》」とを重複合成し、成り立っているのがわかるでしょう。冂の中の文字とは互いに大地のあの三世諸仏を意味した土が、上下にひっくり返っているだけで、その土と土の間（三世諸仏の間）に芽を出している状態で表現されているでしょう。雑草や一輪の花にしても、それらが枯れてしまったとしても、また、同じ場所に生えてくるでしょう。一本一本の木の寿命にしても、私達の先祖を含め、両親・自分・子以上の過去・現在・未来にしても、百年二百年も生息していることが多いのです。「幸せ」とは、艱難辛苦《かんなんしんく》した晩年に芽が出て、摑《つか》み取る人や、北海道の歴史のように荒涼たる原野や原生林を開拓し、現在のような風光明媚《めいび》な土地柄に仕立て上げ、その子孫の方々は大いなる幸せな生活を享受《きょうじゅ》し、南の内側から芽を出し、外側に向かって「十」のように立派に育っています。また、お互いに犬や猫、小鳥一羽にしても、三世常住なるもの同士の巡りあいにより「犬・猫かわいがり」しているだけで「幸せ」なことと言えるのでしょう。「商《あきな》い」とは、「六」は三人の人と冂《どうがまえ》で、三世諸仏で、その内側の中に、その実りを生み落すこととなっており、自作自農により育て上げた仏の果実を生計を立てる為に「商い」をしています。また、八方世界の実りを一と所に集め商いをしているともくみ取れるでしょう。

この南の方位には、貴方やお坊さん等にありましたように、「方」の文字に「仏さま」の意味が入っておられると記述致しました。「南の仏さま」と言えば、「南方無垢の世界」には、ここにも「阿弥陀如来」さまがおられるようで、説法でうかがいましたが、サンスクリット語で、「アミターユスは無量寿のこと」で、「限りない寿命のこと」で、「アミターバとは無量光のこと」だそうで、限りない光で包まれていることだそうで、共通の「アミター」は音写して「阿弥陀《あみだ》」、そして「如来は仏」の意味だそうです。常に日当たりが強くて明るいので、よく自然に浄化されており、また、けがれのない世界で、何事にも純《うぶ》で、素晴しい別天地、こんな世界も目の当たりにあり、「西方浄土」といい、「南方無垢の世界」といい、まさしく、この世の楽園そのものも間近にありますね。かの観音菩薩はそんな世界を塒《ねぐら》とし、私共のうち働く姿や音を聴き見守ってくれているようにさえ思えます。心の訓練とは陰徳陽報《いんとくようほう》が大切！

よく知られている浄土の世界とは

阿弥陀如来の西方極楽浄土

薬師如来の瑠璃光《るりこう》浄土

観音菩薩の補陀落《ふだらく》浄土
弥勒菩薩の兜率天《とそつてん》
キリスト教の世界観　天国（神や天使が住む、天上の理想郷　大辞林一六七一頁）
神徒《しんと》（天国とは高天原《たかまがはら》や常世《とこよ》の国）

北とは

北の方位には、ずばり「毘沙門天《びしゃもんてん》様」がおられます。また、仏教で四天王の一つで、別名「多聞天《たもんてん》」と呼称《こしょう》され悪を退治し、勝運出世《しょううんしゅっせい》の神とされています。この「北」や毘沙門天の毘の文字には、同じ着眼発想の思想や概念が組み込まれています。まず、例により北の文字を分解してみましょう。最初の「扌」や「扌」には人が二人入っていますね。「前」の字や「慈」にもありましたよね。あの「亠《なべぶた》」を二人分抱き合せ、合成されていましたね。そして、右側の「匕」は「ト」の一人と仏を表わす「し」との合成で作られており、つまり、三世（三人）諸仏となっているわけです。後に「五大の地・水・火・風・

空」についてもご説明いたします。

つまり、母なる大地に植えた種（子）、球根、苗等が天と地の恵みを受け、地中深く根を張り茎をつけ、地肌に芽を出し成長し、そして最後に実りをなす為に花が咲きほころぶという純粋なことではありますが、このことがどうしても大切な考えであると私には思える次第です。まずもって、「芽」なる文字を分解してみましょう。もともと草冠りは「卄」と書かれておりましたが、いつ頃からか覚えておりませんが、「艹」に統一され、現在に至っております。この艹の字を以下のように分解しますと「卄」となり「十」に二人、そして「ト」に一人合計三名が宿されています。そして、その下の牙は牙《きば》ではなく、やはり、み仏と表します。「丁」は「ム」の変形で、次に「𠃊」に一人、そして「冖」に一人で形成され、不特定多数の複数人、つまり「彳《ぎょうにん》」偏の扱いとなり、大地に三世諸仏の「み仏」としての「芽」を出し、おい繁っていくわけですね。そして、草冠りの下にある仏の字が、時を経て成長した暁には、化けて「花」なる文字に変化することそのものの現象を「弥陀《みだ》の化身」（神仏が姿を変えて、この世に生まれてくるという精神）ということになります。この大変重要なる精神を基点にして、芽が花なる文字となる弥陀の化身が、これらの「北」や「毘」の文字にそっとその身をひそめているのです。これらの真実や事柄は、常に偶然な事でもなさそうと言えます。昔、私自身が書を読んだものか、ラジオでお聞きしたものか、数十年も前のことなので、私達がこの世（地球上）に住み、森羅万象を含め、この地球そのものが、大宇宙の天の川銀河系の中で「北の位置」に存在しているのだと、目でひろい、耳でお聞きしたのかわかりませんが、今でも記憶致しております。人間が努力して生き残り、それなりに人生を全うしてゆくには、なま易しい所ではないと言われ、人一人自ら努力（心の訓練）してゆくところで、他の自然界に於ける生命体と同一基準で生かされ、勧善懲悪として、良い行いを勧め、悪人をこらす生き方の処世術を持って人生を送ることが大切だという話でした。この年にもなれば、どんな方位でありましょうが同じことではないかと思います。かのダライ・ラマさんの発言がありました（記述済）ように、「心の安らぎを得られる主な源《みなもと》は善き心です。心の安らぎを破壊する最も強力な力は、憎しみ・極端な執着・慢心・疑い・恐怖心です」。また、「善き心、温かい慈悲心、利他心《りたしん》は憎しみ・恐怖・嫉妬《しっと》といった心の働きを弱めてくれる」との発言が『チベット死者の書』二五七頁とありました。この化身なる考え方は単に芽と花との関係のみならず、私ども人間族を表す文字にも組み込まれていましたね。私や貴方、そして彼や彼女、加えて、紫《むらさき》けむる此岸《しがん》や彼岸なる文字にまで、発展していきそうです。また別の角度から、「北」を辞書で繙《ひもと》けば、日の出る方に廻って左の方面（三省堂二五八頁）とあります。この解釈は、全ての生きとし生ける植物の芽の出る習性としては、大地に芽が出た最先端の茎、蔓《つる》そして、蔦《つた》等は常に日が昇る方向に背たけを伸ばし、蔓を巻いて行くものが普通一般的とされています。元旦とは、一年の一番最初の日に、はじめて大地に日が昇ることであり、この「昇る」文字を改めて解釈してみてください。やはり、人のイと、芽ぶくの十で合成された升（三世諸仏）の上に、日が昇っておりますね。いずれ出てくることですが、この真北の北極星に向って東廻りの旋回が「右」を意味し、西廻りのそれぞれが「左」の方角となり、自然体なのでしょう。

一方、仏教の世界では、心の土壌や空間にも四方世界があり、この弥陀の化身なる方角の地を含め、全土を鋤き耕し、芽吹かせ、実りを得る場所にするべきだと諭《さと》しています。なぜなら、私が意図的に表現させていただきました『私訳般若心経』の内容の窮極的《きゅうきょくてき》なる目的は、「ダライ・ラマさま」の「心の訓練」を、私の場合、人目に出ずとも心の修行を積み重ね、小さい悟りを繰り返し、最後には大きな悟りを開くことが肝要であり、あくまで開墾《かいこん》の為に自己を掘り下げ、切り開いていき、人間の心の中にある潜在的内面にひそむ、弱気や引込み思案等を心の奥深くにしまい込むのではなく、恥じらいをかなぐり捨て、表面にまで出せる切磋琢磨《せっさたくま》することを心がけ正しく生きることが大事とされています。心経の中の菩提薩埵の字の如く、人を含め北の地も、より芽ばえ、実り育つように教えられています。北と同じ発音をする文字に「来た」があり、心の土壌を鋤き耕やすことを何度も繰り返すうちに、四無量心なる「米」が育ち上がって（この米の字は四つの忄《りっしん》偏《べん》を組みあわせています）来て、お釈迦様の最大の本髄とする精神である「慈悲喜捨《じひきしゃ》」の実りが、やって来たことになるので、常日頃より、各人さまが持ちあわせている心の土壌の四方世界を満遍《まんべん》なく鋤き耕し、何事でも知恵の芽が育ち上がる肥沃なる土壌にする為には、一生かかって費やされようとも、怠ることもなく修行し続けねばならないとされています。

「陰徳《いんとく》あれば陽報《ようほう》有り」や「修行」の「修」の如く、「人は人目に触れず、三世諸仏（み仏の心）を行じ（行い）なさい」が大切な「心の訓練」となるのでしょう。

五とは（素数で「五」自体で仏の意）

いよいよ、整・素数の漢数字も佳境の世界へと入ってきました。よくもまあ、紀元前の諸賢人さまの方々が大勢一堂に何日も集まり、深く思考された上に漢字の礎《いしずえ》を築《きず》かれ、切磋琢磨しながらに基本的素地を編み出されてこられた努力には、大いなる賞賛と畏怖《いふ》の念がふつふつと湧いてこようというものです。

まず、この「五」を理解する為には、四までの意味合い、特に「三」の聖数観を持ちあわせていることを、大いに理解された上に、この「五」を進めていくことと致しましょう。「二」が天と地、「三」の真中にある「横一」が、「時の流れ」を指し、「天地時の流れ」をもって、この娑婆や浮世の世界があり、お釈迦さまのお言葉にもあります「この世は移ろいゆくしっかり励め」と仏弟子に、仰《おおせ》られたそうです。この「三」の字に「縦に一本入る」だけで、王道を行くの「王」の字が出てきました。この王道を行くのは、人のみだけにあらず、過去・現在・未来を通して、いつも人類の側に介在している動（魚類）・植物類も、おらなければ人は生きていけません。つまり、自然界にいる全ての森羅万象に息衝《いきづ》いているものが存在しておらねばなりません。つまり、三界に芽ばえて、時の流れに張りつき現在もなお生命を維持していることとなれば、「王」の文字が出現し、天の上辺（一）と地の下辺（一）、つまり、天と地の間に、時の流れの中、芽ばえを表す「十」が入ってきたわけです。

この「十」の場合も「丄丅」となっています。故に、このありとあらゆるものが、過去から現在、また将来の未来に向かって、芽ばえていくことが、「王道の道を行ける」わけですね。ところが、ひとたびこの宇宙に誕生したものには、その生命体自身に、おのずと

「体内時計」なるものを持って生まれてくることになっており、永遠に生き延びるわけにもいかず、折角、王道を行く王の命、つまり衆生にも限りがあるのです。一般的に王様の王の位や身分には、民衆と違い「世襲制」が築かれており、ここで言う「王」とは、その意味を言っているのではなく、「一切衆生悉有仏性」の位置に存在する一切衆生の王なのです。この真中の時の流れの体内時計が止まって、その時点から流れずに初めて時の流れが止まり、「王の文字が五」となるわけですね。どんな動植物でも、地上に生息しているものは、命が跡絶《とだ》えてしまえば、時の流れに張り付いていた「体内時計は、止まり」、つまり枯れたり、死体の物体となり、真中の横棒の時の流れが止まり大地にひれ伏し、もう微動だにもせず、三世諸仏の一部の意味としての、あの三世諸仏の化身と成り果てるのです。

　ここで、この五の字は「卄」となり、「トは人」を表わし、次に「丩」は「ム」を表し「五は卄」となり、仏の字の意を一部保持することとなります。

　最長寿の「木」に「仏」が宿り「私」となりましたように、仏の五に実りの意味を持つ口を五の下に位置づければ、「吾《われ》」の字が作成され、心の訓練や修行を積み重ね、生き仏へと成長してくださいとなっているのでしょう。この「吾」をみ仏の実りを持った吾に目覚め、一つ一つの悟り心を積み重ねていった結果、常に吾に心が寄り添っていった結果、立心偏の「忄」をいただき、「悟り」の文字をいただき、また「大悟《たいご》」を頂戴することになります。その意味は（三省堂六八九頁）、「すっかり悟って全く疑念《ぎねん》が無くなること」とあります。

次に「偉《えら》い」という文字がありますが、まず左側に「亻偏がある関係上」、「ユ⊥」と低辺同志が重複合成し「五」となし、そして、その下に口を添え、吾と同様の意を持たせ、その下に「廾」（廾はひとがしらで、人と十を合成）を書き加え、「仏の実を持ち三世諸仏を芽ばえさせる人」は「偉い人」と成りうるわけです。私や吾に仏の精神が宿されていましたように傑作なことですね。ことのついでに、「我《われ》」を分解してみましょう。まず、「扌」と「戈《ほこがまえ》」に分解しますと、「亻は人」で、その下には「丁」で「ム」が表れ「扌」だけで、「仏」が出てきましたね。次に戈と抱きあわせて「我」としています。み仏を切り開いていくことも「我」（自分・自身を切り開いてゆく）ことなのですね。自給自足の時代が想像でき、また、目に浮かんできますね。そして、「成《なる》」の文字とは「𠂆（人）𠃌（ム）」で戈の横の字を抱きあわせ合成すれば、「成る」となりましたね。

ゆえに「成る」とは、生きているうちに「仏に成れる」ように切り開いていくこととあい成る次第です。「私、吾、我」等の文字が教えてくれているでしょう。「成仏」は死んで仏の死体になってしまうことですが、「成る」とは生きながらえながら、仏で、生き仏の姿を「人格」の中に形成しますと「仏格」としての容貌《ようぼう》を徐々《じょじょ》に身に備えてくることになりましょう。すでに人格が身に備わっておられる方に仏の精神が加わり始めると、内面から沸々《ふつふつ》と慈悲心や慈愛で満ち満ちて玄人《くろうと》化され、仏格化した風体《ふうてい》が備わってくるとされています。その為に、般若心経では「依般若波羅蜜多故心無罣礙無罣礙故」……為に、一心に心の中の曇りやかげりが失せるまで、波羅蜜に依り、悠かなる知恵を呼び起こし、あまねく芽の善にはぐくみ得るがよう、心すかねばならぬ」と私は訳した次第です。

次に、五の項で決定的な楽しい文字に、「快《こころよ》い」と「決《き》める」の文字をご披露致しましょう。

「快い」とは、右側の文字に注視してください。何かが心に引っかかり、思いつきませんでしょうか。「ユ」の次の人の位置です。お見事、人をユに立てて書けば、「五」の字を復活させて、仏の文字が再び浮上しました。つまり「快い」とは「み仏の心」は「快い」となり、見事なものです。つまり、ユに人を丁《たて》る五なのか、人自身をつき抜ける（夬）のかです。

次に、「決する」はもう簡単でしょう。この文字の三水偏の意味の取り方ですね。浮世や娑婆の文字にある意味と同じ性質のものとなれば、まさしく「今、現実にあるこの世ですね」。

私達、人間が支配しているこの世を正しく判断したり、その通りだと「決める」のは仏でもある私達なのですね。この世を決するのも仏なのであります。全員の私共に仏の字体が！

こんなにも、大宇宙の偉大なる自然界を背景にした、人為的な考え方が表現されていることに感謝し、合理的に理解させていただけることに喜びと感謝を共に持ちあわせ、これからも限りなき挑戦を続けねばならないと思う次第です。吾とは命に限りのある身（口《み》）の存在ともなり、宇宙にある五大で生かされ、また小宇宙を持つ五体（頭・両手足）にも、五大を吸収し、限りのある間に下界からの刺激を受け、感じる五つの感覚を五感（視覚・聴覚・味覚・嗅覚・触覚）など、吾が身より構成されているものが種々多様にあります。ちなみに五のつく熟語を参考にひろいあげてみましょう。

五悪《あく》・五戒《かい》・五官《かん》・五逆《ぎゃく》・五経《きょう》・五行《ぎょう》
五穀《こく》・五障《しょう》・五常《じょう》・五衰《すい》・五味《み》・五倫《りん》
五大《だい》・五目《もく》・五徳《とく》・五欲《よく》、等々。

追伸（ご参考の為に）

人間が持つとされている五欲とは

①財欲　②色欲　③飲食欲　④名誉欲　⑤睡眠欲

次に女人が願求好愛《がんきゅうこうあい》する女の六欲とは
①色欲　②形貌《ぎょうみょう》欲　③威儀姿態《いぎしたい》欲
④語言音声欲　⑤細滑《さいこつ》欲　⑥人相欲
（大辞林　二五八七頁　六欲にて）

六とは（二つの心　なぜ礼服姿の女性は清楚に見えるのか）

六を語る前に男性の興味をそそる話を！

普通、男女を問わず、「五欲」を誰しもが持っています。ところが、女性自身のみで願求好愛する六種の欲（大辞林二五八七頁）を別に保持しています。式服は世界的に共通かもしれないが、その素材は本絹か人絹と、いずれにしても「シルクロード」の名称がある程に「絹」の重宝が伝統的です。この絹は肌にフィットして、しなやかに身にまとえ、まして「黒色」は、「威儀姿態欲《いぎしたいよく》」の威厳をかもし出し、冠婚葬祭時の紋付・喪服を着用した場合、挨拶の口上の話し言葉にも無駄が無く、「語言音声欲《ごごんおんじょうよく》」としての慇懃丁寧《いんぎんていねい》さが、一層に映えます。また、絹の織物は特に女性の肩をいからせず細く滑らかに「細滑欲《さいこつよく》」を引きたたせ、全体的に、「形貌欲《ぎょうみょうよく》」を満たし、凛とした態度や化粧にも派手さはなく、「人相欲《にんそうよく》」がより一層美しく映えており、全身的には、その場ならではの雅としての「色欲」と優雅さと、かつ内面的な色香《いろか》をまじえ彷彿とかもし出し、その場の女性を見た場合、男性にとっては、えもいわれぬ感性に包まれ、至福を得ること禁じ得ません(以上、私の作文でした)。

さて、六は三の二倍にしたもので、素数ではありません。川や浮世の三水偏を二倍するわけにもいかず、やはり「心の意を持つ立心偏(忄)」を二倍にしたことでしょう。そうすれば、忄を横に寝かせ亠を二倍にして六となり、立心偏が二つ入ったものが六となれば、やはり、心に関することだと推察できますね。「六」は人にとって、どんどんと内面より広がってくるものは、気持ちの気や「心」しかありません。「五大」が地・水・火・風・空で構成され、大宇宙の自然界にもあり、私共の「五体」を構成している小宇宙内にも、同じ五大が巡り巡っています。故に小宇宙を私共が大自然界の大宇宙にとけ込む心、即ち既述しました、あの「梵我一如《ぼんがいちにょ》」ではないかとも想像したいものです。あまり屁理屈のこねまわしはやめておきましょう。「自己の内面に広がりゆく心」ということに致します。

さて、「六根清浄《ろっこんしょうじょう》お山は晴天《せいてん》」という掛け声で、富士山の頂上を目指したのも、今からざっと六十数年前の高校生の頃でした。耳なれぬ経文《きょうもん》か呪文《じゅもん》を唱えるが如くに、老いも若きも、ただひたすらに六尺六角棒を杖がわりに歩きました。当時、六根の言葉に何の関心も持たなかった。でも、年ふるごとに仏教に目覚め、六根とは知覚作用のもとになる六つのもの、即ち「眼《がん》・耳《に》・鼻《び》・舌《ぜつ》・身《しん》・意《い》」とあり、これらが清浄になるということは、六根から起こる欲望を断ち切って清浄無垢になることとあいなり、この掛け声も日本一の霊峰富士《れいほうふじ》ならではと感銘を受けた次第です。

次に、六を接頭語とした言葉も種々沢山ありましょうが、五臓六腑《ごぞうろっぷ》（大腸、小腸、胆、胃、三焦、膀胱）の六腑程度でした。それも単なる六つとしてのみで、その他は碌々《ろくろく》何もわからず程度。そして見慣れぬ、六波羅蜜（布施《ふせ》、持戒《じかい》、忍辱《にんにく》、精進《しょうじん》、禅定《ぜんじょう》、知恵《ちえ》）や六道輪廻（地獄、餓鬼《がき》、畜生《ちくしょう》、修羅《しゅら》、人間、天上）などの要語とも、巡りあえることとなりました。

やはり、結局のところ、大宇宙のうちふところに自然に備わっている心と、人間の五体内での小宇宙の心との一瞬の交錯。つまり、「心」同士の交わりであると考えつきました。「眼は心の窓やまなこ」とか言われるように、自然の作物の滋養分を正しく消化、吸収していく六腑や、心の仕様の結果を示す六道、心の寄る辺とする六波羅蜜とか。五の次が六を配される由縁。もう筆舌に能《あた》うことすらできません。摩訶不思議なる世界。開拓し、耕し、実りを受けるまでの自然界と人間界を結んでいる絆《きずな》や縁《えにし》が単なる一から十までの数字や順列に踏みとどまらせてはいけないと同時に、昔人の妙趣《みょうしゅ》に驚かされ畏怖の念をいだかざるを得ません。人の良いことは、「食べる」字の如くであり、他の動物も「喰《く》う」ことで、自然からの恩恵を受けながらに、生命の維持が可能とされるわけですね。

六根（眼・耳・鼻・舌・身・意）

「六根清浄お山は晴天」と霊峰富士山に登った時の心根が甦《よみがえ》る。在家の私達、大方の者は日々、娑婆の世界にどっぷりと浸っているので煩悩多き身であり、僧籍の方々のように、身を清め修行しない限り、若き頃は酒池肉林に暇《いとま》なく、勇ましい関係上、油切っていたものであります。その当時、体力も微力ながらあり、精神力も完璧とも言えないままに、若き六根は下世話な表現となるを得ず、六根の一つ一つはかくの如きでした（修行中）。

「眼」……色としてとらまえる眼
「耳」……声として傾ける耳
「鼻」……かぐわしきを嗅ぐ鼻
「舌」……知《し》ろ食《し》めせる舌
「身」……触《ふ》れたき願いの身
「意」……あまねき存在にこころゆだね

以上、これらの六根は全て五蘊《ごうん》（色・受・想・行・識）の発心《ほっしん》より響《ひび》き奏《かな》で、とどまることはなはだしかった。

ふとある時、苦労の渦中、わずかな心の訓練から、我に返り自己を見つめ「般若心経」と出会い、病後に神仏《ほとけ》の世界に目覚め、精進に励むかたわら、自分は生かされていることにも気付き、日毎、「善なる道や心」を培《つちか》い、過去の経験に思い当たることしばしばで、小悟《しょうご》を繰り返し、神仏や心経から得ること多く、遂に心経から「善の実りの玉」を諭《さと》され、正しき六根清浄に改まり、心経を愛する多くの方々一人一人には、次なる六根を付与されているやに思い、また、あくまで小生の私見とする理想郷を思いついたのでありま す。これらは、神仏さんからの教示のお蔭や、日頃のささやかなる心の訓練の賜物として拝受されたものと考えており、大病後に母親からの優しい言葉から「うつ病」から脱せられたことだったと解釈いたした上で、ご披露致します。

「眼」……優しさで潤《うるお》い、慈悲心で満ちあふれ、思いやりのある眼差しをしつらい（眼《がん》施《せ》）

「耳」……遥か気宇広大《きうこうだい》にして、万象の響きを聴聞《ちょうもん》し、時には救いの手をさしのべん

「鼻」……隆鼻《りゅうび》整いて七里四方《しちりしほう》の紺碧《こんぺき》の寿海《じゅかい》を馨《かお》り

「舌」……詳《つまび》らかに心奥《しんおう》に真《まこと》の灯《とも》りを点し語り草を為し正語《しょうご》とす

「身」……青黒色《せいこくしょく》で優美《たおやか》に振舞い弘誓薫陶《ぐぜいくんとう》を発し身を起こす

「意」……淑《しと》やかに紫の炎《ほむら》たぎろい、心紅《しんくれない》赤誠《せきせい》に燃ゆるが如く人に尽す

以上

気宇広大……心の持ち方で広く広く

万象の響きを聴聞……観音さまじゃあないけれどあらゆる声を聞き、時には救いの手をさしのべる。

隆鼻整う……見た目に美しい安定感のある

七里四方……七里四方内に立ち入りの区域を設ける（仏教では寄せつけない）

紺碧の寿海……青く澄み渡り、ないだ平安な海（潮）の馨り

青黒色……熊野神社の守護神の色
弘誓……悩める衆生を救う仏・菩薩の誓い
薫陶……優れた人の人格で他人を立派にする
赤誠……一途に敬愛する人のために尽くす純粋な心

七とは（素数で無限大数……東大寺の掲示板に表示あり）

この地球上には、現在三千四百万種の生命体を宿す動植物がいるそうです。植物では昆虫類、主に、蜜蜂が各花の蜜を吸う行為が、雄蕊《おしべ》と雌蕊《めしべ》の交配をうながし、鳥や他の昆虫類達も、花の蜜を吸いにくるものは皆、同様の行為をうながし、いわば、自然の精霊（三省堂六三〇頁　山川・草木など種々の物に宿ると考えられる神霊のこと）がそうさせているやに想像できます。これらの現象行為の一つ一つに、自然界の真理を引き起こしているのでしょう。動物（魚類、鳥類、昆虫類含む）は、いわんやおや、常に雌雄合体《しゆうがったい》で、命の継承を行い、種族の維持と繁栄の行為に及んでいます。さて、余談はさておき、「七」が持っている命に踏み込みましょう。動植物を含む関係上、まず「横一」とは、恵みを得る、かの母なる大地。現実にこの地上の森羅万象の個々の生命体の一つ一つは、この母なる大地から芽を出している部分と、地中にもぐり根を張っている部分とに、お気付き願えれば幸いです。いわば、大地の奥深くに根をおろした種子や球根が、可憐《かれん》にも地上に芽をのぞかせている姿を想像してみてください。仮に口（種やもみ）が地中で見開くこともなく、朽ち果ててしまえば、石のように種子やもみが堅くなって見開いてはこないでしょう。この地上に芽を出した一瞬の現象を「七」の字を表したことが一つと、いわゆる、亠《なべぶた》と五の字にあったユをひっくり返せれば、乚となり、かのムが姿を表わし、なべぶた（亠）と（乚）で仏の文字を出現します。ここで、眼光紙背《がんこうしはい》の術を選んだのでしょう。ここで、「七」の文字が編み出されました。また、この「七」に刃《はもの》の「刀」を寄り添わせ、「切る」なる文字を編み出しています。実際に切ってみますと胴を切断され、もとの「亠と乚」に切られ、その瞬間から切り離されたもの故に、命（血）脈を断たれ、同じ状態の「七」に戻れず「亡《ほろ》」ぶことになってしまったのでした。ここで、「七」が誕生や、生まれ生きていることの状態で、亡ぶことは消滅や死を意味していることになるわけです。七の状態が種族維持につながり、七と亡ぶことの出会いは盛者必衰《せいじゃひっすい》のことわりであると同時に会者定離《えしゃじょうり》とも言えます。この「七が亡ぶ」の字の中にも「仏さま」が鎮座ましましておられることには、おったまげてしまった。生物が三千四百万種とくれば、七には無限数（大）（東大寺の掲示板に掲載）という意味も付され、この世に誕生（産卵）する現象は無限にあると、テレビかラジオの放送などでもお聞きしたことがあります。また、死の行為も無限なのでしょう。

さて、ここで七が「無限数（大）」や生まれる卵の「誕生」と定まった以上、まず、人を生むのは「女」と「七とプ（人）」との合成から出発し、「(子を）生む人」は、「好かれる」となる次第、また、浮世や世界の「世」などは、み仏が生まれるところと、なにげなく七の右横に「凵（仏）」をそっと入れています（「私」達は皆に仏の意味する文字が入っていましたね）。ここに、「虚《むな》しい」という言葉があります。この文字を見て、なぜ「虚しい」のでしょうか。では例の如く分解してみましょう。①「⺊」は「人」です。②「⺁」は彼の字にありましたようにムの変形でしたね。①と②だけで「仏さま」が出て参りました。③⺌は前の字にもありましたように、人々でしたね。④业となれば人々の心で立心偏の「忄」の左右の「ハ」を付しております。最後に⑤「七」となり、この場合、「否定の意味」を持たせ、「生まれない」となります。この文字を全訳してみますと「人々の心にみ仏の心が生れない」となれば、「虚《むな》しい限り」ですね。仏という折には、人間を指す仏と、「一切衆生悉有仏性」とありましたように、雑草から、種々のみのりある食物の野菜、動物の肉、そして虫に至るまで、ことごとく仏性があると言えることは、全て絶滅せぬ限り永遠に命の継承が行えるからであります。「虫」の字を見てください。①冖ム ②十に二人③𠆢（人）となり、①は凵をひっくり返して「冖」とし、②は従来の「亠なべぶた」の組み合せにより十になったことで、「二人」そして③の𠆢の裏側か（眼光紙背）から見れば「人」でこれで三つのムとなり、過去・現在・未来の繰り返しへと永遠に命の継承がなされて、人間より古い歴史を持つのもあり、三世諸仏となり得るのですね。

ここで、はっきりと言っておきましょう。

人類は一人一人では生きてはいけず、協同生活や共同社会を形成しながらに世の中を築いており、もし、ある一族の三代とも今はもう亡くなったとしても、依然と周囲環境は変ることなく、日が昇り、沈み、月が夜空を皓皓《こうこう》と照らし、花鳥風月の何一つも損なわれず、森羅万象は存在しております。私達の存在も自然界の同位置に居ると考えてみた場合、同じことが言えるでしょう。これら命の継承が、「一切衆生悉有仏性」と考えられるのですね。昔、何かの機会に私の眼か耳に入ってきたニュースによりますと、「仏の世界での一日」は、人間の五十年間に相当すると知りました。途轍《とてつ》も無いお話でした。まさに、織田信長さまのご活躍も仏界では一日、そういった意味から私達の仲間も二日（百年）に届く人は、まだまだわずかですね。話は変りますが、「存在」と言う言葉があります。この筆順を追うだけでわかりやすく構成されています。まず「亻」だけで三人が含まれています。もう一度、「存在」とは、三世諸仏としての「子」や、三世諸仏として養う「土」壌が存在しているのでしょう。この言葉がある限り、全ての生命体は必ず命の継承がなされましょう。素数は様々な新しい世界を見させてくれますね。この漢字の一字一字には、先人の一人一人に魂が吹き込まれているようですね。引続き、別世界を楽しみましょう。

五大の語源（地・水・火・風・空）

「地」とは、右側の也に注目してみましょう。

特に右端にも、七に相当する小さい七が反転させ「カ」として入っていますね。「七とカとを合成させせ」み仏（芽のこと）をみのらせ、大きい七は生む所の、左側の土として、締め括っている。総称すれば、「地」とはみ仏を生む場所としての土が「地」となる由縁なのです。この也に三水偏がつけば、「池」となり、み仏を生む大きな水溜《たま》り（主に雨水など）となることでしょう。この五大の中では、地球《ちのたま》と呼ばれる程（海底も地の部分を占めている)。大半が地続きであり、多くの生命体の居場所なのです。この地球誕生から約四三億年の間に、多種多様なる現象が起こり、人類の叡智のお蔭で現在に至っているのでしょう。

水とは、零を分解し既述致しましたので、「三人」の三世諸仏たる人が入っており、雨が水の滴となり、地上に溜って水となるわけで、一切の生命体にとって、必要欠くべからざるもので雨が降らない乾燥時期には、山火事が発生したり、水が枯渇し、草木は育たず、枯れてしまい、野生の動物達も必死で、水のある場所を捜し、命を維持するのです。人間も、断水が取り行われ、節水に努め協力に応じる時期もあり、当然のことなのでしょう。

火とは五大の存在は皆、永遠のものです。何一つ、欠落しても生命の維持ができないでしょう。

まず、火に番号を付けました。③と④で人を表し、次に①と②で二の変形で一人、そして②と④でも最後の一人で構成され、三世諸仏と永遠の存在を表し、植物などは太陽の光を通しての気温の熱に取りまかれ、その温度の熱により各生命体はすくすく成長維持をはかり、成長していきますが、人間の場合、三六・五度の一定の体温以上のことが、長引け

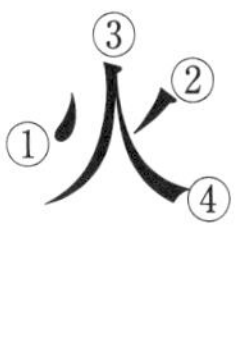

ば、熱中症といわれ、高齢者など生死にかかわる事態にもなりかねず、恐怖心すら感じるのは当然です。「灯《ひ》」に仏の「ム」を立てつけて、ともしびや明かりと地上の生活様式のひとつ、まして、欠けるの否定をそえれば、「炊く」と「火を欠かせない」日常です。

ここで、「右」と「左」について語りましょう。

まず、地上に朝日が昇りますと、森羅万象の成長過程の現象のうち、特にその一定の習性なるが如くにまで見極めねば何が右で、何が左なのかわかろう筈がありません。基本的には、真北の北極星（移動しない星）に対して左右の考え方が発想していると考えられます。やはり原始天文学があって、北極星や北斗七星などの方位が既にあったのかと推測され、「日が東側」から昇り始めると、植物の芽やつる草などは太陽の光を追って動く習性上、大半のものの芽は「右廻り」を重ね、常に日の移動につれて動く習性があると考えられ、ごく自然の動きの状態が「右」となった模様です。植物には、一部の「つる、ぜんまい、うずら、それに台風」とごく少数のものが「左回り」のようで、これらが普通一般で、自然の摂理、法則の一つなのでしょう。では、左とは前述の少数のものを表しているようで、さらに知恵や工夫による人工的な加工や品種改良などの栽培から育つものも一部左廻りがあるようで、自然の営み方に反しての逆廻り、また人の場合でも心の臓が左にあり、負担をかけないように、右手が自然体と主流となってきたことでしょう。ここに「尋《たず》ねる」という字があります。最上部の「ヨ」は農耕具の熊手みたいなのものでもあり山を横に寝かしたものか、とにかく「仏」でしょう。また「寸」はちょっとずつ芽ばえていくことで、道行く人が一つの芽ばえ実っていく姿があまりにも立派なのを見て、それは自然に生った実か加工して得た実かを「尋ねて」おり、あまりにも傑作なる出来ばえからの質問なのでしょう。また、もとの火に戻りますが、火は単刀直入に、人の字に、立心偏を加えて火を構成し、「人の心」とも推察できます。常に一定の体温を維持し、燃えており、ある仏像には災難や疫病、それに様々な厄《やく》が神聖なる場に入ってこさせない為に忿怒《ふんぬ》の形相をしている像が沢山あり、その心の中は烈火のごとく燃えさかっているのでしょう。また、修羅の妄執《もうしゅう》（やむことの無い、恨み、そねみなどの執念）そして、人と人の争いとなれば、修羅場ともなり、もう止めようもない、たけりくるった心の様相、まして近親憎《きんしんぞう》悪《お》等、遺産相続争いなどによる、兄弟姉妹の分離など、勧善懲悪の様相は全て心の形状から派生し、心の火の燃え盛る文字とも受けとめられます。やはり、ダライ・ラマさまの「善なる心」がいつも思い出されてきそうですね。

さて、最後に風と空です。まず風の分解図です。

①は人がしらで人　②しは仏のム　③イ（人そのもの）　④冂は仏のムに相当　⑤に秘密のように「コ」で仏のムとされ、最後に「コ」とつなぎ合わせ「ㄥ」（眼

光紙背に見て「人」となり、①②で仏③④で仏⑤⑥で仏となし、三人の仏が出現し、三世諸仏となし永遠を表示しています。

次に空を分解しますと、

空①②③④⑤⑥

宀①②で亠（なべぶた）で人、冖は仏のムそして次にウ冠りの横線と③の横線で、重複合成し③④で光の字形の如く、儿③④だけで仏となし、⑤丅⑥ユ、⑤⑥で仏を意味し、ここにも三人の仏となし、同様に三世諸仏を表現し、やはり永遠を表示。

以上、これで五大の「地・水・火・風・空」すべて、とこしえの所在になっています。

八とは（中国では八を几と使用されているのはなぜか）

「八」とは、いみじくも末広がりで、しばしば吉方《きっぽう》に向かう芽出たい数字として重宝がられています。反面、七転八倒《しちてんばっとう》に対して七転八起《ななころびやおき》、八方破れや八方ふさがり等とも喜《き》怒《ど》哀《あい》楽《らく》や感情の起伏の激しい数字の接頭語にもしばしば使われます。また、漢数字の中でこれほど感情を秘めているのも珍しい。また、四方八方の世界の下に、四苦八苦が存在しているのも妙で、この八の数字を制御できるのも各人の心がけ次第ともいえましょう。

　この八の原型は一体何から端を発してきたのか知るよしもない。ただ言えることは二の四倍、即ち二の天と地が原点を意味して、二を縦に書けば「‖」となり、天地の広がりの状態を言っているとも考えられます。ところが、かの中国では日本の八ではなく、この「几」なる数字を好まてれているらしいと耳にした気が致します。敢えて申し上げますと、「仏のム」を逆さまに「几」として、この文字が末に広がっていけば、「八」となり日輪で三世諸仏である「仏のム」を八となったことでもなく、几の如くムの逆である以上、几のつまり日輪の光を浴びて稔りあるものは豊かで、仏が宿った稔りが「育つ」文字になったように、豊作の祈願すらうかがえてきます。まして「仏の心（立心偏）が光り」であったように、「八は光が降りそそぐ八方世界」とも思考されます。また一から七までの思想的概念や九、十までとうち続く世界観の反映を見る限り、ちっぽけなる考え方ではこと足りるに至らぬとも思えます。「万物の生成する地、水、火、風の四大や空を含めての五大を持つ世界観」とならば、せめて五大と同等視、もしくはこれ以上に匹敵するものと言えば、もうこれしかありません。この八方世界を同時限に凌駕できるもの即ち、天に輝く日の光や、月の光、特に母なる大地に生息している森羅万象を限り無く凌駕し、八方世界を照らし続け、全てを育み育てる「日の光」。この光の現象をとらまえて「八」の文字を構成したのであろうとも推察されます。つまり、天なる心の無限の広がりは、大地に生命をなせるもの全てに光の恩恵を与え、その行為や加護にあやかっているのが現実とも言えましょう。人間においても、前途に希望を与えるのも光なれば、光明が暗闇を照らし出すのも明るい光、親の七光り、それに仏像の「後光が射す」等と関係が深い位置にあります。さらに、仏教用語には「十方世界」という言葉がありますが、これは「八方世界に天と地をつけ加えた世界」とされており、神仏をあがめた上で、対座させていただく時に起こる感謝の気持ちや祈る心の所作には、その十方世界が主役となります。かの阿弥陀経には「有日月燈佛」や、また薬師寺の薬師如来の両脇には「日光菩薩」や「月光菩薩《がっこう》」が配置されており、これ全て人間の苦労や病を軽減し、癒《いや》してくれるもので、有り難い事だと思います。まして既に紹介致しましたように、「日（三世諸仏）」は仏という字でしたね。故に、阿弥陀経を作られた方自身、既に日や月自身が仏であり、その輝き自身も仏だと明言しておられました。余談ですが、誰しも仏壇の前で、仏さまやご先祖さまの眼を開かせる為にローソクを、線香は鼻、木魚は知ろし食《しめ》せる舌、りんぼうでチーンと耳などで仏の六根を開かせ、対座して心からの身・の健康を明かし、それに仏さま達やご先祖に安らぎを与える経を読誦すれば最高の意《こころ》根が生まれ、彼岸におられる仏さまが此岸にいる私共と生前同様での巡りあいが出来、回数が多ければ多いほど、私共をご覧じて、ご安心なされた上にさらに極楽浄土への深き道を辿り行かれましょう。

かようにも、八の大宇宙での条光が水と同等に万物の生成に必要欠くべからざるものであれば、人間にとっての心身に一隅を照らす光が何であるかを忘れてはならないことでしょう。人間社会にも、常に光を放っている人がいます。そんな心の光に接すれば身も心も安まるのは何故か。きっと心を和ませてくれる筈。今日も明るい光を求めて、生きていきたいものです。

九とは（「玖《く》」や「玖《きゅう》」の意味とは）

なぜこの「九」なる文字を「く」とか「きゅう」と読ませること自身、私にとりまして謎でした。ざっと今から二十九年前の五十二才当時に、とある会社に出向を命じられ、三年間を勤め上げ、また本社に戻りました。出向きました間にやはり出向を命じられて来た方が、そこそこ仏教の知識に精通しておられ、お昼時間などよく話し合い、楽しいひと時を持ったものでした。その折に「九」の文字の音読みの質問をしましたところ、壱、弐、参、拾があり、九は「玖《く》」や「玖《きゅう》」とかに発声されますと色好い返事の解答を得ました。この「玖」が「く」とか「きゅう」と読ませるのだと記憶した次第です。もう既に「久」とか、「王」とかは既述して参りましたが、もう一度、復習の意味で説明しておきましょう。クはムの変形で縦に書けばクとなり、そこへ人との斜めの部分を重複合成し、いわゆる「腰の曲った人」で久しく生きられた「老人」を表現していると解釈され、その関連として、「火」の文字を「久」の下に添えれば、「お灸《きゅう》」の字が生まれ、農作業や他の労働で疲れ、その医療として、お年寄り達には、よく艾《もぐさ》を使い、お灸をすえている姿を思い出しました。だから、久遠《くおん》、永久、久しい等と時間や年月が長いことなどで、別名、「年老いた人」とそこそこの年輩の人を表現しています。現在では七十五才以上から後期高齢者と表現されていますが、この「久しい」文字が作成された当時の大半の方々は腰が曲っておられたかと想像します。かの信長さまの時代でも人生五十年と言っておられました。また、「王」とは、最上段の「横一」と最下段の「横一」で、この久の老人から見た場合、まだ巡りあっていない人、つまり自分の子は出来ても、その子の孫はとても巡りあうことすらできません。故に「玖《く》」であり、「玖《きゅう》」それ自体が「九」の大字で「九《きゅう》」とも音読みとさせたのでしょう。そして、訓読みの方は、「ここのつ」と九番目となったことでしょう。この結果、年寄りとなれば、さんざん苦労し、多くの経験を身につけてこられたとはいえ、もう無理をしてはいけないのです。まして若い妻をめとり子を生んだ以上、養う義務もあるでしょうし、世間的にも体裁うんぬんとなりましょう。かの中国では、「道教《どうきょう》」と倫理、道徳の教えのなか、不老長寿《ふろうちょうじゅ》（生）を求めての民間信仰が主流のようです。故に年老いて「く」になることや「きゅう」にすることなど社会通念上は、ご法度だったことでしょう。

次に「究《きわ》める」という文字があります。私達全ての人達や生物（虫に至るまで）は文字上、過去・現在・未来にわたり、命の継承を正常にやりとげること自体が三世諸仏の繰り返しすることを半ば自然のうちに義務づけられ、現在に至ってここまでこられたわけですが、年老いた仏（老人をさす）が九を生むことは異常な行為にほかなりません。「九自身の行為」が「玖」に置きかえれば、養育義務も果たせず、危険極（究）まりない行為で異常なることとの結果となるでしょうし、尋常なこととも言えません。こういうことが世間全般に拡がり得べくもなく、もし恒常化すれば世も終わりとなりますよと警告を発しています。物事の真理を究明することは、よいことですが、異常な行為を極（究）めることは慎み、謹慎を究めろという意味を持っているのだろうかと推量したきものです。「極める」

とは右側の丅は（人）でユは「ム」で「口は実り」で、「又」は「受けるの意」となり、木は人の三倍や三代以上にわたり、生息することから、三世諸仏の実りを受けることを極めなさいという事でしょう。

また、窮めるという字もあります。あの「仏」の難しい旧字に「佛」の字がありましたね。ここにも、弓が出てまいりました。既に申し述べたかと記憶しておりますが、例の如く「弓」の字を分解してみますと「乛」「乚」で「人人」と書かれ、最後に「亅」の「ム」で締めくくられており、人たるもの三世代の命の継承を受けても、み仏の蔓《つる》に巻かれるが如くに、み仏の心を身につけた上で佛とあらねばならないのでしょう。故に「七五三」とは七（生む）五（仏）三（心）つまり、「み仏の心が生れますよう」に、神社に行って七五三参りを行うのですね。さて、「窮める」とは、この世に生を賜わり生れてこられた以上、やはり、自分の身に仏心が常に宿り至るまで精進（一心に仏道を修行し、身心を清く保つこと。……三省堂五五二頁）に励むことを窮めなさいと言っておられるのでしょう。やはり漢字を統一された頃の平均寿命は更に短く、その分結婚も早かったことでしょう。

十とは（天と地が交わり芽ばえることや、二人の人が入っています）

やっとのことで、この「十」に辿りつけました。当然、素数ではなく、二の五倍の十です。やはり、十進法の一から十等のメートル法なのです。基点は二のいわゆる「天と地」を表す世界で、この天と地が交わるところに誕生があり、その後として芽ばえがやってきます。一から十の中で十とは生物学的には雌雄合体《しゆうがったい》や交配すると言えるところから、七の誕生以後にすくすくと芽ばえ育ちゆく様やことを表現していると思考できます。基本的に「有る」という字を解釈すれば、肉月が芽ばえ稔って、「有」を作成したことでしょう。まして八方世界に天と地を加えれば、十方世界となり、時には様々なる字体に組み込まれているのです。はなという漢字には昔、「花」と書かれていましたが、現在では「花」と草冠りの字体に統合されたのでしょう。つまり人の数としては三人の三世諸仏の意を持たせる為に「⺿」を「⺾」に継げたのですね。十に二人と右端に「卜」を加え、「三世諸仏の三人」と作成したのです。ここに、「真っ直ぐ」という言葉があります。まず、真の字を分解する前に、既に「六」の漢字にあったように「心の広がり」を見せる「六」の上に、「直」の字が乗っかっています。これの旧漢字は「眞」であり、「匕」は「仏の化身」を表し、「冂」は「ム（仏）」を意味し、そして「三」は「心」で締めくくり、大訳は「化身や仏の心」とあいなり、「乚」は「𠆢《ひとがしら》」を逆横に寝かし、六の最下段の「八」で「広がり」を用いて、「眞」を造語しています。「化身や仏の心」と言えば、純真無垢で何のまじりけもなく、心の中は、清廉潔白の状態です。「直」は「化身を省略し、み仏（冂）の心（三）が芽ばえて、その心がどんどん広がっていくことが「真《まこと》」となり、真実なことなのでしょう。次に「直」ですが、十に二人、「乚」に一人と「三世諸仏の心はまっすぐなのでしょう」。故に真っ直ぐな人とは、実に正直な人のことで、誠心誠意のある方なのです。私や貴方や彼の文字にも仏が介在していたことを思い出せば、懐疑心や嘘をつけない筈です。「早い」とは日が出れば芽ばえ生長や実りが早いこと、まして協力の「協」となれば三人の心の力をあわせれば、芽ばえる（十）が一層早くなり、困難な場所でも平易に乗り切れることでしょう。「卓《たく》」なれば早いの上に「人の卜」を付加し、より一層に早く稔らせ、卓越した能力を持っているのでしょう。

＊

先人らの昔人さま達の自然を愛され、いまだ天動説の時代に、森羅万象の内奥を眺め、よくぞ一つ一つの生態をよく理解され、各漢字に「小乗の世界」を築き上げられ、また「お釈迦さまの理念を組み込まれ」命を吹き込み、その感性は未だ脈々と伝わってくる感さえうかがえる次第です。一人の人間が考え思い至るにしましても、おのずと限界があり、何事にも精通し卓越した僧籍の方々や学者が一堂に集まり、各人の能力を結集して秦の始皇帝のもとで統一され漢の時代に完成されたことなのだろうと推察されます。特に素数となる数字に絶大なる大きな意味を付加され、各漢字体にそっとなにげなく組み込まれ、肯定か否定にかと判断を余儀なく解釈に苦しめられることもあり、解答を得らるればば、その味わいに感動すら覚えることもある次第です。

＊

私達が住む自然界に生息する草木や昆虫、鳥類や魚類、動物類に至るものまで、懸命に生き抜くこと自体本能のなせる業かもしれないが、自然は容赦《ようしゃ》なく苛酷《かこく》なる試練を様々な形で、公平に与えています。ただ単に天と地が交錯し、交合する所に芽ばえが生ずるにしても、生命維持していくにしては、決してなまやさしい環境でもなさそうです。

弱肉強食の自然界の行為は逆に各動物類の均衡を保てることにも継がり、自然界の暗黙の法則や摂理にも神がかり的なる真理があるようです。

美しい声で奏でるひ弱な小鳥でさえ、子が成長し巣立ってゆくまで親鳥はあくこともなく、せっせと惜しまずいとわずに世話をする。どんな世界に於ても、立派な実をつけるまでの間には、数知れぬ幾多のた艱難辛苦《かんなんしんく》が立ちはだかっているのが現況です。大地の中ですら、根や茎が入り乱れ、からみ合い、性の強い植物に養分を吸い取られ枯れ果てていくものや、樹木にしても、苦手なるものに巻きつかれ成長がとまり、倒れ去ることすら起こり得ます。特に台風の強力なる風速で、思いもよらぬ大木ですら容赦なくなぎ倒され、今までの風雅なる名所も一瞬にして立ち消えることすらあります。世の中全て「三竦み」。

地中ですら因果関係が巣食っているようです。逆に地続きが縁であり助けられることすら起こります。人の世でも、「捨てる神あらば、拾う神もある」などと言い得て妙なる気にもなります。自然界で頻繁に起こっている現象が即、人間社会にも当てはまってくるから、これほど恐ろしいこともない。ここで、芽ばえ実を結ばせるにしても、天地や自然の心、そして人間の心をもよく文字は見極め見抜いています。

＊

今の時代に至ってくると、コンピュータの性能を検索する意味でボタンを押せば「素数」にあたる数字が一瞬にして何百万と算出可能なるかを競っている時代の様子をうかがえますが、その意味や解説はなされておらず、基本的には「十進法」の中身をよく理解して、あとは森羅万象の自然界のなりわいや仕組みを、とくと観察され、自らの想像力を発揮し、各々の生態をよく認識してゆければ、もっと広い世界の新天地に踊り出られるだろうと思います。

この書に於きましては、ごく限られた分野でしか、また最小限の範囲にとめおかざるを得ません。先に出版した二冊の書の中にも、たくさんの漢字について繙いておりますので、折あらば興味のある方はと思う次第です。やはり、世の中は小型の電子計算機を携帯しうる時代となり、ますます漢字を書き、覚える時代が一層遠のくことを恐れ、ＩＴにすがらず自らの手で漢字を愛し、手紙や手記を残しましょう。

＊

中国天台宗の祖であらせられた「智顗《ちぎ》」さまがお説きになられました「一切衆生悉有仏性」なる言葉に巡り会えたことは大いなる喜びでした。どの書だったか明記しておらず残念に思いましたが、「広説佛教語大辞典」（東京書籍　六八頁　中村元著）には、記載されており、大訳として、「生きとし生けるものはすべて生まれながらにして仏となりうる可能性（仏性）がある」という意。との解説を見ました。法相宗と華厳両宗との間で論争があったようですが、仏の文字には「三人」の人が入っており、つまり三世の人と解釈し、当然に命の継承がなされた上に、過去・現在・未来の現象を繰り返す行為その事に「仏性がある」と私は解釈したいのです。精神性を持たぬうんぬんは専門家に任せ、とにかく絶滅危惧種以外、現実に草木、野菜、果実他種々の生きとし生けるもの全て、滞りなく何らかの方法でも、命の継承を行い、私達人間の生命を維持させてくれています。全てこれ、神仏のご加護だろうと思っています。人の中には、自分の命は自分のもののように振舞い、悲しむべき自殺行為をはかる方もおられますが、実は両親からの授かりものであり、この世でのお預かりしている命だと認識しなければ閻魔さんが許してくれる筈はありません。いついかなる時でも、野菜や果実、肉類、魚類等々は手に入るように仕組まれているのです。これらも、人々の努力行為の継続により生命の維持がはかれ存続できるわけです。喜びと感謝を持って、命を大切にしなければなりません。各人の心臓の鼓動の音は過去二十万年以前から受継がれ鼓動し続けているのです。過去世の母から母へと受け継がれた命、各人の鼓動は無茶や無理をせぬ限り、世界各国の地域環境にも異なるでしょうが、最低、その国内での平均寿命までは頑張りたいものです。

どこの国でも、一年は十二か月を有していますので、十二の数字まで書きとどめることと致しましょう。

十一とは（素数です）

この数字を始める前に、次の事柄について私なりの見解を語ることと致しましょう。

さて、我が国日本では、幼い頃から神さまや仏さまのことをよく耳にし、一体いずこにおられる事だろうかとの関心をいだいたものです。各寺院には立派な仏像を配置されており、また各神殿には全く御神体は目に見えずに大変厳《おごそ》かなる神域が配置されてあり、神主さまの古代語の祝詞《のりと》を呪文のように発せられ、お参りする者の平安やご守護をいただき毎年参拝し拝むことが行事となっておりました。

まず、人間の一生としては、古い時代からのならわしや仕来《しきた》りとして、次のようなお宮参りが各年齢と共に各家庭の行事とし、

数え年で男子は三歳と五歳

女子は三歳と七歳

に当たる年の十一月十五日に行う祝い

（千歳飴……細く長く長寿を願う）

この七・五・三が意味するものは

七（生まれる）、五（み仏）、三（心）

み仏の心（やさしい心）が生まれますように。

十三詣り（男・女）各数え年

福徳と知恵と健康を授《さず》けて頂くために親子ともども

（虚空蔵菩薩《こくうぞうぼさつ》・十三番目に生れた菩薩）

はかり知れない福徳と知恵をもたらす

元服（奈良時代以降　男子の成人）
男　十二～十六歳
女　十八～二〇歳

成人式（今風）

昔は三世代同居の暮しが多かった時代が普通の時代でしたから、これらのお参りなどの儀式はごく普通に取り行われていたのですが、現在では結婚後即別居の生活や、また共働きの為、子どもがすくすくと健やかに成長することの願いや、優しい子に育ちますようにとの七五三参りすら各家庭の事情にもより、そういった儀式すら忘れ去られたり、多忙な為に失念され、省略されてしまうことが当たり前の時代へとなりつつあります。両親と同居さえしておれば、お年寄りのご経験から、教えてもらいまた子育てにも一翼《いちよく》の協力も得られ、穏便《おんびん》に事は進みましょう。だが一方、現在の家族制度たるや概ねのところ崩壊しつつあり、親子の情すら薄らいできています。ここに「負ける」という漢字があります。この文字を分析しますと「久しい」字と「目」という字を鮮やかに合成（合体造語）されています。つまり、腰の曲がったお年寄りの目には若い方々は負けるのです。何事にも苦労をいとわずに知恵を呼び覚ましての工夫や経験値がはるかに高く、精通した直感力にも、ひけ劣らず、経験の浅い若い者は、負けてしまうのでしょう。

次に私が特に勧めたい漢字があります。この字は人の姿を真横から見た姿そのものだと思います。いずれも祈りを願う姿なのです。特に「人象文字《にんしょうもじ》」と考えている次第です。

即ち「乃《の》」と「之《し》」という文字です。

この「乃」とは大地に両手を差し出し、腰をかがめようと、正に膝をかがめ祈ろうとする姿に見えます。この連続姿勢《しせい》をとる行為に「五体投地」なる言葉もあります。まず第一には「秀でる」と「一芸に秀でる」という言葉。何も芸に秀でるだけじゃあなく、神社の軒先でこの姿をして祈りをする行為そのものが他より秀でていることだと言えるのでしょう。ましてイスラムでは聖地に向かう方法として、五体投地を繰り返しながらに……。

まして、なかなかに子が授からず、神社に願を掛け日参《にっさん》したあげく子を「孕《はら》む」とやっと祈りが通じ願いがかなない「胎内に子どもができる」と「妊娠」されたのです。やはり、第一子として子が授かるということは本当に喜ばしいことでしょう。江戸時代なら、「産《う》まず女《め》」といって離縁されることが、しばしば起こっていたと聞いております。現在では、男性側の責任として、精子が弱っていたり、無精子なども、緊張やストレス、それに喫煙や栄養不足など様々な要因で起こりやすく、ご夫婦共々検査を受診するべき状態のようです。また、「及ぶ」とは、この祈りを何回か繰り返しておりますと、心のどこかによき考えが及んでくることでしょう。

さて、次に「之《し》」の文字については左之寸世曽の項で詳述の予定とします。人は実際には協同生活をしていますが、たった一人に立ちかえった場合、何かにすがろう、すがりたい気持ちがわいてくるのが普通一般的なことだと思います。まず自分の心は修行を積み重ねなければ、また心の訓練をしなければ弱いものなのです。やはり大昔から「祈る」という行為を身につけなければ、幸せは先方から勝手にやってくるわけではありません。さんざん苦労に追い込まれれば、その意味や意図が理解できるでしょう。いくら、無神論者だと業突張《ごうつくば》ってみても、その方自身、死ぬか生きるかの現象がやってきたら、助けてくださいと念じられる筈だと思います。九死に一生ものだと助かる方は神や仏の怪力のご加護を得て助かるわけです。また人目に触れず人を助ける（慈悲を与えたり、布施行をつみ重ねたり）善行をなさっておられる方々は「陰徳陽報」として、苦難の際に助けられるのでしょう。何事も自然の振舞いの心掛けが全てだろうと思います。特にこの「之」の文字の訓《くん》読《よみ》には「これ・の・ゆき・よし」と読ませている縁《えにし》に驚くばかりです。「祈り」とは「計り知れないことを示す行為」だと考えます。「斤《きん》」とは一斤と約六百グラムと重さの単位であり、別名「おのづくり」で「斧《おの》」を指し、木を割るのに使う「よき」とも言われ、やはり斧で切り裂いたものの重さを計ることを指しているのでしょうか。「斤」を分解すると「𠂆ト丅」と重複合成で三人の人の方がお出ましとなり、やはり「三世諸仏の人に対して示（ネ）すことも、「祈」りなのでしょう。ここに喜ぶを意味する「欣《よろこ》ぶ」の文字があり、「計ることを欠かせない」と豊作なのでしょう。また、祈れば（之）は斤《は》かることが「近い」と時期がせまっていることでしょう。この之《いのり》を払い棒で打ち消せば、「乏《とぼ》しい」こととなり、祈らなければ、乏しいと「不足だ」や「貧しい」と三省堂辞書八四二頁に書かれており、どんなスポーツでも表情を出さず心の中で祈りを欠かさずに頑張る、最後の最後まで祈りながらの執念をかきたて、諦めないことが肝要となる事でしょう。この「之」が、最終的に「しんにゅう偏」の「之繞《しんにょう》」の変化からきて漢字の偏の一つなので「進む」や「遠い」などの文字にもあります。

　なぜ十一の項目で以上のことを書き記したかと申せば、祈りを通じて一切のものが全て稔ってほしいとも解釈でき、また大地の土の筆順ともなり、「命の継承として、過去・現在・未来にわたり、その繰り返しとすることで、先々の未来へと継がって行くこと」を願うわけです。自然の大地（土）は三画目の横一を長く、また短ければ人の心の土壌を表す

「士《し》」となります。「武士」や「仕える」等と「さむらい」を表し、「志す」とは、三世諸仏の一員となれるように志したいものです。

究極のところ、「神や仏の居場所は各人の心の中に内在し」、「魂《たましい》」の文字に居すわっておられるでしょう。仏像との出会いや神前での参拝などは、お参りすることにより、その時、その場所で拝むことにより、大いなるパワーをいただき、気持ちを奮い立たせ、何事に対しても居丈高《いたけだか》に頑張れる気持ちが大切なことでしょう。般若心経のある部分にも、「乃至《ないし》」という言葉が掲載されており、「……から……まで」と「範囲を限定することを表わす」とありますが、この「乃至」のみをよく考えてみますと、乃（いのり）は一（天）、土（地）の間のム（仏）で、いのれば天地一体の仏に至らしめるとも解釈でき、やはり、常日頃から神仏を崇めておりますと、「瞬間的な閃《ひらめ》きをいただき」良い方向へと進めることでしょう。

十二とは（十二進法）

一年は十二か月、干支も十二支で終わり、十進法の上に十二進法があります。

この十二進法とは辞典には「六十秒が一分、六十分が一時間、二十四時間が一日というように、十二の倍数で位取りが変わること」とあります。

故に一年の終わりの月が十二月となっているのも、なんら不思議なる事でもなさそうですね。一方、私が尊者として敬愛する方は「維摩居士《ゆいまこじ》」と「玄奘三蔵《げんじょうさんぞう》」さん、それに大預言者のノストラダムスさんです。

維摩居士さんはインドの祖師。在家ながら誰よりも大乗の真理に通じ、智慧の文殊菩薩と、対等に、「空」の思想について問答を交わした話は有名だと『仏像の見方ハンドブック』（池田書店　石井亜矢子著）一二四頁に記載。また玄奘三蔵さんは般若心経中の「色即是空」や「空即是色」の表現は当初「色空」や「空色」との解釈のところへ、いずれにも「即是」という語をあいだにはさんだ。ということが（『現代に生きる仏教　いのちの風光』（角川文庫　紀野一義著　一九二頁）に記載されており、この「即是」は私なりには、「日がたなびけばたちどころに」と解釈した次第です（日々の行為の現象）。即は「皀」でみのりをもたらす「実りある仏」やその「化身」は、「卩」ふしづくりとして大地に根づくこと。是は、元旦の旦で大地に日が昇ることで初日の出のことで、下の「⻊」は「止る」の否定形で、⻊は止らないこととなり、当時は天動説だから、昇った日が徐々に動いて行くさまとなります。「歩く」は少しずつに止り、「走る」は止らない現象で三世諸仏は止らないのです。

また、玄奘さまは薬師寺の御神体として祭られてあり、毎年、玄奘三蔵法師顕彰（会大祭）などがあります。

さて、薬師如来の眷属を務める十二の夜叉《やしゃ》（薬叉）を十二神将と総称します。この十二神にはそれぞれが七千人の配下を率《ひき》いて、薬師如来を敬う衆生を護り、大願を成就させてくれると言います。この十二神将には平安時代以降は十二と結びつき、生まれ年の守護神としても神仰を集め、方位や時刻を守護する性格が生まれるそうです（『仏像の見方ハンドブック』（池田書店　石井亜矢子著　一〇二頁）

「薬師本願経《ほんがんきょう》」によると①宮毘羅《くびら》（ねずみ）②伐折羅《ばさら》（うし）③迷企羅《めいきら》（とら）④安底《あんち》羅《ら》（うさぎ）⑤頞儞羅《あにら》（たつ）⑥珊底羅《さんちら》（み）⑦因達羅《いんだら》（うま）⑧波夷羅《ばいら》（ひつじ）⑨摩《ま》

虎羅《こら》（さる）⑩真達羅《しんだら》（とり）⑪招杜羅《しょうとら》（いぬ）⑫毘羯羅《びから》（いのしし）の十二の神将です。これら名称は経典により相違あるとのことです。

一神将《いちしんしょう》に七千人の配下。十二神将では十二倍して八万四千の配下となり、「医は仁術」として活躍をされたことでしょう。この八万四千という語句は「観無量寿経」や「観音経普門品第二十五」の要語としても使用されていて、何かの縁があるのでしょう。この十二月とすれば一年の最後の月でもあり、春先に植えた種々のたねや、茎、球根、苗などは順次、人のお世話のもと実りをもたらし晩秋までに収穫された後、十二月を迎えることとなり、今までの本書の経過から考察すれば、二の天と地を持つ「人」が十の「芽ばえること」となり、各人一歳の年をとり、新年を迎えることとなるのでしょう。この十二月から一月にかけて農家の方々は、我が両親や祖父（母）達を慈愛でもてなし、それなりの労をもてなし、労ってあげる時機でもあるのです。こうして、肉体的にも精神的にも、より大きく成長し自身自らも実りある人生へと頑張っていかれることでしょう。

●

「日」とは（大日如来）

中国の秦の始皇帝さんが文字を統一された頃は、紀元前二二一年頃で、その当時は宇宙の中心に地球が静止し、その周りを他の天体が回転しているとする説の「天動説の時代」。この天動説から地動説、つまり地球が太陽の周りを回転している説に変えたのは、かの有名な「ガリレオ・ガリレイ」（一五六四～一六四二年）の天文学者で十七世紀頃でありました。約二千年の間隔があります。当時、漢字は天動説を取り入れた観点から代表的な文字を整数・素数を背景に置きながら漢民族が最終的に考察していかれたことでしょう。

旦　あさ、夜明けと共にこの大地の地平線や海上の水平線あるいは山々の稜線から昇る日の出のことで、「元旦」ともなれば、元日の朝に昇る「初日の出」なのです。

昇　日の下の「イ（人）や十」は一切衆生や三世諸仏を意味し実りや穀物、つまり森羅万象（限りなく存在する有形物）の上に日が昇ること。

亘《わた》る　二の天と地の間に日が移動し「亘る」こと。

亘るに立心偏（忄）がつけば、日が亘ることは「いつもと変わらない」と「恒《つね》」となります。

早　芽を出し、みのろうとするものに日が射せば成長やみのりが早い。

最　日が出ている間に採取し、取るのが最も良い。耳の横に又があるのは、両手で取る動作の時に耳に添わせる形からです。

是　一旦、地上に昰《のぼ》った日は「止まる」から「止らない」と日に足が生えたように東から西へと動いてゆくこと。足とは胴体を支えている、いわば、みのり（口）だから、止《とま》らずに動く、「ノ」は払い棒で止ることの否定を表わす。乏《とぼしい》は祈らなければ乏しい。

明るい　日と月がたまに同時に出ている時もあるが、月の役目をしていない。この月は肉月の月で食べ物を表しており、日が出て食にありつけることが心が明るい。

暗い　音のしない日とは日が出ていても食物がなければ「暗い」。天災や地震やその他もろもろの災害が起こり、働けない状態が続き食糧が涸渇し始め、まさに飢饉状態へと……いくら日が出ていても大切な食糧がなければ暗い日が続きます。

朝　日の出からの数時間、食の心配もなく、天にも地上にも明るさが、どんどん広が

昼　この地上に昇った日が、八方世界の中天にさしかかっている頃。
　　ってくる頃です。

晩　日中、出ていた日射しが免じられる頃から（日没の状態から始まる）。

旧《ふる》い　棒からの左側は日が当たらず、さえぎられていくに従い、いつしか年を経たこととなります。但し、嬰児や幼児の「児」は、直射日光を避け、日蔭で育てなければいけません。

時　日が出ている時に、三世諸仏（田畑に芽ばえているものはちょっとずつ成長していくという「まさにその時」であります。

是《ぜ・これ》　「是《ぜ》か非《ひ》か」な、是《これ》は正しい事、よい事と認める。此《これ》を是と書くことができる。

「女（女偏）」とは

まず、女の文字を分解しますと、「七と丆（人）」との重複合成で構成され、「七」は素数の項で既述の通り、無限大（数）を表し、何が無限数なのかと言いますと、この世に生まれ（卵含む）、誕生してくることです。端的に言えば「命の継承」であり、人間に限ったことではなく、昆虫・害虫を含む全ての全動物、魚類や全植物が自然の営みによって、この世に子孫として誕生してこられるわけです。「七と丁」とを重複合成しますと、横一辺を重ね合わせれば「女」の文字が完成するわけです。また先に記述しましたように、この「七」に刃物の「刀」の文字を抱きあわせますと、「切る」の文字が生まれ、「七」をきれば「亡ぶ」文字が誕生するわけです。

この「女」以外の表現となれば、「雌雄《しゆう》」となり、「めすとおす」となり、植物なら雄蕊《おしべ》と雌蕊《めしべ》となるわけです。

魚類等に至っては、一度に数百～千個を産卵し、うち、生存率は数パーセント程度の模様だそうです。

かくして漢字は知能を有する人間のみの世界で発明され使用しているので「女偏」につき、ことを進めてみましょう。

やはり、命の継承が一番大切なことから「好む」から始めましょう。

好《すき》「子を生む人は好かれる」と昔人は平均寿命が短かったこともあり、命の継承が全てと多産系が好まれたのでしょう。

奴《ど》　大昔は女性は子を生み、家庭を守るのが基本で、生む人が受ける者（又）になってはなら「ぬ」のもとの字で、特に両立する場合戦争で敗れた側の男や女は奴隷として扱われ、やむを得ず働かされたのでしょう。

嬉しい　右側の喜ぶは、三世諸仏の実りがどんどん豊かになることを喜びと成し、女の場合は子沢山に恵まれることが子孫を増やせることで嬉しい限りである。

嫌う　昔は「産まず女」となれば結婚していても離縁された時代もあったようです。つまり、女を兼ねないということでした。

嫁ぐ　よその家へ女は嫁がなければならないことが一般的なのです（日本では平安時代以後とかや）。

世《よ》とは

まず、世を語る前に改めて「東大寺山門の掲示板」に記載されています文言を紹介しておきましょう。

「お釈迦さまは

百億の光明を放《はな》って

遍《あまね》く三千大千世界を照らし

百億の閻浮提《えんぶだい》

百億の須弥山王《しゅみせんおう》
百億の三十三天
この世界の所有の一切悉《ことごと》く現ぜ
「七」は無限大数の代り」

私自身、この七を「生まれる、誕生、命あるもの」と解釈し、かつ仏の字をなしているとも解釈、表現してきました。なぜ、無限大かと言えば、この世の生命のことごとくの産卵や（出産）、種子の発芽など、もう無限大とするところです。世界の世《せ》、世の中の世《よ》。さて、この世《せ》や世《よ》とは、この一字で如何なる意味を持っているところでしょう。よく目を皿のようにして見れば、「七とム」の合成だと推察できるでしょう。即ち、一切衆生悉有仏性の言葉にありましたように、み仏を生む所の意味を成しているのでしょう。自然界の五大の「地・水・火・風・空」等の一字ずつの構成にしても、人間の「私・貴方・彼（等）・彼女」、また一匹の「虫」にしてもみな仏のムを宿していたでしょう。その通り、私達は皆、み仏（神）さま達に囲まれているのです。この世に生まれてくるもの、みんな「仏性」を持っているのでしたね。ゆえに、み仏が生まれてくる所がこの「世《よ》」となりにけり。

「ウ冠《かんむ》り」と「ワ冠り」の発想の原点はいかに

　この二文字の冠りの真意をきちんと理解するのとしないのとでは、その喜びにも大きな差が生じることでしょう。なぜならこの両者には、誰しも想像をしえないほどの、とてつもなく大きな立派な秘密の意味が隠されているからです。

　各々の冠りを見ている限りではその真意の何がどう隠されているのか全くわからず、判断に苦しみます。ただ高い屋根の家をえがいたものだとか、上からおおうものの形をえがいたものだとかの程度の意味しか、どこの書にも解説されていません。また、どこから派生してきているのかもさっぱりわかりません。

　実は両者の文字の差異は、端的に言えば「ウ冠りのウ」のみで「仏」の真意が隠され、「ワ冠り」には「仏のム」のみが入っているという違いであります。それでは着眼発想をどこから得たか申しましょう。それは漢数字の「五」の文字にちゃんと息づいているのです。ここで、あらためて、「五」の字をよく見て下さい。

まず、この世に芽生えたすべての命は天と地（二）との間で生息しており、また、その間で芽生え（十）、育ち、実りをなします。これらをまとめれば、二の間に十が組み合わされて「王」の字で表されます。「天・地・時の流れの中で命を宿している一切の存在はすべて王道を行っている」わけです。当然のことながら、何一つとして同じものの命を人工的に作ることはできません。その一つ一つの存在が「王」と言えるのです。

そして、この「王」の字に含まれているまんなかの横線が「時の流れ」を意味します。一つ一つの生命は、この時の流れにへばりついていることにもなっているし、時の流れが成長を促すのです。時の流れからとき放たれてしまえば、たとえ若くとも、その命はその時点で絶たれることになり、厳粛なる死を受けとめねばなりません。かの「非」で堰をしたように、真中の横線が大地に向かって折れ曲がり「ユ《ゆ》」なる文字で表されることになります。

このわずか二画の「ユ」が仏の「ム」の字を生み形成し、様々な字形の中で大いに幅をきかせてくるのです。端的に言えば「五」の最初の二画が人を指し、最後の二画の「ユ《ゆ》が ム《む》」となり、仏の「ム」の出現とあいなります。つまり、「五は仏」を表しているのです。

ここでこの仕組みをとくと考え抜かねばなりません。今の今まで、自らの命そのものが時の流れに張りつき、この世に誕生してきて以来ずっと生き続けてこられても、余命の持ち時間がなくなり、体内にひそむときの流れがもう流れることなく見限られた時に、その命は果ててしまいます。それ以後は「屍《しかばね》」となり、もう命が無くなってじっとそこに横たわっている体を意味する死体となります。

即ち、「五とは命のある限りの仏」となる由縁で、各人が存命している間は、仏に守られていることになります。死を迎え成仏してしまえば、「仏」の世に帰属したり、鬼籍に入ったりしてしまうことになるわけです。

次に、「内外の内《うち》」をよく見て下さい。最初の二画が同じユの変化したものでム《む》を意味し、最後は「人」でくくっています。わかりますか。やはり仏さまが入っているのです。人間だれしも、仏さまというものは「内」側に秘《ひ》めるものと相場は決まっています。これに対して、「外」の字があります。最初の二画がム《む》を表し、三画目と一画目に人が入っていて、やはり仏さまがお宿りですね。右側の字は、「卜《ぼく》」といって、「占う」意味の字を省略したものです。つまり「外」とは、「仏さまを卜《うらな》うのは外側」ですよと言っているのです。

次に「英雄」の英ですが、まずは「中」から説明しましょう。最初の二画がムの変化したもの、最後の二画が芽生えていることを表す「十」で、「仏さまが芽生えてくるのは心の中からですよ」と言っているのです。「大中小」にもある如く、うつろい行く自然界が偉大の「大」なら、悠久の流れには立心偏の心があり、そしてそんなまっただ「中」でムの仏さまが芽生えていることになっています。次に中央の「央」ですが、三画目に母なる大地があり、また最初の二画が「ム」で最後の二画は人です。つまり母なる大地に仏さまがいることになっているのです。そしてそんな状態がどんどん芽生え繁殖してくると「英」となります。ようするに、心の土壌で仏さまの息吹きがどんどん芽生えひろがりを見せてくる人が、「英雄の英」となるのでしょうか。「雄」は後述と致しましょう。

いずれ後半に出てくることですが、森羅万象は「仏さまの子」である字を辿って成長することになっています。田は「土」が仏さまの「ム」でおおわれるところであるし、最初の「芽」なる字自身、仏さまは芽生えてくるものとなっています。

さて、ここで本論のワ冠りを含むウ冠りに戻りましょう。ウ冠りとは、ワ冠りと、人の意を表すなべぶたとの合成です。立派にもう「仏さま」が宿されていることになっています。

「字」の文字の中にある「子」は一体誰の子かと言えば、「ほとけの子」となっておりま す。かの、三摩耶戒の出だしに、「われらは　みほとけの子なり、ひとえに如来大悲の本誓を仰いで、不二の浄信に安住し、菩薩利他の行業に励みて、法身《みほとけ》の慧命《いのち》を相続したてまつらん　おんさんまやさとばん」とありますが、「みほとけの子らが使う字」自身が、「みほとけの子」となるというこの縁《えにし》。なんという傑作にして絶妙なる妙趣。すべての手の内は、神仏《みほとけ》さまの知るところなのです。

次に宗教の「宗」(第一に大切なこと)は、「仏が示される」ことを「宗《むね》」とし、「仏の示す教え」が「宗教」となります。この事実をおわかりいただけたでしょうか。

また、「室」とは「仏に至るところ」で、古き昔は「室《むろ》」とも言って僧房をさし、寺院に付属した僧の宿舎のことだったようです。「宝」とは「みほとけの玉《たま》のみのりは宝なり」ということです。「芽」の字の中にある「仏さま」が「弥陀の化身の花咲かせ」てのち「実《みのり》」を付けます。「仏の心(三は心)を持った人」は至宝の如く実《みのり》ゆたかになって行けるわけだよと、文字は語りかけてくれているのです。

以上のほかにも「ウ冠《う》り」を頭《こうべ》に頂いた字はたくさんあります。「安《やす》らぎ」とは、仏(ウ冠り)を生む人(女は七と人との合成)は心安らかにして、大いなる安らぎを得るということです。また、これらのウ《う》冠りは天地人の三種類に区分けできることを、「安」の項で詳述することをお約束しておきましょう。

さて、次に「ワ《わ》冠り」です。このワ《わ》には、人の意を表すなべぶたがついていないわけですので、仏のムと同格です。

まず手始めとして、「冠り」の文字を見てみましょう。中にある「元」から解説すると、二、三画目に人が入っており、四画目にはムが入っていて、仏の字がうかがえます。おわかりでしょうか。さすれば「元」とは、「一切が仏」が「もとで」、それゆえ「物事がそこから始まっているところや、始めや起こり」という辞典の意につらなってくるのです。それから「寸」とは、「ほとけのムがちょっとずつ芽生えてくること」を意味します。これらを結びつけると、「一切のみ仏がちょっとずつ芽生えてくる」となり、それをなおかつ天上にみ仏（ム）さまが覆っているものを「冠り」と言っています。「冠り」とは、天上におわしますみ仏（日・月・星・大気・空）さまたちが、地上におわします一切のみ仏たちをちょっとずつ芽生えさせて行くことだと諭《さと》しているのです。これまた後ほど、「日も月も星」もみ仏の字が宿されていることを記しますのでお楽しみに。

「冂《どうがまえ》」を構成するものは何か

「冂」を分解すると𠂆（人を）そして亅（ム）との重複合成からなっている。

この冂にも仏の文字がすみやかに組み込まれています。ここで改めて仏には、目に写り見える物質的なる仏、つまり口に入れて食べられる口《みのり》（仏）あるいは食べられなくても山野草木として、この地上に宿る草花を始め山野自身にも「仏」の世界を形成されています。例えば、「山」の文字を分解してみますと、丄（人）と凵（ム）で仏となり、「動かざる仏」なのであり、木々には精霊が宿るとか、上を上《かみ》とも言われ狭義では神や天皇および江戸時代の将軍を指す（三省堂二一八頁）ともあり、「一切衆生悉有仏性」なのである。当然、人も含まれており三世諸仏（過去・現在・未来への継承）を遵守しているわけです。また人には、理性や精神面を備え生きながらに苦難の道を歩み続けいつしか神や仏の存在を精神的に植えつけて心の弱さを神仏に依存していくことになります。

まず、内外の「内」は、人に神仏が宿るのは身の内側で、つまり心の内だよと文字は語っています。まして肉となれば仏が仏を構成しているもので、夜空に浮かぶ象形文字のお月さまではなく、肉の文字が「月《にくづき》」のもととなるわけです。肉の文字にある人人が「月」の字のどこに納まってしまったかと言えば「亠《なべぶた》」に一人、「前」のように「丷」に二人を含め、月の一画目と二画目にひとがしらで一人、そして三・四画目に二人と「人々」が入っているでしょう。故に「日」が昇り、人々の努力により育てた「月《にくづき》」（食物）が側《そば》や前にあるから「明るい」のです。いくら日が昇っていても食物である月がなければ飢えが始まり、まして地震や天（水）災に見舞われれば実りをなす為の「働く時に出る音のしない日」となれば「暗い」となるわけです。生きている動物は、この「月」がある為に育って行くわけです。動物でも肉食動物と草を主に食べている草食動物があるのです。「育」の文字をご覧になって何か感ずるものがあるでしょうか。「きっと」世の中は全て循環することにより生成されているのがおわかりでしょう。

ここに、「然《しか》り」という字は犬の前に肉月の食物をおいてやれば尻尾をふってくるが如くなり。また、私達日本人の使うお金の単位は「円」ですね。この文字にも仏が宿されています。「内」にある「人」が、「冂」の中に「丄（人）」と入っただけのことです。私達は地上にある食べ物の仏さまの実りであるものの売買を仏の文字である円《まる》（金銭）つまり、「通貨としての単位が仏」となっていますね。

ましてアメリカのドル（ＤＯＬＬＡＲ）も正式には$ですが、これを日本語になおせば、「弗」となり、なんと「佛《ほとけ》」の旧字にある文字が出てきましたね。円と弗《ドル》が取り持つ不思議なご縁。切っても切れない赤い糸で結ばれていて、お互いが相互扶助の精神で平和を築いていかなければならないのでしょうね。

この円とほぼ同じ画数を持つ字に「丹」があります。この文字には「まごころ」を表す本質的なる意味があって、やはり仏心《ほとけごころ》を言っているのでしょう。それらの熟語に、丹心《たんしん》（まごころ）、丹誠《たんせい》（心を込めてすること）ほか、丹精《たんせい》、丹念《たんねん》等々があります。

次に「周《まわり》」ですが、この文字にも仏さまのムが入っているでしょう。み仏さまが、三世諸仏を累々と生み続ける土に口《みのり》（口に入るものは全てみ仏のみのりでしょう）を「全部に行きわたらせる」となり、そういう「周」で私達は毎日恩恵を授かっているのです。そんなわけで、「円周」とは、やはり私達は全て仏の円で取り囲まれているのでしょうね。「お金」とは全てのものに真心（立心偏）が入ったものをさしています。

かの阿弥陀仏さまの真言として、オンアミリタテイゼイカラウン（『真言・梵字の基礎知識』二七頁　大法輪閣）、「臨兵闘者皆陣列在前《りんびょうとうしゃかいじんれつざいぜん》」（護身の秘術として唱える。大辞林六九〇頁「九字」にて）の呪文があります。

この呪文は「九字《くじ》を切る」と言われ、「九字を唱えながら、指で空中に縦に四線、横に五線を引いてまじないをする」。戦う前に、「羅《ら》」に相当する「網目」を作り、勝つという欲望を仏の網目に委《ゆだ》ね、無心で、全力で戦い切ることが大切だと解釈されております。また、次のようにも、「兵として闘いに臨む者は、眼の前の月《にくづき》を料理（立刀《りっとう》で）するが如く、皆、戦う相手として並んでいるので、心おきなく戦いなさい」となるのでしょうよ。きっと。

次に「同じ」の意味は、「違うということがなく、見比べて区別できないこと」となっていますが、この文字に果たしてそのような意味が実際に含まれているのでしょうか。なに「わかりますって」嬉しい事ですね！　そうです、「一切の口《みのり》はみ仏さまの加被力《かびりき》（加《か》威力《いりき》を加被力《かびりき》ともいわれ衆生の上に加えられる威徳力。『仏教語大辞典』東京書籍　中村元著）から育っており、全ての一切のみのりの存在はみ仏と同じ位置にあることと同じってことなのさ」と言ってくれているのでしょう。前述しましたように、君も私も貴方も彼も彼女も皆、どの文字にも皆、仏さまが鎮座しておられたでしょう。

「用いる」とは、はてさて一体何を用いることなのでしょうか。中側の文字は十と二の重複合成で「丰」となり、つまり「二」の「天と地」に芽ばえた（十）、み仏のみのりを用いることなのでしょう。「役に立つものとして使う」という辞典の意となれば、天地即ちこの世で芽生える（役に立つ）ように、み仏を用いることにもなります。貴方も私も実際にそのような役柄をつとめ上げねばならないのでしょうね。月給分だけ働いていればいいというわけではなく、もっと他人様に貢献しなくてはならないということです。

「再び」の字を見てみましょう。忘れかけていたものを心に思い起こすこともそうだろうし、新たな決意を起こすのも「再び」でしょう。夢見る彼女との再会も「再び会える」ことなんでしょう。でも、もっと素晴らしい方との出会いが再びやって来るんだったら、こんなに有り難い事は他にありはしません。いつでも誰とでもと言えることでもないですし……。やはり心の土壌は耕田経《こうでんきょう》にもありますように、いつでも心を鋤き耕し肥沃にしておかなければならないのです。

では、「再び」の本質に入ってゆくことにしましょう。この文字の二と三画目で仏の「ム」があり、一と四画目で「丅」即ち人が現れ、四・五・六画で三世諸仏を芽生えさせる「土」が出現し、ひいては、心の土壌の土とも解せられます。つまり、神仏は内なる心の土壌に現れるといえることで精神的世界の考え方であります。まして、放蕩《ほうとう》（酒を飲み女遊びをすること）をし、荒《すさ》んだ心には決して望めそうにはありません。誰かれの心の土壌に、そう簡単にみ仏さまが、初中終《しょっちゅう》やって来てくださるわけではありません。まず、自分がこの世に存在できたのは両親のお蔭、ひいては両祖父や両祖母ほか、あまたのご先祖さま達で常にご先祖を敬い、それから自らの心の中で「経を読む」などして心の訓練をし、ひたすら感謝をつのらせ、耕し、知恵や考えが即座に芽生え、瞬時にひらめきが起こるまで鋤き耕すことが肝要です。困った時だけの神頼みだけでなく、時にはより深い瞑想にでもふければ、ちゃんとみ仏さまがおしのび再びでやって来てくれるのでしょう。当然、ご先祖やみ仏の気配を感じるでしょう。

自らを支え、守護し、不思議な仏の加被力《かびりき》を賜り、そして多くの知恵の実りを頂戴することで、心安らげるというわけなのですね。

「儿」はにんにょう・ひとあしと言われるが

この儿（にんにょう）は見ての如く、ごく単純な文字です。ところが、この私に言わしめると、この儿自身が支えているすぐまうえの横一との組合わせから派生してくる因果関係が、すこぶる大切な意味を含んでいるのです。

あの「字」の文字で見た「子」が「仏（みほとけ）の子」であったように、ここでもその理論が幅（み仏の精神が芽生えてくれば人としての幅ができる）をきかせているのです。当然のことながら仏である「ム」がひっそりと息づいていて、奥の方から一条の光明を放っているのがうかがえます。

先にも述べましたように、「元」の字の中に、まさか仏さまがじっと息をころしてお入りになっていられようとは、思いもよらないことでした。この「元」の二と三画目に人が入っており、そして四画目が上にはねることにより四画目自身にムが入っていたわけですね。一切の仏さまが「もと」で、「事の始まり」だったのです。それでは、これらの素晴らしい考え方の実例を追ってみることに致しましょう。

「光《ひかり》」とは元来、朝日や夕日の地平線上での光り輝いている現象が、にんにょう（儿）により刻々と動く状態の象形文字のように思い考えていました。しかしよくよく分析してみますと、「光」の一から三画は立心偏の心を表し、そして元の字の展開の如く、光の四・五・六画に仏さまが入っているわけです。この一連の考えをまとめてみますと、「光」とは「み仏の心が光る」わけで、まさに「光明」を放っているわけです。

阿弥陀経に「有日月燈仏」という表現がありますが、「日やお月さま」自身も、仏の字で構成されているのです。まず「日」とは、一・三画に人が、二と四画にコ（こ）のようにムが入っています。お月さまも二画自身にムが入っていて、一と三・四画に人人があって「仏」の意味が成り立っています。まして、「大光仏」や「大明仏」と、光明自身が仏さまから輝いていることがわかります。

また「輝る」とは、「光が集まる」ことで、み仏の心が集まることです。実に傑作なる、味わいのある文字です。日光・月光《がっこう》菩薩の仏像の心からほほ笑んでいられるお顔に、光がさしているのがうなずけますよね。

また、「日が仏」であることを証明している文字がちゃんとあります。ご先祖がお世話になり、いずれ私たちも世話になるところの「お墓」の字です。「墓」とは「墓石」を言うのではなく、ほうむられた方々を含めての意味を持っており、次のように解釈できます。日の下からの文字は「八方世界の大地の下の土に」となり、「一と八と土」から構成されます。そんな「地中にみ仏さまがほうむられ芽ぶいている所」となるのです。文字どおり、この「日」は生き仏、そして仏すべてを総称した偉大なる文字ですね。

次に「先《さき》」の字を見てみましょう。何が「先決《せんけつ》の先」なのでしょうか。文字を分解してみますと、人と、土と、元や光の字にあったみ仏さまの変型が入っているのです。つまり、「人の心の土壌（土）にみ仏を宿すことが先」で大切なことだよ、となっているわけです。

また、「見る」とは目と儿との合成で、目が動きまわることのようでもあります。しかし私は、月《にくづき》と光や仏からなる文字で、肉月の仏を自分自身で見ることだという見解をとりたいのです。

「親」とは、立木に肉月のみ仏のみのりがなったたか、を別のみ仏の立場として見て回るのが親のつとめだということを表しています。やはり子らにも「仏心」が宿ることが大事なことであるわけです。「育つ」とは、肉月の上に仏が徐々に宿ってくることで、「充《み》つる」とは、人（なべぶた）にみ仏がみちてくるわけです。人を表すなべぶたとムで仏さんになっているわけです。「兄」とはみ仏としてのみのり（口）をもった人を意味し、親も安心できるわけです。姉もそうです。右側の一から四画目まで仏が入っており、あとは芽生える十が巾の中に組み込まれているのがわかります。

最後に、鳥・獣・魚・虫類を数える語として「匹」の字を見ましょう。この匹の字の中にも、み仏の字が宿されており、微《び》に入り細《さい》をうがつまでの配慮が行きわたっております。神仏《みほとけ》のお力のすごさにおののくばかりです。

*

さてこの辺りで、私たち人間の一人一人がどのような環境の中に住んでいるかをお話しておきましょう。

最近とみに時代の流れを早く感じるのは、決して私一人ではありません。昔は、一国の中だけを考え、その中の情報だけを正確に知るのみでよかったものが、今や世界中の情報が各家庭に刻々と知らされてきます。その内容と言えば千差万別で、ありとあらゆる映像が放映され、いわば異常な状態です。まして、それが隔離された個室のテレビ画面の中からだとすると、何をか言わんやです。昔は親から子へいろいろな生き方や、考え方や処世術を伝授したものですが、このあふれる情報だけはいかんともしようがありません。親と子との対話をなくすと同時に、逆に、子から親への情報提供という、憂うべき事態へと突入し始めています。親の威厳はなくなり、へたをすれば親の存在感すらそこなわれてきます。ただあるのは経済的な金銭感覚だけで、心寂しい気が致します。昔、母がよく言った諺に「親の意見となすびの花は千に一つのムダもない」というものがあります。素直に考えさせられましたが、今時へたに親が子に口を出そうものなら、どんな答えが返ってくるか、そら恐ろしく身の毛もよだちます。うっかりすれば逆転現象が起こり、より複雑な人間模様が起こり、身につまされる事件にちょくちょくお目にかかります。地震・雷・火事・親父《おやじ》の親父は、はてさてどこへ行ってしまったやら。

元来、「父」とは八方世界の人々（み仏）とのまじわりと書いてあるんだがな。

「木々は（母なる）大地の心、
川は（自然法爾《ほうに》の）心の流れ、山々は（み仏の）心の連なり」

さて、次に別の角度から、漢字が折りなす世界へと一歩ずつ立ち入ることにしてみましょう。木や川や山なる文字群は、昔ながらに各々が通り一ぺんの象形文字だと言って片づけてしまえば、それまでのことです。しかし次なる意味も含んでいると考えあわせてみれば、同じ自然界を見つめるにしても、自然の風雅の心と自らの心とが解けあい、相和して、今までに味わえなかったおもしろい世界へと導かれましょう。

「木々は母なる大地の心、川は心の流れ、山は心の連なり」とも表現すれば、木や川や山の文字の生命《いのち》の鼓動がしのばれます。字自身が持っている領域にも、無限の広がりや深い奥行きが感じられるでしょう。これらの文字に共通してそっとうめこまれているのが、立心偏から派生してくる心そのものです。全くの偶然とも思えません。大宇宙の心の神髄が宿されており、単純なる字画の中にも、構成者の知恵の極致をかいま見る思いが致します。昔人の度量の大きさ・広さ・深さ、そして自然やその他の一切に対するはかりしれないおもいやりの心。おい繁る木々をおとずれ、ひとときの住《す》み処《か》や塒《ねぐら》とする小鳥たちの群、水の流れに生息している生命《いのち》の鼓動、宇宙の心霊が山肌に降りてきた神仏らの静かなる息づかい、などなど……。これら一つ一つの現象をいとも的確に組み入れているため、各文字を通して自然の風雅や興趣が感じられるのも、不思議なことではありません。

木とは、一画目が「母なる大地を表す一」で、残りの二・三・四画目が立心偏で心を表し、即ち「母なる大地の心」をも表現しています。これらの木々をむやみに伐採して行けば、そこに生息している命を奪い去ることになり、自然体系を大いにそこねることになります。自然界の、いや神仏らのしっぺ返しにあい、大いなる代償をせまられることとなりましょう。あまり神仏《みほとけ》らをたけりくるわせると、人類はとんでもない方向へおしやられてしまうでしょう。まして木の十に二人、そしてひとがしらに一人……。

また、川は心の流れであることは「三水偏の項」で申し上げました。川では幾多の生命が育まれ、またそこから多くのうるおいを得ている動物の命がいかに多いことか。まして娑婆や浮世に流れる水なし川にも森羅万象の命が数限りなく宿っており、各種の生き様が紋様のごとくひしめきあっています。静寂にしてとうとうと流れる川に心なくして、なにがありましょう。ひとえに宇宙心霊の流れでもあろうところを、これまた汚したりけがしたりしてはいけないのです。

さて最後に「山」となりました。山の二・三画目には「ム」が入っており、真中の一画目の縦棒とそれを垂直に受け止めている横棒とで人をなし、山の字もみ仏さまから構成されております。なおかつ、立心偏の心の字が横棒にて連なり、み仏の心の連なりの意味が出てきます。山に関連する「丘」の字にも「岡」の字にも、み仏がちゃんとおわします。「岳《だけ》」にも入っていますね。天網恢々、疎にして漏らさずです。

次に、「上」や「下」なる字にもみ仏さまが入っていますね。とくと考えて下されば、

「人」と「ム」との合成から成り立っているのがわかるでしょう。
天上では、「有日月燈仏の日や月や星」に、それに、大光仏や大明仏の如く、光や明かりにまでみ仏が宿ります。この三千大千世界のかなたから神仏らのご光明をおしいただき、山や川や木々に見守られ、まさに私たちは弥陀の極楽の世界に住しているのです。この気持ちは何とも言えません。日や月や星空の下、つまりこの下界にも、もりだくさんのみ仏さまらが住まわれているわけです。

母なる大地の上にかわいらしく出ている芽の字にもみ仏が、また花にもそのみ仏の化身が宿っているのです。芽の文字の草冠りの下は、仏という字からなり立っています。「ユ」をひっくり返した字と人が反対向きに立っているでしょう。決して草冠りの下は「牙《きば》」ではありません。また、この草冠りの下のみ仏さまが成就した字が花であり、即ちみ仏さまの化身として花開いているのです。葉にも木の上の「世」にみ仏を生む（七）とあり、言い得て妙なのがおわかりでしょう。「芽が出る」の「出る」の文字にもお二方《ふたかた》の仏が当然宿されています。仏さまがお出ましになることは「芽出度い（借字）」のが当たり前のことなのです。

ここで、「雨」という文字があります。また、「風」という字も見て下さい。もう何を言わんとしているかおわかりでしょう。ほどよくうるおいをもたらす雨のことを「慈雨《じう》」といいます。み仏さまたちが与えてくれる恵みの雨のことです。この雨の文字の一画から四画目までに「仏」が入っていますね。最後の点点は天からの恵みの水のしずくでしょうが、私は次のようにも考えています。それは、お釈迦様がお説きになられた四つの無量なる心のことで、即ち「慈悲喜捨」の心そのものであります。み仏さまが自ら降らせるものだから、四つの点々を慈悲喜捨の心だと考えたいものです。

なぜなら母なる大地では、東南アジアの人たちが主食としているお米を育て上げねばなりません。お米にかぎってのことではありませんが、天なる父と母なる大地との因果関係を語りたいが為に、主食の代表格のお米の字を取り上げてみます。一粒のお米も、並み大抵のことでは育ちません。一つのみのりを立派に育て上げるにもひとかたならぬ苦労がつきまといますし、それは完成まぎわまで続くものでしょう。それだけに手を抜くことなく切磋琢磨しなければなりません。つまり、天上のみ仏は地上のみ仏と繋がっており、相互扶助以上の仕組みになっているわけです。

農家では立春から数えて八十八日目の日（五月一、二日頃）に、種まきするのが最適とされ、それが稲穂にまで稔り収穫を得るわけです。こんな「お米の字」も、四つの立心偏の心を組みあわせて形成されております。ここでも四つの無量なる心が組み込まれ「慈悲喜捨の心」が出てくるわけです。「慈」とは人々をいつくしみ、衆生に（食の）楽しみを与えること、「悲」は人にあわれみをおぼえ苦を取り除くこと、「喜」とは実りを得ての喜びで、「捨」はもうこれ以上は無用だと見限り捨てることです。

かくの如くに日や雨は、母なる大地でみ仏らを立派に育成し、素晴らしい実りを育て上げてくれるのです。日頃から当たり前に思いすぎているが為に、誰しも考え及びもしない素晴らしい世界に、私共人間は住まわせていただいています。この喜びを知らずして、他になんの喜びを知りえましょう。

また、「風」とは三世（過去・現在・未来）に流れをさそうもので、ご三方《さんかた》のみ仏が宿されております。よくご覧になってみてください。

こんなさわやかな風も、ひとたび神仏《みほとけ》らが怒《いか》り狂い、猛り出すと、風があまたの風雨を呼びさまします。海に高潮がうねり、山に山嵐とその猛威は暴風雨にまで成長し、母なる大地の農作物をはじめとして人の住《す》み処《か》にも大きな被害をもたらすこともあるのです。自然の仕組みの偉大さに、ただただ脱帽あるのみです。日頃から恐《おそ》れ多くも畏《かしこ》くもある神仏《みほとけ》らを猛り狂わせないように、自然界の破壊的行為を大いに慎まねばなりません。

「空」とは三世諸仏（神）の住《す》み処《か》なり

大自然のうちふところで四季折々に様々な風雅や現象が織り成され、人々の心に大いなるやすらぎを与えてくれる景観は、神仏《みほとけ》さまの技量から出てきたものとしか言えず、まことに壮観の極《きわ》みと思えます。いくら科学の力をもってしても何一つ創造し得ず、本当にこんな世界に安住させていただけるのも神仏の十分なご加護ゆえであり、感服の至りと言えます。山・川・谷・木々・丘に包まれた深い渓谷などまさに千尋の妙が冥加《みょうが》（知らず知らずのうちに受ける神や仏の加護・おかげ）へと導かれ、神仏の世界に一歩踏み入れた感すらします。そんな下界を大切に守り続けねばならないことは当たり前なのに、そんな環境を破壊して行く輩や、ならずもののいることは憂うべきことです。

さて、本論の「空」に立ち入ることに致しましょう。この「空」ほどさまざまに読ませ、大いなる理論を展開させてくれる字はなく、またその分解釈が大変に難しくもあります。

まずこの「空」は、大宇宙の空であると同時に小宇宙観の空でもあることを、再度念を押しておきます。この文字の読み方は既にご存知のように「そら・くう・から・むなしい」で、それぞれに興味のあるところです。また私なりに感じたままを申し上げれば、「空」とは無限なるところで、時（間）が流れる場所であり、最小単位の人間としては「鏡」に相当するところではないかと思います。同時に、宇宙を大いに包んでくれている大きな器みたいなものだとも考えられます。同感の方も多々おられるでしょう。

いつものように「空」の文字を分解してみましょう。まず「ウ冠り」そして人を表す人にょう、そして最後にエ《え》。儿の上には、「光」や「先」や「見る」、「兄」などの文字にもありましたように横一が入っており、ウ冠りの中の横線と複合合体しております。つまり「エ」の上までにお二方のみ仏さまが既におわします。次に「エ」の文字となるわけですが、この文字も「ム《む》がユ《ゆ》」に変化しておりますが、ちゃんと「人と仏のム」との合成であるのがわかりますね。人はどこにあるのでしょう。ここまで読み進んでこられた方はおわかりかと思いますが、エの一・二画目にちゃんと入っておわします。

このように「空」は三世（過去・現在・未来）の諸仏がおすまいになれるところです。ですから風に、三世のお三方のみ仏がたゆとうのもまさに道理であります。日がな一日、下界を住《す》み処《か》とする森羅万象の生命《いのち》を見守ってくれていることに対し畏敬の念を禁じ得ず、実に喜ばしい限りです。
風とは空に舞う三世諸仏の舞い姿。我が五体を吹きぬける爽快さ。

「木」と「隹《ふるとり》（欲望）」と「糸（仏心《ほとけごころ》）」との確執

この項の話の内容は、私の考え方の基本にかかわることなので、この書でも絶対に欠かせない項目であります。なぜなら、誰しもこの世に生を賜り死に至るまでの何十年にもわたって各種の欲望に責めさいなまれ自己と葛藤し、苦しみながらも一つ一つのハードルを乗り越え、また手に負えなければあきらめたりもしてやりすごしていかねばならないからです。

大宇宙の自然界を飛びまわる「鳥」の現象は、私たち人間一人一人の心の内部に存在する小宇宙の空でも、「隹《ふるとり》」という鳥がその役目を司《つかさど》っています。大宇宙の鳥は、ちょっとした物音でも瞬時にひそみ隠れる習性を持っていますが、この小宇宙内の「隹」も、ほぼ似通った習性を持っているからおもしろいものです。実際の「隼《はやぶさ》」は電光石火の如く瞬時にねらった獲物にくらいつき逃がしませんが、人間の小宇宙内に飛びまわる「隹」はねらった獲物を取りそこねることもあり、途中で自分の心にひずみが生ずればそそくさとそのなりをひそめてしまう習性があります。

＊

さて、ここら辺りで、一人一人の人間の内奥に、マグマの如く渦巻き、どろどろとしている願望や欲望、執着について話を進めねばなりません。時には、これらの願望や執着心があればこそ己が身の成長を促進し、精進や努力を呼び覚ます原動力ともなり、大いに能力をつちかい才能を生むことにもなるので、人の成長過程に必要欠くべからざるものでもあります。それはあくまでも、自己の潜在的内部で、心がよりよい状態や環境のもとである程度制御されてのことでありますが、よりよい知恵や工夫が加味されたなら大いなる充実感や満足感でみたされ、一般社会の協同生活の中での正しい競争原理の意義がよりよく理解されるはずです。

ところが身にあまる欲望となり執着し過ぎれば、夢や希望というしゃれた程度の内容にとどまらなくなります。利己主義や我利我利亡者が持つ、迷いの心から起こる執念や執着というやっかいな妄執へと突き進んで行くことにもなりかねません。

こうなれば鉄面皮の亡者となり、公衆の面前であろうが誰はばかることなく、平然と己れの欲望を満たさんが為に厚かましく出たり、狡知にたけ、時には罪を犯したり人を陥《おとしい》れ苦しめて、常人とは言えない振る舞いを平気で行うようになります。もう迷惑千万です。

だから欲望や執着の本筋をもつ「隹《ふるとり》」は、この性分の使い方によっては毒とも薬ともなります。常に人間の心を振りまわそうとする一つの核を形成しているのです。あくまでもよく身のほどを知り、欲望や執着を自己制御内にとどめなければなりません。そうすれば、別に欲望や執着を心に秘めているからといって他に迷惑をかけるわけでもありません。大いなる理想があるにこしたことはないのですし、時には延命への糧ともなり、身を救うことにもなるでしょう。この項では誰しもが持つ心の葛藤の世界を、文字を通して見てみます。

「隹」とは「イと亠人々を表し、次に十《めばえる》」と最後に土とを重複合成させて心の執着や欲望を表しています。

*

誰しも、この世におぎゃあと生まれ死に至るまでの間に、辛酸苦汁をなめつくしますが、苦難を乗り越えるたびに、心は変幻自在に外部の変化に順応し、その姿や形を変えていきます。いつの間にか、この手の経験を重ねるたびに小さな悟りやゆるぎない信念がつちかわれ、その分次第に小宇宙内にある心の土壌も鋤き耕され始めます。そして「気持ちの木」としての苗木が芽生え、かの大自然界の大地で育ちゆく立派な木と同様に、心の土壌にも次第に「木」が成長してくることになるのです。この「木」の字は「二」の私の項で既述しました。そんな「木に仏が宿り」心と共に大きく成長してくると、「私《わたくし》」なる文字が形づくられてくるのです。つまり、「私」とは「木と仏」との重複合成なのです。ましていろいろな知恵や悟りとしてのみのりが心の木にみのってくれれば、「果実の果」となります。言い得て妙なことです。

このように、自己の心というものに目覚めてのち何十年にもわたる全生涯で、最低一本の「心の木」が育ちゆきます。そのことが漢字の世界では自然で基本的なことになっています。

一般的にも、人を木になぞらえて表現することがしばしばありますが、まことに妥当な表現と思えます。見た目の「風格」や、言葉の端々にその人の「年輪」を感じたり、相思相愛の恋仲にある男女を無理矢理「生木《なまき》を裂く」が如くに引き離して別れさせたり、時には「芸が枯れ」たり、また「枯れた字」を書くとか、この「木」にまつわる表現が多くつかわれます。また生死にまつわる表現にも、年老いた「老木《ろうぼく》」がついに倒れるとか、不慮の死には「大木が倒れる」が如くに世を去る、というように用いられ、一抹の寂しさを味わうことにもなります。

また次なる文字は誠に小気味よく、昔人の傑作品と思えます。他より「高くぬきん出た人」や「すぐれている人」などの意味で使われる「傑出」や「豪傑」の「傑」の文字があります。み仏の意を持つ「夕」と、み仏が芽生えている状態を表しているムと十との合成字を心の木に宿しており、これをまとめあげますと「傑」となります。その「傑《けつ》」とは、「み仏や、み仏さまの精神が心の木に宿り芽生えている人が偉《えら》いこと」で、高くぬきん出た人であることがよくわかるでしょう。また「偉い」の字も、み仏やみ仏さま様の実りが芽生えている人となっております。

次は、私共の肉月を支え命を維持する「肢体《したい》」や、「頭や両手足」からなる「五体《ごたい》」の「体」という文字です。この「体」とは「人の本《もと》」ともなっており、ちゃんと「人に木がうわっている」のがおわかりでしょう。

もう一段深く考えを掘りおこせば、「寄らば大樹の陰」の如く、立派な心の果実をつけた木をすでに持ち合わせた人のそばでうち過ごすことになれば、心底《しんそこ》、心の安らぎが得られましょう。子等は何十歳になっても親がそばにいてくれるだけで有難いものです。盆正月の里帰りに見られる親の姿。時には同居の親に小言《こごと》を食らうこともありましょうが、親の存命中は、どこかしら心が休まり安らぎを得られるというものです。なぜなら親の字にもありますように、立派な木が立っており、そんな立木に心安らかに寄り添えることができるからです。人知れず苦労を積み重ね得た結果、経験という知恵の眼を持って、仏心を持って子等の成長を見守り、また子等の成長を見廻ることが親の務めでもあり、文字自身もそうなっているわけです。

めぐりめぐって、子を持ち育てることの親の苦労が今にして思い知らされます。

以上のように人間は肉体的に成長するにつれ、「心の木」も次第に立派な「立木」へと、そしてついには「大木」にまで育っていけることをご理解下さい。心の木が育つことなく肉体的にのほほんと成長してしまえば、中味の伴わない「うどの大木」になってしまいます。逆に、艱難辛苦のあげくその代償として得た知恵や悟りというみのりがこの心の木に実《み》をつければ「保つ」という字になるわけです。

このような心の木も、まずは無明の世界から芽ぶき生まれ出てくるわけで、心の土壌に生息しやすい雑草や灌木、蔓や蔦などに相当する我欲、執着や欲望がはびこってこないように、日頃から取り除かねばなりません。大いなる工夫の芽がみのり育つように開墾し、おしみなき心で鋤き耕し、常に肥沃なる心の土壌にまでしつらえることが大切なことで、そうすることが「先決」です。腰が曲がり（ク）、老人になるまで仏のみのりを得られるように心を鋤く（ヨ）ことを「急げ」と、この文字を通して昔人は訴えています。また、神仏からのご加護を得ていることに対する謝辞と先祖への供養と、神仏ほか祖先等に対する敬《うやま》う心とが心の土壌を耕す最大の肥料となります。

ここまでは、心の土壌に木が成り成長して行く話で、ここからが本題です。立派に育ちゆく木にどこからともなく、群がり集まってくるものがあります。それは、他所《よそ》から群がりよってくるというものではなく、自らの心の中に生まれます。年を経るにつれ、心の木に様々な姿や形となって、あたかも彼らの塒《ねぐら》や住《す》み処《か》として、静かに羽や翼を休めにやって来るものです。それらが彼らの性分であると考えられます。当然、この世に生を賜った人すべてが公平にこの状態にあるわけです。かてて加えて、若いころは一羽でも多く集まってくれることの方がよいかも知れず、何も恥じ入る事ではありません。

皆様方も、ちまたで木々に無数の鳥が群がり集まっている情景を見られたことはないでしょうか。それも夕刻間際に見られる光景です。これから進めてゆかんとするのは、自然界で飛び交う鳥たちは、その習性を含めて、人々が持つ心の小宇宙の世界ではどのように反映されているかということです。

自然界の鳥は鳥ですが、心の内部の小宇宙では、その「鳥」も「隹《ふるとり》」にとってかわります。朝目覚め夜眠りにつくまで、小宇宙内の空海を毎日我が物顔で飛びまわり、巣食《す》い、塒《ねぐら》をはり、時には、とまり木の如く群れをなし、たむろしているといった表現が適切かも知れません。

だから漢字の構成要素の一つとして、この「隹《ふるとり》」は実にユニークな存在で、み仏に関した文字のすぐ側《そば》に置かれる事も多く、実に味わい深くていつくしめる文字と言えます。

では実際に、「集まる」を旧字の「雧る」と書けば、「隹」が「鳥」に見えてくるから不思議です。元来、この「隹」は「ずんぐりとふとった鳥をえがいたもの」のようですが、それは昔人の実に合理的で賢明な着眼発想から来ています。各文字の由来には、昔人の精神や念が生き続けているのです。

木にむらがり集まるのは蝶やトンボではなく、鳥そのものです。また決して枯れた木ではありません。彼等にも四六時中飢えがつきまとっています。枝葉が繁り、たわわに実を付けた木々にとまれば、飢えがしのげます。時にはよく繁った木々を塒《ねぐら》とし、枝や梢などにとまり、巣を作ったり、また翼を休めます。木と鳥との相関関係は深いのです。自然界での、こんな鳥たちの習性を逐一よく把《つか》み、みのり多い木々にむらがり集まる鳥たちの情景を見て、「集まる」という文字が構成されています。これは自然界における現象を、小宇宙を持つ人間の心の空間に、別の形や意味あいで採り入れ組み込んだものと考えられます。仏教の世界観から覗き見た場合、人間一人一人が育てる心の木に群がり集まってくるのは、欲望や願望や限りない執着としての翼を持った「隹」で、誰しもの心の中で巣《す》くい塒を張っているのです。

幼い子供の頃は、比較的にこれらの欲望や願望や、時には執着の意を持つ「隹」も数少ないのですが、思春期を迎え、青年に至りおとなの仲間入りをするに従って、煩悩が増え、数知れぬ無数の欲望や執着心が隹に変身します。その心の木に翼や羽を休めて止まり、その出番を静かに待ち続けているのです。いつの日にか、人の心の木にも知恵や悟りとしてのみのり（口）が宿り、「保つ」というありがたい文字を得られるわけですが、一朝一夕に何の苦労もなくして得られるわけではありません。

余談はさておき、すこぶる大きい欲望となれば猛禽類の「タカ」や「ワシ」がお出ましとなり、心の木より気となって飛び立ちます。また、時にはささやかなる願いなどはさしずめ愛玩用の小鳥たちで、じっと息をおしころして心の木の枝で静かに獲物のくるのを待ち望んでいることでしょう。

これらの「鳥」ならぬ「隹《ふるとり》」は本当にかわいい分、少々やっかいな性分を持ちあわせています。手こずる時もありますが、波乱万丈で痛快なところもあります。簡単にその習性を語り明かしていきましょう。たとえば見目うるわしき「麗人」の突如の出現となれば、人間の視線を通して、電光石火の隼《はやぶさ》のように、一瞬のうちに獲物をねらうが如く小宇宙の世界から飛び立ち、その麗人なる美女に見た目の思いや気持ちが張りつくことになります。自らの獲物として荷が重すぎれば諦めて、小宇宙の世界へすごすごと舞い戻り、また次の獲物が現れるまで根気強く心の木にとまりじっと待っています。それが幼少や思春期の頃に訪れる初恋の人とのめぐり会いともなれば、けなげなる胸の奥からのときめきや恥じらいなど、複雑でいて何かしら甘ずっぱいやるせない気持ちに包まれて、この「隹」自身の心が膨らみ、ぼうっとしてしまうことが多かった記憶が誰しもあったはずです。

また時には、手に入れたい高価なる品物が陳列台に並べられていることに気付いた時にも、「隹」が翼《つばさ》して、その対象物に欲望が張りついてしまいます。とても手に得られないとわかれば、即刻ひるがえって古巣に舞い戻り帰還します。

こんな風に何百種もの形態の異なった「隹」が、飛行・帰還の行為を繰り返し行うのが日常で、悶々ともだえることすらあります。これらの欲望や執着が人一倍高じてくると人によっては悪行ともなり、世間に苦の種をまき散らすことしばしばとなります。欲望がつのるあまりに罪をおかしてまで手に入れれば悪い行為となり、結果的に身を滅ぼすはめに陥ります。「信用を積み上げるのは一生がかりであるが、信用を失うのは一瞬で終わる」

ことすらあるので、お互いに心したいものです。

次にこの「隹」にまつわるユニークなる字を紹介していくことにしましょう。もう一度誤解のないよう申しますと、「隹《ふるとり》も中庸《ちゅうよう》を持って隹と言うなり」で夢や希望・願望を若いうちは大いにかきたてるべきで、いついつまでも青春の如く若やぎ華やいでいられるのも「隹」のおかげです。「誰《だれ》」しもの字には「隹」があります。「欲望や執着を言っているのは誰だ」と、「隹に言偏」を付け加えればその立場に不特定多数の方々がすぐさまなれるのです。まして言偏とはいずれ説明しますが「み仏の心の言う」事です。欲望や執着を持った「隹」であっても、み仏の心を持って言いさえすれば「誰」からでも愛されることにもなりうるわけで、ほんのちょっとした気配りでいかようにでもなりうるわけです。

次に「確かな」という文字について進めましょう。この「確か」なる文字は石とウ冠り（ワ冠り）が隹に添えられています。ウ冠りもワ冠りも既に述べましたように「み仏さま」の意味を持っていましたね。そうです。かの欲望の「隹」も、み仏さまに覆い包まれれば石のようにじっとおとなしくならざるを得ないのです。つまりこの「確か」という字を繙《ひもと》けば、欲があったにしてもみ仏さまにじっと見守られておれば、石のようにじっと動かずにいることは「確かなること」であるし、我欲や執着などの煩悩が石のようにじっとして動かずにいられるのも、み仏さまを意味しているウ冠りやワ冠りを烏帽子《えぼし》として

「隹」の頭上におしいただいているからである、ということになります。

余談ですが「鶴」とはどんな鳥でしょう。見て字の如く、み仏を冠りにいただき、その振舞いや仕草はみ仏の使者の如き鳥です。古来より鶴が重宝がられるのは道理というものです。

み仏さまが近くにおわさぬことにでもなれば、「隹」も思う存分に羽を拡げて、ひとあばれしようとうかがい始めることになります。「土」をみ仏のみのりが得られる「ワ」で覆いつつめば「田」に成り、それに「大」いなる「隹」(意欲)を持てば「奮《ふる》う」となります。気力が一層充実してくる事になり、「奮起を促す」事ともなります。また、もうすでに「ちょっとずつみのり芽生えているもの(寸)に「大いなる佳(欲)」を出しすぎれば「奪う」事になります。「略奪《りゃくだつ》」とはまさに欲望のなすがままの行為で、戦争や暴動で起こる下卑《げび》たることでしょう。

またこんな文字も登場してきます。それは「難しい」という誠に難解なる文字です。右側の「隹」はいつもの意味でよいのですが、左側の文字がみそです。まず草冠りの下はワと人で仏が入っており、それ以外は三で心を表しています。仏心が芽生え(草冠り)るという事で(漢字の漢にもありました事を思い起こして下さい)、これらをまとめあげれば、「欲望(隹)を前面に押し出しながら、仏心を芽生えさせる事は難しい事だよ」と諭《さと》してくれているのです。
「魂《たましい》」という文字は、動物の生命の原動力と考えられるもとであり、死後はその肉体を離れるものであると辞書にあります。この文字は左側部分が仏で右側が鬼となっており、まさに仏と鬼が一つの心の中に同居していて常に互いに葛藤しております。正常なる人ほど仏の部分が強く理性がまさっているわけで、仏が弱く鬼の部分が強く働けばとかく理性もうすれ、鬼の心にある「隹」の出番となり、もう手に負えない人間へとなりさがって行くわけです。

ことのついでに「雅《みやび》」を出しておきましょう。つまり「優雅な人の雅《が》」です。なぜこの字が雅《みやび》なる本性を持っているのでしょうか。まず「雅《みやび》」の意味を調べてみますと「趣味が豊かで、身のこなしが上品な様子。次に風流を解し学芸のたしなみのあること」と、実に、俗世のこせこせした様を離れ、古代人のようなおおらかさが感じられる様子で、本当に結構なる意味を持っています。

さて、なぜこんなにすぐれた意味がその一字の中に込められているのでしょうか。当然、左側の字に価値のある真実が含まれていることになります。この字は「芽」の字にも含まれているでしょう。決して「牙《きば》」という字ではありません。まず雅を分解しますと、筆順ではなく、「雅」の左側の字を見て「丁」の一文字で、人とムが重複合成、次に「ㇾ」

に一人、」かつ上記の横とアとなし三世諸仏が現れました。そうです。鬼ならずとも、この「隹」という怪鳥も「仏性」には弱いのです。もう完成された仏心を持った人にはなすすべもなく、恥入った姿で、鎮座ましましているわけです。そこらの手合いと違った風情を持っておられるのは道理で、すべてこれ理に適《かな》ったことです。

　また「英雄の雄」は「十とム」との合成、すなわち仏を芽生えさせる文字と組みあわせることにより、「隹」が出すぎぬように締めくくっていくことがすぐれている、となります。これまた「雄大・雄壮」へと精神がつながり、正しく規模が大きくてりっぱなことという意味が導かれます。

　一方、こんな「隹」にも、直接み仏に関連した文字がついていませんが、一番私たちに身近な文字として「進む」という字があります。さて、一体、「何をどう進める」ことが大切なのでしょうか。

　夢や希望や願望など、いたって明るくて健康的な部類の欲望は、日が中天に昇り進み行くに従って心の中につのってこなければなりません。五穀豊穣を願い、心願成就させる為に、身を惜しむことなく一生懸命に働くわけですから。さて、身を粉にして一心不乱に働く時、心のかたすみでは、どんな気持ちが起こってくるでしょうか。大いなる成果を生み、豊作や大量を得る為には、もう残されているのは「祈る心」しかありません。何もせずしての神頼みではありません。最大限の努力をすることは当然なことであります。最大の報酬の対価を得ようとする欲望の「隹」があって、なおかつ、それが大きければ大きいほどに祈りが続き、大いなる「隹」を心願成就させようとする努力の気持ちがあったればこそ、綿々と「祈る心をつきススメ」ねばならないのです。大望を持てば持つほどに祈る心を決して絶やすことなく一心不乱に進みなさいと、この「進」の字が物語ってくれています。

「隹」にまつわる話も次第に佳境に入って参りました。こんな人さわがせな漢字も少なく、その分実に興味がもてます。この種の関連した文字を編み出した昔の人もほとほと手を焼いていたことに違いありません。人間の本質や本性をついており、実に巧妙に一字一字が仕上げられています。人間が持つ煩悩の最たる本性である欲望を、あざやかに締めくくってくれています。

誰しもが心の深い内面に各種の欲望や執着心を持っていることは当然のことです。この「隹」があればこそ、より成長を促してもくれる、人間にとって必要欠くべからざるものでもあります。でも、こんな「隹」をものの見事に捕獲できる方法を、昔人は知恵をふりしぼり、考え編み出してくれています。一体全体それは何でしょうか。とくと考えてみてください。何事も解答が出れば簡単なことで、この解答に至るまでの思索の過程が大切なことです。昔人は文字のあらゆる処で、実に巧妙なる知恵を働かせていたと考えられます。さて、その解答を申し上げる前に、もっと興味をそそられる「隹」がつかわれた文字のあることを紹介しておきましょう。

木に群がり集まるのは、一見、鳥の習性上のごく自然なことと言えましょう。が、実《みの》り豊かな処へ集まりたいということは何も鳥にかぎったことでもなく、全ての動物が持つ生きていく為の本能のなせる業です。

ただし、人間の場合にはほかの動物が持ちあわせていない「理性」、つまり本能的な感情に動かされず判断や行動のできる能力を持ちあわせています。だから、他の動物同様、本能のなせるがままの、欲望や執着に満ちた煩悩に基いて行動すれば、人間社会は混乱します。弱肉強食の動物の世界となんら異ならないわけです。人間が他の動物のように限られた繁殖期だけではなく、オールシーズン可能なセックスを与えられているのも、理性を授け、与えられているからなのです。幾多幾種の「隹」を、それなりに制御していかねばならないのです。この事実を忘れてはなりません。そんな基本的な考え方を念頭におきながら、皆さま方も関心の持てるでありましょう次の文字について話を進めることに致します。

「観・歓・勧」にも、心の中で飛びまわる鳥を表す「隹」が入っているのは一目瞭然です。これらを旧字で書けば「觀・歡・勸」となります。これらの旧字の方が、「隹」の存在感が高められ興味がわきます。次なる光景を思い描いていただければ、なおのことご理解いただけるでしょう。

　これらの文字の「隹」の上には「𦰩」が共通して位置づけられています。この「𦰩」を一体どのように解釈すべきでしょうか。当然、左右に位置している「口」とは、すべての動物が口にできる実りのことです。また、ことこまかく表現すれば、鳥たちがくちばしでついばめるみのりの実《み》です。そんな豊かなる実が、草冠りにもあるように、あたり一面にわたって繁っているのです。すなわち「雚」は、「心の中の隹が鳥に変身して、いっせいにくちばしでついばむことができる程にみのらせること。もっと詳しく言えば、田や畑や木々から豊かなる稔りを得られるように手を加えて育てて、その結果、穀物、作物や果実が鈴なりの状態となり、実りがたわわにある」ことを指し示していることになります。

　では、まず最初です。「勧《すす》める」とは、「隹がむらがり集まってくるほどに、実《みの》り豊かに稔らせるように、持てる力を惜しみなく生み出せる（力は七の生むから来ています）ことや、力を発揮しうるように勧《すす》める」ことです。食事を勧める、参加を勧めるという、「雚」の情景を考えれば興味が尽きません。この字から、この場を生み出す為には、いかに力をふりしぼり出しきることが大切であったかが、充分深く味わえるところです。

　次に、「歓《よろこ》び」とは、「そんな母なる大地を、かの鳥たち（隹）にも恵みや実りを分かち与える程の豊かな所にすることを欠かせない」ことが「歡び」そのものということです。どんな文字にも四段・五段活用があるように、同時に肯定と否定の意味を含み、表裏があります。この場合の「欠」は「欠かせない」の意味です。

この「欠」なる文字は「久しい」という字の親せきで、「腰の曲がった人が、天寿をまっとうして、この世から欠ける」ということです。誠に昔人の感性がうかがえます。歌詞を見て歌うの「歌う」なる文字も、左側の文字は「人々の口口」を表しており、「人々の口口に欠かせないもの」とみ仏の実りが豊作で、その時に欠かせないことで「歌」となる次第です。「次《つ》ぐ」とは二水偏（三水偏のように真中に時の流れがない）が天と地を表すことから、「天地に欠かせない」ものが「後世を継ぐ」ことであります。詭弁やごまかしと思いませんように。昔人の切なる妙趣を味わうべきです。

最後に「觀」とは、そんなに素晴らしいみのり多きところに、鳥なる「隹」が集まってくるのを「觀《み》る」ということです。かくの如き光景をまの当たりに見られるなんて、まさに感極まることでしょう。「觀・歡・勸」とは、いかにも神々《こうごう》しくて「雅《みやび》」豊かなる風情としか言いようがありません。

これらの三文字を次の文章で締めくくってみましょう。

「鳥たちがみのり豊かなる所に群がり集まってこられるように切磋琢磨して、悔いを残さないように力を出し切ることを勧《すす》め、そんな情景をまの当たりに観《み》ることができ、四六時中そんな情景を見られるともなれば、もう歓《よろこび》の極《きわ》みとなりましょう。

さぁ、かの心の木に集まる「隹」ならぬ欲望や執着の鳥に立ち戻ることにしましょう。「維持の維」なる文字といえば、「糸と隹」との組み合わせで、「隹が糸でつながれ、隹の派手で活発なる行動を一本の細い糸で抑止している」様がうかがえます。あの猛禽《もうきん》類の夕カやワシなんかは立派で強力な翼を持ち、どんな糸と言えども瞬時の羽ばたきで即座に断ち切ってしまいます。ところが、猛獣のトラでも猫にまたたびのごとく、じっとおとなしく結ばれたままの姿で居座っているのはなぜでしょう。この一本の「糸」とはまさしく「仏心《ほとけごころ》」からなっています。「仏心」であるがゆえになんの抵抗も見せず、「寂《せき》として声無し」でひっそりと静まり返っているのです。

絶体絶命の絶や、続いているものをぷっつりと「絶つ」の絶つにしても、仏心のかぼそい糸がついています。「葷酒山門に入るを許さず」のように、生涯を仏門に帰依するものが最初に絶たなければならないのは、娑婆の世界の様々な色です。この色は「斧《よき》」や「まさかり」や「包丁」等をもってしても決して切れはしません。やはり、色は、仏心をもってしてはじめて絶てるのです。

「維」と関連した、兄貴分の「羅」について話を進めることにいたしましょう。この「羅」

とは般若心経の波羅密多の「羅」でもよく取り沙汰され、大変難しい漢字だとされています。この「羅」とは一体全体何を表し、その真意はどういうことなのでしょうか。

辞典などによると「あみやとりあみ」の意味と解説されています。確かに字の構成を分解すれば、「網目《あみめ》冠《かんむり》の罒」と「糸」と「隹」より合成されています。自然界の鳥を捕獲する鳥網といえば、夕方から夜になると物の姿が見えなくなる鳥目の習性を利用した「かすみ網」があります。

「糸」には勿論「鳥の目に見えないほどの細い糸」が使われており、捕獲しやすく作られています。鳥がひとたびこのかすみ網にかかると、ばたばたと逃げ惑いますが、やがて力尽き、あきらめたのか徐々に静かになってゆきます。

さてここで重要なことは、手に触れることもできず、目に写しとらえることもなく、かかりやすくて、すがりやすいのは、鳥がかすみ網に捕獲されやすいように、人間自身に於てもそっくりあてはまるものがあるということです。それは姿や影や形すら見せない神仏、そして神仏にまつわる信心、信仰の世界のことです。苦悩する人々は心に平安を求め、安住を得んが為に、それらにとりすがりやすいものですから、ごく当たり前のことと言えます。今までの復習の意味として最後にまとめ上げておきましょう。

さて、「目に見えない仏心《ほとけごころ》の糸」なる文字に重要なる意味が含まれていることになります。姿や形すら見せない神仏の存在や、今は亡きご先祖等のありし日の雄姿や霊《みたま》、そして、それらの方々に対する以心伝心の瞬時のつながり等、この「糸なる真意」が、心に重い浮かべる全てを結びつけているのです。何度も言うようですが、この「糸」の真意は「仏心」です。最初の画数が「人」を表し、次なる二画が「ム」を意味し、最後の三画の小は立心偏の心を表現しており、つづまるところ「仏心」がとび出してくるわけです。

さすれば、「心の木にたむろしている欲望の隹（鳥）も、この仏心によって抑止されるのもむりからぬこと」で、「隹」に対して真向からいどみ立ち回った「糸」こそ、すべての解決の糸口となるでしょう。かくの如くに、維持の「維」とは欲望の「隹」に「糸」を添えることにより平常心を維持し、ひとたび飛びたった「隹」もかすみ網の「羅」で一網打尽に捕獲され、高ぶりがちな欲望も次第に収まるのです。いつしか「雅《みやび》やか」な気風のある品を備えていくことになるでしょう。さて、本体の「羅」をもう少し深く追究してみましょう。かくして、羅がかすみ網ならば、鳥がかすみ網にかかるように、人間の煩悩の火の鳥（隹）もどんどん捕獲され、人間も、いつしか目に見えない仏心の意を持つ糸に寄りすがるようになります。また、これらの目に見えない糸をたくさん持ち合わせることが大切で、ご先祖や神仏に対して結ばれることが多ければ多いほど、不慮の事故との遭遇時にも平常心で立ちむかえます。多くの知恵を瞬時に与え授けられるのも、糸たる仏心より端を発してくる冥護力や仏心の加被力が身を守ってくれるからです。

「羅」の文字の中の「罒」の文字の中にも、「仏」の字が挿入《そうにゅう》されていることを付け加えておきましょう。この「罒」は一・二・三・四の四とは異なり、仏心の糸で編まれている関係上、その完成品としての「罒」が仏の意を含んでいるのは当然のことと言えます。まず最初に二画目までに仏のムが逆さまに入っており、最後の三画、四画、五画で人々を横たえております。仏の網目を組み込まれている由縁となります。当然、これらの網目には、法や定理、それに先人先達の教化《きょうか》や、ほか種々様々なる仏道における救いの知恵が文字どおりに網羅されており、これらの羅《ら》なる信仰を深めて行けば、最後に次の現象に至れることを申し述べ、この章を締めくくることに致しましょう。

それは般若心経にもあります、遠離の「離《り》」という文字です。現在の時世では離れるとか離婚の離などとあまりよく思われてはいないようですが、実際には「執着心が解き放たれる」という、「悟りへの道をつき進む」立派な文字なのです。二通りの意味のうち、まず一番目を簡単に説明致しましょう。

心の中に曇りやかげりがなくなるまで、菩薩道に励み修行を積み重ねていったあかつきには、完全な悟りを得た瞬間から、今の今まで心の中に巣食っていた煩悩の火の鳥禽たちは一斉にはばたき、またたく間に宙空高くへ飛び立ちかき消えてしまいます。そして再び舞い戻ることもなく、それ以後、煩悩の業火に責めさいなまれることもなくなり、恐れや怖《こわ》いということも一切なくなってしまうことになります。この「離」を繙《ひもと》けば「隹」（欲望や執着心）は小宇宙内の鳥であり、離の左側の字は猛禽類の禽にもある如く、いずれも「鳥の意」を表しています。禽が鳥類全部を表しており、一瞬なにかの物音で、敏感に反応した鳥たちは一斉に飛び立ち、その影をひそめ、あとかたもなく飛び去ってしまいます。

二番目の意としては、離の隹の左側の字にはお三方《さんかた》のみ仏さまが文字の中に組み込まれています。まず最初の二画のなべぶたは人を表し、五・六画のムでとじ、一番目のみ仏がお出ましとなります。三・四画の×《ペケ》には人が交互に組み込まれ、以後の画数の二つのムでだきあわせられており、まさしく三組のみ仏さまのお出ましとなりました。過去・現在・未来におわします三世にわたるみ仏さまを表現しているのです。こうなれば、欲望や執着心を表す隹も、三世諸仏が魂の鬼を責め立てるのでいたたまれず、離れてしまわねばなりません。また色界、欲界、無色界の三界のみ仏さまに常に見守られておれば、「隹」自身恥じらい影をほそめてしまい、完全なる開悟へと結びついて行くわけです。「離」とはまさに浮世や娑婆の世界から遊離し、神仏等がおわします世界への道を歩み続けることともなる次第です。

ついでのことながら、漢数字「四」のことを話しておきましょう。この四は死と同じ発音のため、忌み嫌われていますが、どっこい、この漢数字の中にもみ仏が宿されていて愛されねばなりません。あの「光り」の四・五・六画で「み仏」を表したように、ちゃんと「み仏」が入っているのがおわかりでしょう。その文字と食べる「口」とが合成されているのです。また、四とは「熟した実《みのり》がはじける四方世界である」ことから、私は「み仏の実《みのり》がふくらむ四方世界」と定義づけています。三が産《さん》であり、四がみ仏の実《みのり》なることのこの縁《えにし》。ありがたいことです。

「糸偏」とは（糸が編み出す愛《いと》しい漢字）

前節で記述した話のいきがかり上、ひとたび燃え上がった火のさめやらぬうちに、つづけて、糸偏が持つ本性とそれにまつわる字を紹介していくことに致しましょう。

そもそも物質的な「糸と針」との関係から「糸」なる文字が出てきたものではなく、抽象的な心のある様相や現象をとらえ表現して「糸」なる文字が編み出されてきたものと解釈しました。古代の物質的な生活態度が改まり、中国のある時代から仏教的精神を漢字の

構成要素に組み込み、文字の脱皮を行い、各文字を精神的抽象的構図のもとに組み立てた

ため、より難しく思えるのです。

この「糸」の文字などはその精神が顕著に表れています。文字と文字と組みあわせてい

くことにより、糸自身が辿《たど》るある一つの方向性や位置づけがなされ、確かに「仏」と最終

的に出会うことになっているのです。今では既に目に見えない方々となってしまったご先

祖や、崇拝したい神仏《みほとけ》さまらの心としっかり結びあえるのも、この仏心《ほとけごころ》の意味を持つ

「糸」から出発するからです。先達らの聖域への道を進み行ける糸口となってゆくわけです。

カイコが吐き出す細い繊維から繭《まゆ》が作り出されるように、人の心からも知らず知らずの

うちに目に見えない仏心の糸がくりだされ、心を暖かくする「衣」を織り成していきま

す。なぜなら、この「衣」なる字をとくとご覧になっていただければ、「人を表すなべぶ

た（亠）」の下にはちゃんと「仏さま」の字が鎮座なさっておられるのに気づかれるでし

ょう。この「衣」こそ、特に僧が召されている制服の「法衣」にも相当し、常にみ仏さま

に見守られて、毎日平穏なる暮らしをしていけるのです。

何度も言うように人は「五大《ごだい》」といって「地・水・火・風・空」で構成された「五体」

を持っています。従って筆頭の「地」の文字が示しているように、心の中にも土壌があり

ます。この土壌にすべての思いや考えや知恵の芽が宿り、生長し、発芽し、立派に開花し

果実をつけるわけです。もし、この心の土壌そのものが荒廃し雑草や灌木で覆い包まれておれば、仏心はおろか、素晴らしい知恵などさずかろうはずもありません。やはり土壌はよく耕し、すべての種《しゅ》が根づき、芽生え、見事な知恵による判断や、その結果が得られるようになるまで、よく手入れされていなければならないわけです。そうし続けていれば、いつしか、仏心の糸が細い繊維や布にまで仕上がってくるわけです。

まず手始めに、お経の「経《きょう》」を繙《ひもと》けば、「心の土壌（土）に、仏心（糸）を受ける（又）事」であります。尼僧やお坊さまが毎日の勤行《ごんぎょう》の中で、仏前で読経されるわけです。お経そのものが心の土壌の最大の肥《こ》やしとなり、水はけがよく熱や空気がよく通る、どんな種でもはぐくむ「佳《よ》き土」に耕されていくわけです。

ゆえに、いつしか、仏心（糸）をみのらせる「田」にまで耕され、心の中に「細い」という字が誕生し、その田から、仏心の糸が発せられ始めるのです。またいつしか、その仏心（糸）が「泉」の如くに湧き始めるようになれば、糸が「線《せん》」を引くようになるまで成長します。ひとたび「線」となった糸はもう、絶ち切れることもなく、どんどん長く伸ばすことができるわけです。

ところが片方では、煩悩の業火が常にめらめらと燃え上がっている関係上、「色」である欲望や執着は心の土壌の奥深くに巣食い根づいています。色にまつわる邪念や妄想は片時も離れることがないわけです。そんな邪念である色や、欲望である色をうち払うのも、仏心である「糸」が唯一の断絶の処方箋《しょほうせん》となります。「色」なるものは仏心（糸）をもって「絶《た》つ」という字になっているわけです。

色を絶っておかなければ、同じくほとけの意を持つ「内」（最初の二画が「ム」で最後が「人」）なる文字が「糸」に寄り添うことができなくなります。「納める」とは、仏心をもって、ほとけ（内）を身の内側に納《おさ》めるという次第です。念のため、この「内」なる字の意味を辞典で調べると、「世俗や儒者の側に対しての仏教の教典」とあります。まさしく、仏心（糸）をもって、仏教の教典などの教えを心の中に徐々にでも納めていくという意味であるわけです。

ひとたび線となって湧き出た「糸」は、「衣」という完成品になるまで、糸を「紡《つむ》いで」ゆかねばなりません。なぜなら、カイコが吐きだした繭（綿）から生糸を作り出すように、繊維を引き出し、よりをかけて糸にするわけです。この「紡ぐ」の字の右側の「方」の字にも「仏」が宿っておられるのです。最初のなべぶたの二画が人を表しており、最後の二画が「ム」を表現し、「仏さま」を意味しています。方（仏）は糸（仏心）をもって紡がれてゆかねばならず、常にみ仏の方に向かって対座し、仏心の「糸」は発せられねばなりません。お坊さんの「坊」にも「方」が入っていますね。坊主の「坊」の左側の土はあの「心の土壌」を指し、そんな土壌には修行の結果既にみ仏（方）が宿されるのです。
また、「貴方《あなた》」の字にも「方」があります。「貴方」とは、「とうといほとけさま」となっており、お互いに粗末にしてはならないのです。当然、「私や彼、彼女」の文字にも「仏」なる立派な字が組み込まれています。だから、より「絆《きずな》」を深めていこうとするならば、お互い自身の間柄のことでもあり、一寸の半分の五分五分のところにまで心の糸が延びるようにいつも手を打たねばなりません。ゆえに糸偏に半分の半をもって「絆」とするのです。あい譲《ゆず》り合う相互扶助の精神が絆をより一層強め、互いが切っても切れない間柄にまでなれるのです。

さて、「結ぶ」とは一体何と何を「結ぶ」のでしょうか。やはり、糸がついているかぎり心の中の問題と言えます。当然、右側の「土は心の土壌」であり、「口《くち》」とは、口に入るものだから「実《み》り」のことです。口の字の最初の二画は「ム」を指し、三画目が「一」で「大地」のことを指し、大地に仏が実るとなる次第です。ゆえに、「結ぶ」とは「仏心をもって、心の土壌に実を結ぶ」となります。一生懸命に鋤き耕し、心の細い田に実りが結んだことを意味し、芽出度いことであります。

ところで、この実り以外に、細い田には何が作物としてでき上がるのでしょうか。やはり、田には「米」が一番最適なように、仏心の糸に寄り添うものに「米の字」が出てきます。

それは、「継ぐ」という文字です。仏心を深く追い求め神仏《みほとけ》のえも言われぬ心がよく理解でき、人を慈《いつく》しみ、しばしば憐憫《れんびん》の情を催《もよお》すことが多ければ、次第にお釈迦さまがお説きになられた最も大切とされる四無量心の「慈悲喜捨の精神や心」が仏心の糸とつながり、心の中にいただけるのです。私たちが日々精進し心に戴《いただ》きたいもののなかで最も大事なものが「慈悲喜捨の心を持つ四無量心」なのです。米の字は四つの立心偏の組み合わせで構成されています。糸と米との間の鉤《かぎ》かっこの字は、仏の化身の「化」の「匕」で、米の字の一画目とかさなっています。まさに仏の化身である私たちの心そのものの中に、実りとしての米をいただけるのです。

そうすれば「己《おのれ》」に「糸」の仏心を授かることによって、紀元節の「紀」が光り輝いてくるのです。「己」とは二つの「ム《む》」で構成され、まさに実りとしての「口《くち》」がぽっかり開いた字でもあります。己はいつまでも頑《かたく》なに殻《から》を守って閉《と》ざしておくのではなく、一念発起、奮起して開いて行かねばなりません。そういった意味では「紀」には、もう立派な仏心が宿っているわけです。

さらに純粋の「純」の字がその兄弟分としてあります。右側の「屯《とん》」は「あつまる」とか「たむろする」といった意味を持っています。「み仏の意を含む山」と生まれる意を持つ「七」との合成字で、み仏の芽がまさに地表に顔を出さんとし力を蓄えている状態なのです。簡単に読めば、「仏心をもって仏を生む（七）」事が嘘やまじりけのない「純《う》ぶ」な気持ちであります。とても大切なことと言えましょう。

「続く」という字を見てみましょう。心の土壌（土）にムの仏が動きまわることを続けられるのも、これまた、仏心の糸をもってしてのことであります。さらに、仏心が充満してくると、糸と充《あ》てる（一杯にみちる）とを組みあわせた「統」の字となり、「ひと続きになっている筋」の意味が出てくるのです。

ここで、もう少し興味のある糸偏の字を二、三紹介しておきましょう。

糸偏と逢《あ》うとを寄り添わせて、「縫《ぬ》う」という文字になります。両方の字を各々に分解して考えてみましょう。仏心の糸は一体誰と逢うことになるのでしょうか。針に糸を通し一針ずつ縫いながら完成させるものはと言えば、あの「衣」であります。やはり、仏さまに縫うことを目的に、紡ぎ、縫い、最後に仏さまが宿った「衣」に仕上げるのです。

また同じあうにしても「会う」という字と組合せれば「絵《え》」という文字が出てきます。この「会う」の文字にも仏さまの字が入っています。僧籍の方も在家の者もこのみ仏に会えることを強く願っています。仏心をもって仏さまに会うことは、まさに一幅の「絵」になることで、究極の画面なのです。単なる糸偏からこんなにも素晴らしい世界観が広がるとは、びっくりいたしますね。

最後に「紫《むらさき》」と「終り」の、興味深い二字を追記しておきましょう。

なぜ紫の字に糸が入っているのでしょうか。単純に、糸自身の色合いを思い浮かべてもいた仕方のないことです。実はここでも、み仏の心が息吹いているのです。三世《さんぜ》の過去・現在・未来にわたってなおかつ三千大千世界《さんぜんだいせん》の隅々にまでおわします神仏《みほとけ》らは、様々なる文字に宿り、今なお脈々と不滅の生命力を維持し続けておられます。そして、私たちの心にまで様々な加護や冥護力を授《さず》けて下さっています。

「紫」という字の上にある「此《これ》」の字をまず見てみましょう。一、二、三、四画目等に人々がありますから、右の「匕」と合わせれば、化身の「化」が出てきます。森羅万象の生きとし生けるものの中で、とくに私たち人間のみが仏の化身だと思いあがらず、他の動物や植物も含めて化身の仲間だと考えるべきです。この世の何ひとつ、誰れ一人、自らの意思で生れ出てこられたものはなく、授かり、あずかりものの命なのです。「芽の字の中の仏が化けて花になる道理」を考えあわせてみても、はっきりしてくるわけです。そして、一・二・四画に「上」なる字を配置して、この世の大地に芽を出しすくすく育ち、一時でも命ながらえんとしているすべてのものを表しています。この「上や下」の字にも仏の字が組み込まれているのです。まず「上」の二・三画に人が、そして「ム」の字との組合せが、下の字にも同様の考え方で形成されています。

以上のことから「紫」という文字が合成されて、今後もその色合いを永遠に放ってゆくでしょう。「自分の意志ではなく神仏《みほとけ》から命を授かり、現実に芽ぶき育ち成長し生きながらえているみ仏らの化身（命）には、仏心の糸が宿され息づいている」そんな光景や姿の色あいを表す文字なのです。また、なんのまじりけもなく空高く棚引《たなび》き漂《ただよ》いわたる色あいも表しています。だから、厳《おごそ》かで気高い色調を本質の音色に奏《かな》で、響《ひび》きわたらせているのです。

高貴なお坊さまが紫の法衣を身にまとわれた姿などまさに高尚で、俗人の私たちには神仏等の使者として目に写り心静かに和《なご》みます。一度でもそんな法衣を身にまとい読経したいというのが夢のまた夢です。

さて次に、「糸」と「冬」とのつながりはどこにあって、両者の絆はどのように結ばれているのでしょうか。また、なぜこの両者をだきあわせることにより「終り」となるのでしょうか。

それは「冬」の字にヒントがあるようです。昔は旧正月を暦として使っていたため、春の始まりを正月（新春）に定め、その分冬は大晦日《おおみそか》の十二月三十一日で終わっていたのでしょう。

こんな字にも「仏」の文字がちゃんと入っているのです。まず分解して見ると「久しい」と、「受ける」意味を持つ「又」とで合成されています。この久しいという字は背中が曲がった意を表すク《ム》（ム）と人との合成です。つまり、背中が曲がるほどの長寿長命を表す芽出度い字なのです。今でこそゆき届いた栄養やそこそこの運動から、背中が曲がり腰のかがんだ老人をさほど見かけませんが、私たちの幼いころのお年寄りは皆一様に背中が曲がり、腰がかがんでいたのでした。

また「又」とは「七」や「力」の変形で、「七」自身が「生む」などの素晴らしい意味を持っているのです。ラッキーセブンとは、チャンスを生む頃合いが七回目なのです。また「生きている」意を持つこの「七」に「刀《かたな》」をだきあわせ合成すれば、「切《き》る」の字ができます。そして生きている七を切ると、その結果、「亡《ほろ》ぶ」の字が出てきます。頭と胴が切られてしまったので、「亡ぶ」という字そのものとなるのです。この「七」や「亡ぶ」や「力」や「又」の字にも仏の字が組み込まれているのです。とくとご覧下さいませ。

では、「又」が意味する「受ける」とは一体何を受けるのでしょうか。三画目までが「人々」で、そして「ウ《う》」と「又」からなっています。これは、「人々はみ仏（ウは仏を表す）を受ける」ことになっているのです。食べものも神仏《みほとけ》からの恵みなのです。「又」が受ける意を持つことを理解するのに最適な字に、「祭《まつ》り」があります。左側は豊作の月《にくづき》を意味し、即ち「肉月を受けることを示す」となっております。それゆえに農繁期の前後に夏祭りや秋祭りが各地で催されているのです。

そのようなわけで、「冬の上の字はお年寄りが受ける」となっております。では最後の点々は何を意味しているのでしょうか。それは「慈悲なる心」で、心にもある点々をもじって構成しているのでしょう。秋の収穫期の間は猫の手も借りたいのが現実で、その時期には背中が曲がったお年寄りを大事にかまってやれません。お年寄りは留守番などにつかわれ、その分寂しい思いをつのらせねばなりません。また、冬には三人の人が……（人とひとがしらと会の二で）。ところが冬ともなれば、畑仕事はできません。若い夫婦や子供らも家の中で仕事をするので、その分寂しがりやのお年寄りにやさしいねぎらいの言葉をかけ、思いやりの心でお相手してあげられます。慈悲なる心で接してあげられるのです。この冬に、仏心の意を持つ糸を結びあわせることにより、「一年の終わり」となるわけです。お正月の新春を迎えれば、また新たなるみ仏が生まれ出るようにと、年が明けましてお芽出度うございます、と祝うのです。当然、「芽」や「出る」の字にも仏が宿されております。私たちは常に神仏《みほとけ》にかこまれて生かされているのだから、心ここにして、心から真実を追い求めて生き抜かねばなりません。

最後に、慈悲なる「慈しむ《いつくしむ》」の字にも糸の上部の字が入っています。そうです仏の心を芽生えさせる心が、かわいがったり、憐れんだりする心を呼びさますのです。時の流れや心を表す「三《さん》」に堰をして、流れをなくすれば「非《あら》ず」の字となり、「……でない。……しない。」となります。心が亡べば「忘れる」となるように、「心、ここに非ず」となれば「悲しむ」ことになります。

まして羅の字にもあった、仏の意を持つ「罒」と「非らず」とを組みあわせれば「罪《つみ》」となります。つまり、私たちの内奥にひそむ仏が「仏（罒）に非ず」となれば、罪人となってしまいます。ここで今一度「魂」の文字が表していたことを、よく噛みしめて下さい。

「言偏」とは（言偏が語りかけるは神仏《みほとけ》の声）……言の一・二画はなべぶたの亠を表す

糸に仏心があり、各人がそんな仏心をすでに持っている場合、仮に赤の他人さまが困りはてていたなら、さてどんな言葉が、言葉の糸口となって口をついてでてくるでしょうか。

自分自身も苦心惨憺《さんたん》したあげく、今では神仏《みほとけ》へのつのる思いが、仏心の糸を形成し、心の襞《ひだ》には様々なる文様の綾を織り成し、心の土壌はいつも耕され整然とし、肥沃なる佳《よ》き土でおおわれている場合です。そんな人が、相手を罵倒《ばとう》するような言葉を、まさか言いはしないでしょう。

では、この言偏の「言う」の字には、一体どんな深い意味が宿されているのでしょうか。もう既に、自分で繙《ひもと》いておられる方もおありでしょうが、私の見解を申し上げておきましょう。まず、「言う」の最初の二画はいつものように「人」を表す「なべぶた」で、次に、「口《くち》」なる字の最初の二画（「言う」の字では五、六画）に「仏のム」があるのがおわかりでしょう。そして最後に、三、四、七画目を通し「三」が残りましたね。この「三」は立心偏の「心」を横に寝かせたもので、心そのものを指しているのです。

言うということは、心からの気持ちを持って、心の土壌に芽生えた思いや考えを相手に伝えるのが基本です。まして、仏の心を持って言うのであれば、筋の通らない馬鹿なことなどは言えません。そうです。「言う」という漢字も「仏心」という立派な意味で構成されていたのです。昔の人の考えの深さには、もう全くかないません。用意周到なまでに配慮されており、ただただ唖然とするばかりで、畏怖の念すら感じずにはおれません。

「彼が彼女に恋をした」。いったいどんな恋だったのでしょうか。それは「戀」という字がすべてを語ってくれるでしょう。私も好きな文字で、甘ずっぱく胸を締めつけられる恋を何度でもしたい気持ちにかられます。今では神仏《しんぶつ》に対してつのる思いで一杯ですが。そうです、どちらも、基本的に仏《ほとけ》心を持った「糸」と「言う」の文字だから、「いとしい、いとしい」という心が「戀」なのです。恋しさつのって糸が愛《いと》しさに変わり、やがていつの間にか彼と彼女は恋心から深い愛に目覚めていったのでした。

仏心の糸を持った人は、やはり、仏心を持って言うことが正しいのです。こんなところで、心と口とが一本の切れない絆の糸で結ばれていようとは、実にびっくりしました。ほんとうに漢字はおもしろいですね。無限の宝庫のような気が致します。

さてここで、言偏のつくおもしろい字をまた紹介してまいりましょう。

まず舌先で言うのが「話す」ことであります。子細や他意の計《はか》りごとを含んでいてはいけません。また人の説や意見、それに人から得た知識を、そのまま自分の説・意見や知識であるかのように述べることを「受け売り」と言うようですが、自分なりにまとめ咀嚼《そしゃく》した結果を伝え「話す」ことが肝要です。知識の盗作、受け売りはご法度と慎《つつし》まねばなりません。

流言飛語を信じこみ次から次へと伝えてまわるしゃべり魔は、善良なる人々を大いに傷つけ、いらぬ中傷や誤解の源となり、言偏が持つ大いなる本質と相反しますので注意しなければなりません。まして、ありもしない妄語《もうご》など慎むべきです。やはり「仏（五）の口《みのり》」を持ち、五蘊《ごうん》を傾けて言うことが「語る」ことなのですから、おのずと気骨を持ち苦労をするようになります。言ったことが「正しい」ものと、「身の証《あかし》」を含んでのことでなければならないのです。

やはり、仏心を言う人を「信じる」にしても、常に言うことが成り成就してこそ、「誠《まこと》」の文字は真価を発揮するのです。有言実行する限りにおいては常に誠であらねばならず、もし裏切るようなことにでもなれば不誠実であります。また、危険なことを言うと詭弁の「詭」となり、話す内容ににごりやごまかしが入っているので、時には身の破滅につながることもあります。

一方、常日頃から誠実な人が切々と話し始めたら、何かの「訳」があるわけで、やはり真心を持ってその訳をお聞かせいただかねばなりません。訳の「尺」には「仏」と書かれています。最初の一・二画が「ム」で、最後の二画が見てのとおり「人」で締めくくられているのです。み仏がみ仏の心を持って言うのだから、よく聞きただし、正しい回答や受け答えをすることが大切です。

網目状（罒）にはりめぐらされた世の中のきまり（定理）や事柄、時には信心信仰に対して心ここにあらず（非）なことが「罪」であります。まして法や掟を破り違反すれば「罰」を受けても仕方のないことです。「刂《りっとう》」とは「なた」や「包丁」を意味し、切り刻むことを表します。仏心を切り刻んで言うということは、み仏の立場を無視して文離滅裂なることを言うこととなります。その報《むく》いとして「罰」を受けるのは当然です。一方、羅の信仰の世界の網目（罒）がどんどん芽ぶいてくることが「幸《しあわせ》」を生み、そんな「譯《わけ》」をよしとします。

芽生え（十）、実りあることを言うには計算がいり、「計《はか》」らねばなりません。この「計」にひとがつくと、みのり豊かなる人の言うことは「許《ゆる》す」という字になり、良識のある人の信頼度をうかがいしのばせます。

「方」は糸偏にもあったように「み仏」の意を持ち、「貴方」にもあります。不特定多数の貴方（仏）に言おうとすれば、「訪《おとず》れ訪《たず》ね」ねばなりません。

永い時間にわたって言うことは「詠《えい》じる」ことであり、詩歌を作ることとなります。心の土壌に一寸《ちょっと》ずつ芽生え、みのってきたことを言うと、「詩」となります。心にふかく感じた素晴らしい思いでもあり、人々の心を和《なご》ませてくれます。

我慢し忍耐したあげく「忍《しの》んで言う」ことは、「認《みと》め」てあげねばなりません。「己」の言うことは書き「記《しる》し」、「志」を持って言うことも書き「誌《しる》さ」れねばなりません。

ことに秀《ひい》でた言い方には甘い誘惑の「誘《さそ》い」心が秘められており、火傷《やけど》を負わないように注意が大切です。

まだまだ他にありますが、紙数の関係上この程度にしておきましょう。

「月偏」とは（月《にくづき》（偏）に宿る命（み仏）は誰《た》が為ぞ）

はてさて、「糸」と「言う」に「み仏の心」が宿されていたのには、びっくり致しました。日本の漢字のツールは中国にあるのでしょうが、昔の大層偉い方が（それも自然界の仕組みを愛し、様々な小さな命を大切にし、そして仏教をことのほか知り尽くした菩薩か仏さまに相当する方々が）みんな一堂に寄り集まって、各一字ずつそれらの本質を見極めた上で組みあわせていかれたのでしょう。だから漢字の源流のすべては仏教から来たものと私は解釈し、仏教が日本に渡来したのは現在の説よりもっと古い、大昔の頃だと考えています。なぜなら我が母国語（漢字の「安以宇衣於《あいうえお》、加幾久計己《かきくけこ》等」）が作られた当時から、仏教の思想がちゃんと文字に組み込まれているからです。偏や旁《つくり》や冠《かんむ》りなどの、文字の端々にまでみ仏さまの精神が宿されているからです。

人々は心の中にみ仏の心を宿していますが、その体の構造はどのようになっているか、興味が湧いてきます。中天に輝く「月」は三日月からの象形文字とされていますが、私共の体を構成する月《にくづき》（肉月）とどういうところで関係があるのでしょう。各漢字には様々な秘密が隠されているからおもしろいのですね。

なぜお月さまの月と同じ文字を肉月におしいただいたのでしょうか。「月」の字にもちゃんと「仏さま」が宿されています。日や月は「有日月燈仏」（阿弥陀教）と言いまして、日や月を含むその明かりや光の文字にまでも仏さまが宿されていましたね。では、肉月の肉が月《にくづき》になったことをお話ししましょう。

糸偏の項で「納める」という字の時にお話ししたように、「内」にも仏が入っています。门がまえの項で記述済です。「肉」には二人の人が入っていて、三世諸仏の三人で自分自身の心の中にもう一方《ひとかた》の仏さまが宿されているわけです。肉体的な仏さまが一つ目の仏であり、この世に生まれ落ちた時から得ていて、最後に花となる「芽」の中の仏と同等の命なのです。

「虫」の文字ですら三世諸仏さまが宿されています。仏教界では森羅万象の中で命はすべて同等視され、命においてはすべてが尊く気高いものとされているのです。でも人間に限っては、理性という他の動植物に見られない価値あるものを授け与えて下さっています。ですから、心の中にもう一人の仏さまをその化身として頂戴し、心の中の土壌に芽吹かせ、育て、「糸」や「言う」の中の仏さまのように、実際に仏さまを自分なりに養っていかねばなりません。そんなわけで、五大の地・水・火・風・空が仮和合《けわごう》した五体に肉月をいただき、精神的な仏を終生追い求めていかねばならないのです。

次に「肉」が「月」になったあかしを説きましょう。内に文字より、人が余分に入っていますね。だから月《つき》が月《にくづき》となり、生あるものの命は月同様に宙に浮いていることにしています。生あるもの全ては、死ねば浮世の波間より身を没し大地に横たわるでしょう。心臓の最後の鼓動が響き終わった刹那よりもう娑婆や浮世の波に再び浮き上がってはこられないのです。かの「五」の字の真中の、「時の流れ」が地についた瞬間から「仏」になったように、人間の体を構成している月《にくづき》にも、仏さまが宿されていたことが理解できたでしょうか。

手始めに「育つ」の字を分析すれば、肉月の上の文字も「仏」からなり、大地で芽生えた作物としての実り（食物の月《にくづき》）が、人間の肉月を育てることを意味しています。み仏がみ仏を育てる道理は、み仏である人間が田畑を耕し、またみ仏（念仏）を育てる道理へとつながり、正に自然界の光景そのものです。それは神仏《みほとけ》等が与える加護と言っても過言ではありません。まして精神的な心の仏が、肉体的な肉月の仏を凌駕支配することで、より大きく育てて行くことになるでしょう。

わたしたちには、「幼《おさな》い」頃から「仏」が宿っております。「幼い」という字は「ほとけを生む」ということで、糸の上側と力（七の生む）で構成されています。従って、生後百日目におくいぞめのお祝いとして、お粥などを食べさせ、百日祝を行うのです。

「肢」という字で肉月の支えとなっているのは、手と足で、四肢・肢体ともいいます。芽生え、実っている（十）ものを受ける（又）ことが身の支《ささ》えとなり、肉月の支えを担っているのです。

「背」はみ仏の化身が芽生えていることを意味する「北」と、「月」とをあわせています。うしろ姿に仏の化身が宿ることになっており、この背中に男の値打ちが隠されております。人をよく見る方は、背中のみならず後ろ頭を見ただけで重厚か軽薄かを見抜いてしまわれるそうですから、常に心して行動しなければなりません。

「鼻」とは「自《みずか》」らの心の土壌である「田」を芽ぶかせる（草冠り）ところで、「胃《い》」とは、自らの「月《にくづき》」を育てる田」に相当するところです。胃での活発な消化は成長を促進します。だから「歯」でしっかりと食物をかみくだき胃の負担を軽くすることも大切です。

この歯という文字もよく見れば、「止まる」字の下に田に米が稔っている状態があるのがわかるでしょう。だから歯と胃とは、密接な関係にあります。絆と言った方がいいでしょうか。

さてここで、「脂」の字を紹介しておきましょう。日の上の「匕」は化身の「匕」と同じく、まだ稔りが幼いものを指します。「化ける」という文字は、右側のまだ幼かった幼《よう》児《じ》が左側の立派な成人に成長して行く道理を端的に表現しているのです。この「匕」がなぜ幼児の姿かといえば、幼児《おさなご》が母親に抱かれたくて、座ったまま両手をかわいらしく出している情景を表しているからなのです。ハイハイで動きまわり、ちょっと疲れたので「おっちん」し、そして母に抱かれたい姿など本当にかわいい光景ですね。また、幼児のやすらぎのある寝顔にはまだ執着や欲望が混在していないから仏像のご尊顔によく似ています。このことからも「匕」一字に仏の意が含まれていることがわかります。

次に「日」とは、太陽の日もさることながら、仏の「実《みの》り」を意味することになっています。この日の字にも月と同様に仏の字が入っているでしょう。「太陽を表す日は仏心を表す光」となって、母なる大地に降りそそぎ、仏の実りとしての果実や食物を育て上げていくのです。日や月のみ仏は大地のあらゆるものの実りを養い育て、私ども人間の仏の月《にくづき》をも育て、世界全ての人類を助けてくれているのです。

ちょっと脱線しましたが「脂」に戻りましょう。月《にくづき》（み仏を構成するところ）からみ仏の化身（匕）やみ仏（日）が湧いて出てくるうまいところで、動物性のあぶらを意味するのが、この「脂」の文字です。実に合理的な考え方ですね。旨《うま》い肉月のところだから、「旨《うま》い」話になりましたね。

「有る」とは一体何があるのでしょうか。お金が沢山あるにこしたことはないのですが、この字が成立した頃は、物々交換の時代だったはずです。今の世の中の人々の多くは、金がすべてだと思うあまり、人間本体の姿を見誤るのです。やはりいつの世でも、心が全てであらねばなりません。「有」の字は、芽生えみのっていることを表す「十」と「月《にくづき》」とからなっており、「みのっている月《にくづき》が有る」ということになります。この場合の月《にくづき》は果実や作物といった食べ物の意味に解釈すれば結構です。果実や作物が芽生えているということは、とりもなおさず大地にみ仏が芽ぶき育っているということでもあります。

　できることの意を表す「能《あた》う」という字にも、幼い化身の匕が二つ組み込まれています。勿論幼い仏の化身はいずれの日にか立派に成長し、み仏としての月《にくづき》をおしいただくことになります。果報は寝て待てといいますがこれも大変努力した結果であって、骨惜しみをしない涙ぐましい努力の積み重ねがあったからこそです。並の力では、寝て待つわけにはいきません。「能《あた》う」を可能ならしむる（できる）のは自分の力以外の何ものでもありませんから、ご用心のほどを。

　朗《ほが》らかな人とは、常楽《じょうらく》我《が》浄《じょう》を地で行っている人のことを言うのでしょう。常にプラス思考で、苦を苦と受け止めず、苦を楽に切り替えてしまえるテクニックを身にそなえている人のことでしょう。左側の字はもともとは良いという字のようで、良い月《にくづき》を持った方が「朗らかな」方ということになります。「良い」人とは、心の世界に既に仏の化身が宿されている人のことで、世になんらかの形で貢献されている輝かしい人でもあります。「勝《か》つ」とは勝《まさ》ることです。自給自足の当時にあっては、「勝つ」とはやはり戦いに勝つことを指します。相手を征服する勝利も大切なことでしょうが、自分自身との戦いに勝つことも大事なことと言えるでしょう。この文字を分解すれば、月《にくづき》と動きのある火と二(天と地、つまりこの世を表す)と、最後に力(生むを表す七)でできています。月《にくづき》の作物を得て、この世に火を生む力のある者が勝ちなのです。

働かざる者、食うべからざるの怠け者は永遠に勝ち名乗りをあげられません。やはり、部族や一族を絶やさず未来永劫《みらいえいごう》に生きてゆくためには、まず作物の豊かな実りを得ることが肝要です。いくら口先でえらそうなことを言っても、食べるものがなければ飢えが始まり、いずれの日にか死を迎えるしかありません。この作物の月《にくづき》を自らの力で得ることが勝ちなのです。

常に豊作が得られ、自らも勝てることを氏神さまに願います。そして大漁や豊作を得られれば夏や秋の「祭《まつ》り」を催して、みんなでお祝いをしなければなりません。祭りとは、既に述べましたように、「月《にくづき》を受(又)ける事を示す」事で、この行事を省略してはいけないのです。大勢の喜びは神仏《みほとけ》らと共に分かちあわねばなりません。一にも二にも感謝あるのみです。

以上のように肉月に関係することは、死活問題に直結しています。生き延びる為の知恵や工夫を常に働かせ、どんなことがあっても飢えにさいなまれず、種族を絶やすこともなく、安穏なる日々を維持して行くことが先決で、お互いが一生懸命に頑張らねばなりません。

み仏が宿された月《にくづき》は私共の五体の臓器を表す漢字にはすべて組み込まれていますので、ここに掲載しておきましょう。

肝・胆・肺・胸・胴・脳・腹・腰・腸・腕

「忄偏」とは（忄偏《りっしんべん》の心の親は「三《さん》」なのだ）

この「忄」偏も、大切な「心」を表しているわけですが、その由来は一体どこから来ているのでしょうか。それは時々刻々と移り変わりゆく自然現象の様相で、誰にでも親しまれている「三」の漢数字から来ています。まず「一」は私たちが両足でしっかと立つことができる母なる大地で、森羅万象の命の根源とするところでした。こんな母なる大地のすべてを覆《おお》い包むものがあり、それらが父なる天であります。そして、天と地とが交錯し交わるところに「十」の芽生えがあるわけです。奇しくも人の子は「十月十日《とつきとうか》」でこの世に生まれ出ますが、そこから「草冠り」が生まれ、森羅万象の芽生えている様を表しています。

さてこの天と地の間を流れているものがあります。それは、古来永劫より流れ続けている時の流れです。これらを象徴して、「三」の漢字が派生してくるのです。この「三《さん》」が全ての流れや世の移り変わりを包含しております。天の流れ（気象の変化）、地の流れ（地殻の変動や建造物を含む地上環境の変化）、そして時の流れが三位一体となるところからすべての心の事象が生まれ出てくるのです。この、時の流れの神仏が、森羅万象のすべてにわたり、心の現象を植え付けて行くのです。

こんなわけで、この「三」を縦に書けば「川《かわ》」なる字と、「忄偏《りっしん》」の心の文字とができ上がるのです。「木々は大地の心、川は心の流れ、山は心の連なり」です。これら自然の風雅の心を心にとりいれれば、その趣きは、興を呼びさまし、その探究心は、無限の喜びとなって還《かえ》ってくるでしょう。

さて、忄偏にまつわる漢字をさらに見てみましょう。

やはり最初は「性《せい》」の漢字です。「生まれた時のままの心」で「本性」となれば、ふだんは隠れていて見えない「生まれつきの心」を表現しています。この「性分」はそう簡単には変わりそうにもありません。どちらかと言えば強情や頑固な面は、「たち」によることが多いのです。お互い気をつけましょうね。

次に「情《じょう》」のなさけの字です。上の部分は「青」の旧字は「靑」で、「円」も月《にくづき》と同様に「仏」の字で構成されています。「十」と「土」との合成で、心の土壌に仏が芽生えれば、心が青く澄みきります。まして心がつけば仏心は情《なさけ》を呼びさまし、純粋な気持ちで一杯の思いやりの深い人になっていきます。

「怖《こわ》い」という字は、心を布でおおわれ先が見えないことも怖い現象でしょうが、本質は違うところにあります。「布施《ふせ》」の字にもあるように、「布」はみ仏が芽生えていることですが、「み仏が芽生えない心が怖い」のです。「暗い」の文字がそうであったように、「布」を否定の意味で解釈するのが正しいのです。「宗教」が仏の示す教えなら、「布教」とは相手に仏心を芽生えさせるように教え広めることであります。道ばたの辻説法もこれいかに。

次に「怪《あや》しい」とは、「経《きょう》」とよく似た字に思えないでしょうか。仏心を心の土壌に受けることが経でありました。一方「怪《あや》しい」の字には仏を表す「糸」の上の部分が入っていません。つまり心の土壌に仏の心を受けない心は怪しいということになり、奇怪で面妖な心を持ち合わせることとなるでしょう。

「憎《にく》い」という字は、何が一体憎いのでしょうか。心の土壌の田にみ仏の実り（日）が芽生えた人が「僧《そう》」なのに、人偏が忄偏にとってかわるだけで「憎い」などとは、本当に困ったものですね。人も心も変わりはしないのに、まるで二重人格者の裏表の違いがあるようにさえ思えてきます。「曽《そ》」の意味を肯定と否定の意味に解釈するだけで、こんなにも違いが起こるのです。まったく、昔人の知恵の偉大さにおののくばかりです。

人は誰しも、誰が見てもうなずける行為を無意識に行っているわけですが、ひとたび心をひるがえし、否定の行為《こうい》を取り始めれば、それは異常の行為で身の破滅へ落ち入ることにもなります。大いにつつしみましょう。そうならないように神仏《みほとけ》やご先祖を崇《あが》め敬《うやま》う心を持ち、いつくしまねばならないでしょう。菩薩や観音さまが常にじっと私たちの行為や行動をのぞき見ては、喜んだり悲しんだり嘆いたりしてくれていると思えます。なぜなら本当にこまった時や落命寸前の状態になって初めて、光明がさし込むからです。三途の川から黄泉《よみ》返ってこられた方々なら、味わった経験があるだろうと思えます。私自身がそうで、大変感謝しています。

次にこんな、おもしろい文字もあります。それは、「惚《ほ》れる」という字です。寝そべり横たわっていた心が、忽《たちま》ちにして、立心偏の如く立ち上がるのだから、恋《こい》とは恐ろしいものです。また、人のみならず動物にしても、惚れたものが目の前に現れると、むくっと心を動かされ、時には獲物を追い求めることになるはずです。但し年老いれば「惚《ぼ》ける」ことになります。

昔の古きよき時代の苦労した心は、いつまでも「惜《お》し」まねばなりません。「苦（労）なくして、何の桜の花見かな」と、せっせと努力した頃があったお蔭で、人にも花が咲き実《み》がなろうというものでしょう。

み仏としての実《み》が成就し、その実《みの》った心が「悟《さと》り」となり、（五は仏をさす）、そんなみ仏の実が芽ぶいている心を「悦《よろこ》び」といいます。

さて、何をもって「快《こころよ》い」のでしょうか。やはり右側の文字が「快い」ことを決してくれるでしょう。この「決する」にも同じ文字が入っていますね。もうおわかりでしょう。最初の二画が「ム」で最後の二画が「人」を表し、ここにみ仏さまが隠れしのんでおられるのです。「仏心は快《こころよ》い」となります。本当に仏の世界を広く深く追い求めていけば、だんだんこの世の中が極楽に見えてくるから不思議です。いつしか弥陀の世界に入り込んでしまい、本当に快い世界に導かれる事でしょう。

ちなみに「決する」とは、忄偏が三水偏にとって代わっただけであります。「三水偏」とはもう何度も申しましたように、娑婆や浮世の意をも含んでおり、「この世という所はみ仏さまが決してくれる」ということです。み仏の化身である私たちは、神仏《みほとけ》のご加護のもとで生かされ、み仏としての食物を賜り、み仏の知恵を授かり、この世を楽園にしていかねばならないのです。

ついでですが、「姓名《せいめい》」でよく聞く話に、「姓が二文字」なら「名が一字」、あるいは「名が三文字」が良いというのがあります。これも、三世や三界に対して動く心の三を持ちあわせることになるから、良いのでしょう。三は産《さん》につながり、人知れずよい知恵やアイデアを授かるように思えます。「名は体を表す」とは本当のことでしょうかね。

「門《もん》がまえ」とは（門とくりゃ、弥陀の化身がくぐるとこ）

出入りする所を門といい、どんな家や屋敷にも、ちゃんと一つは備わっています。時には潜《くぐ》り戸のような小さな戸口や切り戸があって、それなりに趣があります。また、かつては両開きの門が普通だったのですが、昨今では和風から洋風へと建築工法が変わってきている関係上、片開きの簡素化されたドアが多いようです。

この「門」の字にも、ある大きな秘密が隠されています。その種あかしにはなかなか骨が折れました。やはり、この「門」の字にも「弥陀の化身のからくり」がちゃんと秘められ、息吹いているのがわかります。

この門なる字を繙《ひもと》けば、二・三画目には、「匕」が逆《さか》さまに組み込まれ、一・四画目の「人」を表す「上」で締めくくられて、左側の部分だけで「化」の字が出てきます。この「化」は、とりもなおさず「化身」の「化」を意味しております。そして、左右対象で「門」の字になります。この門の下をくぐり出入りするのは、人を含むすべての弥陀の化身です。ここでも、この世の生命《いのち》ある全ての存在は、弥陀のご加護により見守られ、森羅万象すべてが阿弥陀仏の恩恵に浴していることが示されています。

やはり、この「門」の字の本旨は「弥陀の化身が出入りする所」でしょう。昔人の一貫した漢字に対する愛着や配慮がしのばれます。

さてこの門に、早暁、最初に訪れてくるのが朝日であり、仏の心の輝きでもある日の光です。

「間」とは日差し（日）の明りが門に射し込み、門そのものを照らします。その間、すべての弥陀の化身がゆきかう「間《ま》」を指しますし、そんな時と時の間を「時間」と言うのでしょう。

現代とは異なり、漢字が作られた当時は情報が遅い時代だったので、大河の流れのごとく、時がたゆたう如くに流れていったのでしょう。夕暮れ時には、日中立ち働いていた人たちの「音」が門をかいくぐり、「闇」が訪れます。日中あれほどにぎやかだった門のあたりが、この闇につつまれたとたん、音のない静寂に支配されてしまいます。

このように、「門」に色々な文字を挿入するだけで、多種多様なる意味あいがかもし出され、大変興味のあるところです。

戸締まりには、門に、横一本の柱をもって「閂《かんぬき》」とします。大きな寺社仏閣の大門によく見かける情景です。

この「門」そのものに止め金を施せば「閉《し》る」となり、その止め金をはずせば「開く」となります。

また、ある御仁《ごじん》が一念発起し、得度をしようとお寺の門の所まで来たのはよいが、いよいよその段になって、入門（出家を志す）しようか、いやいや娑婆の世界にまだまだ未練があるのでやめようか、と躊躇する。そんな心を門の下で起こすことが「悶《もだ》える」ことです。己の決断の甘さにひるむ心が人間らしくもあり、なげかわしくもあります。ひとたび入門してしまえば、「葷酒山門に入るを許さず」という戒律ですから、大いに悶え苦しむのは当たり前のことだと言えましょう。とかく戒律の厳しい昔の風情が伝わってきます。

このような門にも、ただひとつ、音もなく忍び入るものがあります。朝霧を、まるで電光石火の如くきらめく水晶に変える早技。日の光が朝の知らせを持って入る、「閃《ひらめ》かせる」という漢字です。日が門を「閃」かせた後に日が入って「間《ま》」が生じるとは、まことにうまくできているものです。

母なる大地を覆い包む父なる天の日の光が明るい陽光となって今日もやって来ます。大昔から日の光を見て、人々は一体何を思い、何を考えてきたのでしょうか。「電光朝露《ちょうろ》の夢の間に間に」。

最後に、人々の身体にもちゃんとした門があることになっています。この門をかいくぐりどんな事態がやってこようとも、決して驚いてはいけません。時には招かれざる客人もことわりもなく押し入ってきます。でも迎えて、受け入れねばならぬこともあります。

それらは、耳の門である「聞く」、口の門である「問う」、そして、あの心の門でもある「悶える」などです。耳も口も心もみんな自分の意志が決するところなので、心してかからねば、ひどい目にあうことすらあります。まずは、聞き上手は話し上手としゃれ込みましょうか。口は災いのもと。時には見ざる、言わざる、聞かざる、とたがを締めてのぞみたいものです。

我が母国語　安以宇衣於の世界観と思想

さて以後は私たち日本人の母国語の漢字で書かれた世界観へ入っていくわけですが、之《し》繞《にょう》による辶偏《しんにゅうへん》（之《し》の項）・邑偏《おおざとへん》・阜偏《こざとへん》（部の項）・女偏《おんなへん》（奴《ぬ》の項）・禾偏《のぎへん》（利の項）等々盛りだくさん出てまいります。我が母国語の名も知らぬ作者に思いをはせ、偉い昔人がいらっしゃったことを思い回《めぐ》らせ一字一字を楽しまれつつ、悠久の昔にまでタイムトンネルをかいくぐって下さい。勤務しながらの書の為、構想し考案してあしかけ十八年間の作となってしまいました。ゆっくり、お楽しみ下さい。では、観羅離丸《かんらりまる》の出発進航。

私たちの母国語を漢字で書いたものを二、三の方たちに見てもらった時の様子はと言えば、「ひゃあ、これお経？　なんと読むのかよう知らんわ」と素《す》っ頓狂《とんきょう》な声を張り上げられた若い女性。また別の方は「な、な、なに、これ漢詩と違う？　どう読むんやろ、わからへんな」。おそらく、学校の若い先生でも、初めてごらんになり、同じことをおっしゃるのではないでしょうか。教わっていないから致し方のないことですが、誠に寂しい限りです。

私が初めて見たのは、中学生の頃どこかの座敷の掛《か》け軸《じく》に書かれていたものでした。その時、突然稲光《いなびかり》が吾が五体を駆け抜けたような電撃的なショックを受け、茫然《ぼうぜん》自失の態に陥《おち》いった事を今なお鮮明に覚えています。その時、少し読み方がわかったのですが、後刻にこれを書こうとしても思い出せず、長年の間うっちゃっておいてしまいました。義務教育で「ひらがな」を教えても母国語の「安以宇衣於《あいうえお》」などの漢字を教えず、今、国旗掲揚がとりざたされるように、明治か大正か、それとも昭和の戦前の頃にか、きっとこの漢字の記載も反対されたことがあったのかも知れないと、勝手に思いをめぐらせています。「言葉としての原点の漢字」であるだけにすごく残念な気持ちがつのります。その思いが次第に蓄積され、また各行にありがたい意味が含まれている事に気づき始めると、もはやじっとしていられなくなりました。

この思いがいつしかこの私を漢字の世界に埋没させ、狩人が素晴らしい獲物を追い求めるがごとくに、漢字のとりこにさせてしまったのでした。何度も何度も咀嚼を繰り返し、ここまでの血肉を得て完成を見た次第です。

今の世の早い流れに反して、深く考えるという行為をお願いすることになります。少々頭のいたい思いもされましょうが、お許しください。今までにない別世界が繰り広がり、悠久の太古の昔をしのんでいただけることと思います。

安《あ》以《い》宇《う》衣《え》於《お》

安《あ》（み仏を生む人・生む大地あらばこそ心安らぐ）

私たちは各漢字から派生してくる言葉の意味や画数順序、それに各文字の形などは、常用漢字を中心として、小学校の頃から懇切丁寧に教わっています。もし記憶があやしければ、すぐに辞書で意味や解釈を得られます。ところが、一字一字が持ち合わせている本来の生い立ちともなると、それぞれの漢字が既成概念としてあまりにも当り前に受けとめられているため、誰も改めて振り返ってみようとしないし、また、その必要性もないのが現実と言えましょう。また、煩雑な社会の多忙な生活にどっぷりつかっていて、そんな煩《わずら》わしいことをとりたてて考えてみようとも思わないのでしょう。

たとえば、この項の「安」の漢字も、「安らぐ」と表現できる意味と、「安い」と言える意味とがあります。

ところが、「安らぐ」と「安い」との因果関係はどこにも説明されていません。こんなところからも、「日本語は難しい言語だ」と言われてしまうのでしょう。けれども、次のように解説すれば、「安らぐ」と「安い」ことの因果関係が解け始めるのではないでしょうか。「この品物は思ったより値段が安い」ということにでもなれば、購買意欲をかきたてられてつい買ってしまう。そうすれば心が満たされたあげく、「心が安らぐ」ことになります。その一方で、「安っぽい」品物を高くつかまされないように気をつけねばなりません。「安っぽい」人間だと評されないように言動をつつしみ注意することもお忘れなく。

このように「安《あ》」の原点は、「安らぐ」ことが源流かつ本筋だと理解できます。では一体、「何が安らぐ」と言えるのでしょうか。

「安」の字を分解してみれば、「ウ冠り」と「女」とで構成されているのが一目瞭然です。ここで、かの「ウ冠り」の項を思いおこしていただければ、「なべぶた」は「人」を表し、「ワ」は「ム」の逆さまで、つづめれば「仏」の意味が凝縮されていたことが思い出されます。「字が仏の子」であり、「仏が示す教えが宗教」であったように、仏がちょっと（一《ちょ》寸《っと》は借字）ずつ芽生えることを「守って」あげねばなりません。そして「みほとけ（ウ冠り）の玉のみのりが宝《たから》」であると言えます。

かように「ウ冠り」は、宇宙の万物を言い表す、「天地人」すべてにあてはまるところと解釈したいものです。まず、天すなわち大宇宙の頂点はいつも燦然と輝ける太陽であります。母なる大地は太陽を含む天なる冠りで覆われ、種々様々な恩恵をこうむっているのです。かの阿弥陀経の一句に「有日月燈仏」という言葉があり、日も月も漢字で見る限りに於いて「仏」の字で構成されていたことを述べました。「八方世界はすべてこれ天なる冠りをおしいただき、また常に覆いかざされ、小宇宙の一天（人の脳天）を加え持って空《くう》と言うなり」の「空」などは、知恵をおしいただいた仏さまが動きまわる（にんにょう）世界のことで、「空《そら》」という文字の意味の一つの定義といえます。「エ」は、小宇宙内の天と地（二《に》）が通じ合うところに考えや知恵が出てくること、いわば「工夫のエ」ともなっています（エの文字ひとつとっても仏の字が合成されており空の文字にお三方《さんかた》のみ仏が宿されています。天地人に、また過去・現在・未来にわたって根づいているのです）。

次に、小宇宙つまり人間の頂点は、脳天を意味します。大宇宙つまり自然界の現象は、耳目を通じ小宇宙内にたえず照り返されていますが、小宇宙から大宇宙へ還元しうるものは、小宇宙の空であみ出された人の心のみです。ところが、心ない一部の人間は、自然を破壊し、自然体系の構造をゆるがし、その結果、世界的な異常気象をも誘発させています。これは憂慮すべき事柄で、とくと自然界の因果関係を理解していただきたいものです。

三番目の「地の頂点」とは建造物、つまり「家屋などの頂点」のことで、屋根の天辺《てっぺん》を含めたところの意味を含んでいます。「家」や「お宮さん」の文字のウ冠りなどが、典型と言えるでしょう。

このように、「三種のウ冠」りは、そのウ冠りの下にくる文字によって、天地人のどのウ冠りに相当するのか、考えてみればよいでしょう。

これらのことを前提にして、引き続き、「安」を見て行きましょう。

男性諸氏にとってみれば、女性がそばにいて、それも色気や香気のある若くて素敵な美人がそばにいるほどに、心安らげることには間違いないでしょう。もっとも、こういう考え方は男性中心の一方的なエゴから来る考え方であり、女性側から見れば異論が起きても不思議なことではありません。女性にとっても、男性的で包容力があり、やさしくて力持ちで、かつ現代風に言って経済力にも富み、かっこよい男性ならば、きっと心安らげるはずです。

女性の側からいえば、ウ冠りの下に男という文字があって、「やすらぐ」と読ませてもよいではないか、という意見も出そうです。でも、それはあまりに色気のない無骨でやぼったい字になってしまいませんか。なぜ、男という文字がウ冠りの下にきてはならないのか。その理由はちゃんとあるのです。それは、男性は「子を孕《はら》み生めない」という、歴然とした宿命ゆえです。

では、「女」という文字にはどんな秘密が隠し宿されているのでしょうか。簡単な文字ですが、その謎の解明は簡単ではありません。これをもう一段掘り下げて分解してみますと、「七」と「人」との合成で成り立っていることがわかります。「七」とは、「生み生まれ誕生し、凜と生きている」という意味がその根底にあります。この七を刃物の刀《かたな》できれば、「切《き》る」という文字が発生します。その結果、胴より切断された「七」は「亡ぶ事」へと変わり、命が奪われ、再び生きることなく亡んでしまうのです。だから「七」自身は、森羅万象のありとあらゆる命の誕生を意味するかたわら、それを守りつづけることも象徴するのです。

この、偉大な「女」の文字は、「生む人・生める人」のことなのです。種族維持の為にも、「子を生める女は好《この》ましく好《す》かれる」ということになります。「七」で森羅万象の生命の輪廻を意図するかたわら、これに「人」を加えることにより、人間自身も森羅万象の一員だと強調しているのです。母なる大地にいつまでもあらゆるものが生まれ芽ぶくよう、限りなき生命の発祥を指しているとも言えます。この母なる大地で、「生を宿せるもの全てを総称して女としている」のです。

一方、「男」の文字にもちゃんと「七」が入っています。「七は力《うむ》なり」と、この母なる大地をみ仏のみのりをみのらせる田に仕上げるような、鋤き耕す力を持っているのです。

この世での男女の関係は、どちらも生む（七）ことに違いはなく、天と地の関係に相当します。男も男なりの真価を発揮するように、女もまた、母なる大地が果《は》たし務めているのと同様に、「なんでも生んでやろう」という、慈悲、慈愛の心を持つべきです。

以上のように、女という輝かしい文字は本当に価値のある存在となっています。「七」と「人」とを人知れずこっそりと絡みあわせ、「生む人」とはほんとうに絶妙なる手法と言えるでしょう。昔人は自給自足の生活環境が長きにわたり続いたがゆえに、各文字が「芽が出」、「実を為して行く」が如くに、真実を内面に秘めていると言えます。

さて、「安」の真意ですが、み仏（食物としてのみのり）を生む母なる大地やみ仏の子を生める人がすぐそばにいるからこそ、心からの安らぎが得られるということです。

何分、常に大自然が相手のこと。種族を絶やすことなくやってこられたのも、限りない知恵や工夫の賜《たまもの》といえましょう。ひたすら男は女を愛《め》で、大事にいたわることに、老いも若きも努めねばなりません。女は男に比べ、自らのぞき見ることのできない未知の世界を持っています。感情的にも、単純な男性よりも、複雑な起伏を持ちあわせている分、よりよく理解してあげねばなりません。男は男なりの使命感を維持しつつ。

「人」なるも天と地の仕組みを持ち合わせているからこそ、大いに人間らしく振る舞わねばなりません。せっかく、言葉や字として表せる知恵を授かっているのですから。

以《い》（人と人、人と物との間にみ仏としての心を以《も》って）

この「以《い》」という文字は、何々を「もって」という時に使われます。たとえば、「以心伝心」がよい例でしょう。

ところで、誰が何に対し、何をもつことなのでしょうか。よく見れば、最初の二画は、農工具に使う「鋤や鍬」の如きものを表しているように思えます。「安らぎ」の文字でも述べたように、母なる大地をよりよく耕し、大いなるみ仏の恵みを得る為には農耕具を持てということになるのでしょうか。

また、よく見れば、点をはさんで左右対称に、人という字が入っているのにもお気付きでしょう。点は天であり、大いなる心を表しています。かの「幸せ」なる文字を思い出して下さい。二つの土の文字を上下に組み合わせ、その間に芽を出させ、土と土との間に芽が出ることの真意を表していましたね。今度は人と人、人と鋤き耕す農耕具とを左右対称に置き、その真中に点（天）、つまり心を配しています。結論を申しますと、この「以《も》つ」にあるなにげない一点はなにごとに対しても「心を以って」ということを示しています。常に本音の心が真底からにじみ出なければ、大いなる恵みやみのりは得られないという事です。

「仏（の心）を生む人」によって大いなる安らぎが得られたにしても、中途半端な心では自然は相手にしてくれません。「安以《あい》」を愛《あい》とし、愛《いとし》さももち、愛《め》でる境地に達してこそ、恵みや実《みの》りの芽がひとたび顔をのぞかせて、立派に育つのです。

昔人は既に、この「以《い》」の文字を通して名言しているではありませんか。もしも、すべての人間が何事に対しても心に通うものがなければ、現代に至る歴史も続いておらず、今現在の私どもの存在も不確かなものであった事でしょう。限りを尽くした知恵が無ければ、殺伐として、何の存在価値すら芽生えることもなく、昔人たちが夢みたであろう、はるか未来の世である現代まで歴史は続いてはこなかったに違いありません。まず自分の周囲をとりまいている全てのものに対し、片時も忘れることなく、心を通わせ心を以《も》って当たるということが、肝心要《かなめ》なのです。

今一たび「以」の筆順をよく考えてみれば、初めの三画までがとりもなおさず「ム《む》」に相当し、最後の二画が人で、ここでも仏さまのお姿をにおわせています。となれば、その心は慈悲。慈愛の心を「以つ」という事だといたしますと、もうこれ以上言わなくてもおわかりですね。

これらは男が女や子らを愛する時だけに限らず、母なる大地を開墾し耕す時も、また家畜やペットを飼い育てるにしても、同じことだと言えます。

また、植木いじりや盆栽を愛する方々は、育てる事の難しさをいやという程によくご存知のはず。あまりにも、かわいがりすぎるあまりに肥料や水をやりすぎれば、遂には枯らしてしまいます。逆にほったらかしにすれば、よからぬ結果をまねきます。いわば、育てる者の心次第でいかようにもなるのです。

以上のように、「安」の次にこの「以」の字が来ているのも、不思議な縁《えにし》と言えましょう。いくら、「安らぎ」なる文字があろうとも、心なくして一体何がありましょうや。心こそ、すべての事物を貫き通すのです。また無限に覆い包む事だってできるのです。三世の遠い過去にさかのぼる一方で、千年先の未来にだって心を馳せることができます。「安以を「愛」と同音で発音し、次の「宇」をあわせますと、「安以、以宇」が「愛を言う」ともなります。時の流れに芽生えてくる愛語に、不思議な縁《えにし》すら感じます。

宇《う》（天なるみ仏（ウ冠り）が地なるみ仏を芽生えさせ育む）

文字通りに「宇宙の宇」であります。単純な文字だけに解釈が難しいのです。この場合のウ冠りは、当然のことながら、天地人のうち、無限に広い天上の世界と考えられます。

天上に浮かび輝く太陽を仰ぎ見れば、太陽を頂点として見える範囲の空は冠り状と言えましょう。

昔人は、この母なる大地が丸い球形で、まさかあの太陽の周りをぐるぐるとまわっているなどとは、誰も夢には思わなかったことでしょう。日が宙空を「亘《わた》る」という文字は、天と地（二）との間を日が亘っていくように、すべてこの母なる大地が起点で、天動説的な考え方をしていたと思われます。

そうなりますと、ウ冠りの下の文字へと興味が移ってきます。ウ冠りとの関係を説き明かさねば納得がいきません。

まず天にましますウ冠「日月」の下界には、森羅万象が母なる大地に根を張り、育ち、天に向かってまっしぐらにのびています。即ち、この「宇」のウ冠りの下の文字は、ムを表す「丁《ちょう》」と「十」との合成で、大地のみ仏が芽生えている様を意味するわけです。森羅万象の命は地のみの力では育ちません。やはり、天のみ仏さまのご加護をいただいてこそ育ち成長するのです。

つまり宙天におわします神《み》仏《ほとけ》と大地におわします神仏様たちとの合力により、母なる大地に恵みを与えることになります。天地の仮和合がなせる術《すべ》です。

以上のように、「宇」は天上のみ仏が下界の地上のみ仏を育てるという、この自然界であまねく繰り広げられていることを表しており、限りなき宇宙の宇となるのです。究極のところ「天にはみ仏の冠りを戴き、地には、人を含めた森羅万象のみ仏が芽を出し、みのって行く世界」となります。こんな世界が、「宇」の一文字にいみじくも秘められ、深い味わいをかもし出しているのです。

物の本によれば宇宙は約一三八億年前に誕生したと考えられる（銀河のすべて 二三頁）、この天の川銀河系は一〇〇億年前に形成されたと記されています。この地球でさえ誕生して四六億年と推定（大辞林 一五三四頁）、人類なぞは生まれてざっと二十万年です。ああなんとはるかなる悠久の世界。その間にこの母なる大地で幾千万憶兆の人が生まれ、そして死に、あの太陽や月それに星空を眺め、この大地にひれふし、自然を愛し、己を愛し、地を愛し、恵みを得る天や地を愛したことでしょう。一人一人に与えられた命には、持ち時間の長さに限りがありますが、この生命《いのち》はなんとも不思議な縁《えにし》でつながっているのです。かの神々《こうごう》しい四聖人（釈尊・キリスト・孔子・ソクラテス）の息吹きがよみがえり、この大気を通し、頰をなでさすり、わが心を満たしてくれます。

大宇宙の現象をそっくり小宇宙に取り入れるのは無理なことです。しかし、その真髄は常に忘れることなく心掛けたいものです。かようなる考えを繰り広げるに従い、私たちは弥陀の化身たちに取りかこまれ、生かされていることの喜びを感じずにはいられません。

本当に感謝あるのみです。

衣《え》（仏心の糸で編んだ衣を誰が着るのか）

衣とは「衣食住」と言う如く、生活の基本的な要件の一つです。「衣食足《た》りて礼節を知る」という、「生活が楽になれば、自然に道徳心も生じ名誉を重んじ恥を知るようになる」という立派な格言もあります。

また、単純な「身にまとうもの」や「着るもの」もあれば、インドの僧侶の大兄が着る「糞掃衣《ふんぞうえ》」といって、「糞や塵のように捨てられたぼろ布を洗い、つづって作った衣」もあります。また、僧尼が身にまとう「法衣」などもあります。

太古の昔では、生地といえば一本一本の糸をつむぎ編まれたものだったはずです。植物性繊維やカイコの繭から得た細い糸を手で撚りあわせて、立派な糸に仕上げ作ったことでしょう。

人がもとの「糸」をそれぞれの原料からつむぐ時、自然神が持つ素直な心に溶け込み、欲望や邪念を捨てなければ、品質のよい糸は仕上がらなかったことでしょう。また、懸命につむぎ上げた糸を生地状に織り上げる時も、ゆったりとした心で、かつ、心が通いあわなければ、上物は織ることができなかったかと想像できます。女性の忍耐強い手作業が織っている間中続き、その努力が完成時の安堵のほほ笑みへとつながるのです。

この「糸」なる文字と「衣」なる文字とが神秘的で不思議な縁《えにし》で結びあわさっていようとは、知るよしもありませんでした。「字」が仏なる文字であることのあかしをまざまざと見せつけられ、悠《はる》かなる昔人の畏れ多い心根をのぞき見たようにさえ思えます。まず、「糸」なる文字は既に申しましたように、「仏心」と書かれております。その筆順を辿れば最初の二画が「人」で、次に「ム」が出てきて、最後に立心偏の「忄」、つまり「心」で締めくくられています。

なぜ、この仏心が糸なる文字になるのかと言えば、糸がつながったり、糸で結ばれたりという概念が、仏心に通じるからでしょう。誰しも、心に神仏《みほとけ》を思い起こしたり、この世を去った先祖や、なつかしい知りあいの方々を心に思い描いた時に、自らの心とその対象となられた方々との間に、目に見えない糸（つまり、仏心）がしっかりと、結ばれることになります。俗に言えば、以心伝心も実によく似た現象と言えましょう。

この糸偏なる文字をもう一度よく理解しておいて見て下さい。

一本ずつの「仏心」を表す「糸」で編まれた完成された「衣」の文字とは、一体どのような意味を持っているのでしょうか。無論のこと、「仏心の糸」で編まれた「衣」なれば、もう、仏心の域を越えて、「完成された仏さま」が宿っていなければなりません。まず「亠（なべぶた）」はそれ自体で「人」を表します。「充《み》ちる」などは、なべぶたとムとの合成で、それ自体で仏さまを指しております。それに「にんにょう」の人を付加することにより、「人というものは常に仏をかかげることにより充ちる」事を表していますして、仏さまが人に充ちてくればもう、「充分」なことでしょう。

人類が長年の歴史に於いて、恥じらいを知った時から、布状のものを身にまとい、衣を作り始めたのでしょう。そんな当初から「仏の概念」がすでに形成されていたとは、誠にもって恐れ入る次第です。「衣」のなべぶたの次の二画は「ム」を逆さまにした文字で、最後の二画が「人」を表します。仏心の糸でき上がった衣には、立派な仏さまが鎮座ましましておられるのです。

以上のように「衣」にも仏さまが宿されていますから、人々の心そのものを完成された仏心で覆い包めば、慈悲や慈愛なる高貴な心を響き奏でさせることでしょう。なにも高価なる衣を買い求め身にまとわずとも、心に大いなる法衣をまとうことだけで、心が苦汁で満ち、苦悩で犯され、厄にみまわれ、わずらったりすることを避けられます。絶えず身が浄められ、大いなる安らぎを得られるはずです。

時には病魔におそわれたり、大きな精神的打撃を受けた不安定な状態でも、目に見えぬ仏心の糸を持ちあわせ得た時から、神仏の冥護力や仏の加被力に助けられるのです。そんな仏心の「糸」を、「衣」にまで仕上げて自らの心にまとえるならば、もう一切の欲望や恐怖から逃れられ、菩薩の域にまで達せられることになりましょう。

このように、「衣」とは物質的な世界では体にまとい着るものではありますが、精神的な世界では、心そのもの自身を衣で包み込むということの大切さを意味しております。

心にまとう衣を保てる人は「褒《ほ》めて」あげねばなりません。逆に、依頼心の「依」の如く、人の衣を当てにするのでは困りものです。

この衣《ころも》が衤偏へと華麗なる変身をとげて行くのも、ある種の神や仏のご加護さえ感じます。

ついでに、糸にちなんだ文字がこんな字があります。それは「綻《ほころ》びる」という漢字です。縫い目の糸がしっかりと定まれば綻びるはずがないのに、「綻《ほころ》びる」となるのはなぜでしょう。もうおわかりいただけましたか。この場合の「定」は「定まらない」と否定の意に理解するのです。せっかく編んだ衣が綻びてくるというのは、「仏心の糸が定まっていない」からというわけです。しっかりと仏心《ほとけごころ》を持って縫わないと、そういう結果になります。やはり、何事も丹精を込めて仕上げることが肝要と言えましょう。

於《お》（人なる者の心にみ仏の心をおいて）

このような文字にも、ちゃんと仏さまが鎮座ましまして居られます。

昔、母からよく聞いた話ですが、私《わたい》のおじいさんは、道行きで困った「方《かた》」を見つけては、家へ連れて帰り、よく食物をわかち与えたそうです。ぎすぎすした今の世の中では、とても考えられそうにないとも思えますが、形は違えどちゃんとそのような立派な心掛けを持った方々も、たくさんおられるようですから安心できます。たとえば、あの阪神大震災でのボランティアの方々の骨惜しみないご活躍。そんな「方」の字にも仏さまが宿されているのです。

この世の生命《いのち》あるすべての存在が神仏《みほとけ》様より下されたものであるだけに、「宇」の文字でも述べましたように、天上のみ仏さまは地上のみ仏さまを育て養う道理となっています。理性を持つ人間の脳天で考えた能動の行為は、とりもなおさず天からのみ仏の行為であり、時にはその恩恵に浴しようとする受動の行為は、地上でのみ仏の行為です。なんの欲得や恥もなく仏さま自身も助けあわねばならないことになっているのです。

だから「相互扶助」のお「互《たが》い」という字も、しっかりと仏の字の「ム」で上下に結びあわされいるでしょう。相手がどんなに立派で偉い方であろうと、またどんなにみすぼらしく貧しい方であろうと、お互いにしっかりと裸の姿で結びあわされねばならないことを、この文字は力強く訴えてきます。

さて、この「於」の文字は、辞書には「何々という場所でとか、何々という時（場合）にだとか、何々について、何々に関しては」等の意味として用《もち》いられると解説されています。字を見る限りでは、一体どの様な真実を表象しているのか難しく思えます。

まず、「方」なる文字に注目してみましょう。結論を申し上げれば、「衣」に「仏」の文字が宿されていたように、この「方」の字をよく見据えれば「仏」の字が変形されて入っているのに気づかれましょう。ここでもなべぶたの「人」の下に、「ム」が変則的なる姿で組み込まれているのがわかりますね。実に華麗なる変身。つまり「方」とは、完成された仏の方向に向かうという事を表しています。ここでも、「衣」の字にあった仏と「於て」の文字の仏とが奇しくもつながりを見せ、深い縁《えにし》が感じられます。

ではちょっと余談ですが、物事の中心を衝《つ》く核心の「核」を読み解いた結果をご披露いたしましょう。「木」偏につきましては既に述べたように、人の生涯におきまして、死ぬまでの間に最低一本の心の木が同時に成長して行くことを表しています。だから「核」の字にある「木」も、人が終生にわたり持ち続けることになっている心の土壌から育つ木のことだと言えます。

なべぶたは当然人を表し、その下にムの変形と人とで、仏の字がここにも宿され息づいています。つまり、人の心の木に仏さまが宿っている部分が、心の中心で核を形成しているということがわかります。

この核なるものを心の奥ひだに秘め、いぶし銀の如き光沢を放ち、慈悲あるやさしさのあるねぎらいの言葉をなげかける人は、多くの人々をなごませます。そんな方のことを「仁《ひと》」と言います。改めて「奈仁奴禰乃《なにぬねの》」の項に出てまいります。

このように、心の中心の位置に、み仏さまの精神の真髄を宿した「核《かく》」が宿り始めますと、立派な人柄を持った人格の上に「仏格」の相がそなわり始めてくるのでしょう。

さて、折角でき上がった「核」に、刀《かたな》の意を持つ「りっとう」を添えれば、「刻《きざ》む」という字となります。母なる大地で成長し育ったみ仏の恵みである食物を切り刻むのは結構ですが、み仏の心を持った人に刃《やいば》をむけることはいけないことです。りっとう（刂）をつきつけ、毒舌を浴びせ、無理無体なまでに相手をそしり、あげくの果てに人の心を傷つけてはいけません。また、自身をいつわりあざむく行為をもって、折角でき上がった心の核を切り刻んでもいけないのです。やはり刻むのは物に止めておくのが、一番自然でよいことなのです。「核」と「刻む」のご縁もここまでにしておきましょう。

さて、「於《お》」について続けましょう。この字の難しい部分は右側です。上の傘のような字は「今」や「会う」等の文字にも含まれていますが、「ひとやね」や「ひとがしら」と言いイ偏《にんべん》と同じ意味を表しています。さらに、右さがりの部分と真下二つの点々で立心偏（忄）の心が斜《なな》めに寝そべっていることになります。

そんなわけで、「於《お》」の字が表していることとは、「仏さまという方を人の心に於《お》いて」となります。いついかなる機会にも、み仏さまとの出会いは可能なわけです。人間の心の所在は一体どこかと言えば、無論目には見えない闇の中です。しかし、その中でしっかりと息づいています。文字通りに閉ざされた天と地の広い空《くう》の間に心がよこたわり、心の土壌に根づいた素晴らしい知恵や考えは、空間で成長します。ついでながら「人が天と地に根づく」のが「今」で、「人が魂の字にあったみ仏にお目文字《めもじ》できる」のが「会う」という字です。

「於」についての事柄をまとめてみましょう。日が明るく照り輝き、燦々とみ仏の光が降りそそぐ昼日中に、昔人が田や畑をせっせと無心になって鋤き耕し、手入れする為に行ったり来たりしている情景を思い浮かべてください。そんな無心な行いに満ちた時に、慈悲あるみ仏がそっとしのびより、全体を包み込み見守ってくれています。

常に骨身を惜しむことなく身を粉にして懸命に働き、何事に対しても真剣に取り組み励んでこそ、より豊かな収穫を得られ、母なる大地と気脈が通じ、円満になります。そして、感謝の念は次第に神仏への祈りの世界へと発展するのです。

＊

かくの如く、「安以宇衣於《あいうえお》」の五文字には、共通してみ仏さまのお姿がかいま見られます。「安《あ》」はみ仏を生める人は心安らぎ、「以《い》」は何事に対しても（み仏の）心を通わせ以《も》つことが大切で、「宇《う》」は天なるみ仏が地なるみ仏を育て、「衣《え》」は人なるものは心のうち懐《ふところ》にみ仏を宿し、心に法衣をまとい、「於《お》」は常に心はみ仏の方に向かって行くことが肝要だと諭しているのです。「宇」は宇宙のことで、現実に今ある世界のことだから、「この世」と解釈して、さしつかえないので、「安らぎとは、この世で仏心の糸で編まれた衣（法衣）を以《も》ち身にまとう事である」と翻訳できます。

また、衣には、肌身に着ける衣の他に、仏心の糸で編まれた衣、即ち信心信仰の糸で編まれた衣があります。この衣で心を包み込み、慈悲なる心を養うのです。言葉を変えて言えば、「大いなる安らぎを得るということは、仏心を積み重ねた上に衣を着て、信仰を以つことで、それがこの世で大切な事だよ」となります。

以上、「安以宇衣於」の冒頭から、我々の想像を超えた語句が飛び出してきました。これらのわずか五文字だけでも、安以宇衣於の大いなる世界観の片鱗がうかがいしれます。昔人の計りしれない度量をまのあたりにしたような気持ちにさせられます。

加《か》幾《き》久《く》計《け》己《こ》

加《か》（み仏のみのりをふやすことに力せよ）

この文字は、「力と口」とが仲よく寄り添い、「加《くわ》える」とあります。何をどのように加えるのかはわかりません。

母なる大地にまく種子（口）から、人（の口）が食べる実《みのり》（口）になるまで育て上げるには、骨惜しみのない力を出すことが大切なのは言うまでもありません。

時には、人が精魂こめて耕した田畑に、自然の猛威が容赦なく襲いかかってきます。それも、なんの前触れもなしに。それでも嵐が通過した後はひるまずに再び農耕に励み戦わねばなりません。これでもかこれでもかと脅威がくり返しやって来ても負けてはならず、ひたすら忍の一字あるのみです。

暑い夏の日照りは旱魃を誘い、冷たい夏には冷害がやって来ます。収穫の秋には神風ならぬ野分（台風）がおとずれ、田や畑に被害をもたらします。そんな時にでも、昔人たちは音《ね》をあげて屈したりすることなく、ただひたすら黙々と忍の一字で苦難を乗り越えてきたと言えます。

「加える」の「口」は、最初の二画がみ仏のムで、最後の一画が大地を表す「一」です。「口」は当然、食べ物の実《みの》りを表しており、その実りは働く「力」によって生まれ、収穫されるのです。この「力」は「七」の字がひっくり返して使われており、実りを生ませる時に出す力です。時には、大きな実りを成就させる為に複数の人たちの力が必要となり、一致協力してこの力を出さねばなりません。しのびよる飢えで口が干上がらないようにする為にも、誰しも力を出し惜しみせず、協力して物事に対処しなければなりません。

加えるとは前向きな昔人の壮観な姿の現れといえるでしょう。

また一方、「口」とは、心の中で思い考えていた事柄の真実を言葉で表現する出口でもあります。飲んだり食べたりする他に、自分以外の相手に本音や真価を語りあかすところです。「人の口に戸はたてられぬ」と言いますが、尾ひれをつけ吹聴《ふいちょう》する輩《やから》の何と多いことか。やはり、心の中で思ったことを正しく語り（八正道の一つの正語）、心の土壌を鋤き耕した田にできた実りである知恵が口からほとばしり出るわけですから、心が重要なのです。語り話す言葉も心ゆえに迫力が増すものと思われます。

　言偏の時に既に述べましたように、頭で考え心に思った事柄をまるごとずけずけと出し尽くすのはよくないことで、それも大中小の中（中庸）ぐらいが最適とされています。すべてを語る必要がある場合には、心底から打ち明けるべきです。まして相手が大きな悲しみに傷つき打ちひしがれている時など、目にはやさしいまなざしを浮べ、言葉には愛（安以）を込めて語ることが大事です。口先だけで言ったり、お腹《なか》の中と違うことを言ったりすれば、良識のある人には見抜かれてしまうものです。

　また、人の心を傷つけるような言い方は慎まねばなりません。聞く側も、いつも心を耳もとに常駐させておくべきです。聞き入れたことをよく咀《そ》嚼《しゃく》して語らねば「恥」の上ぬりにもなりかねません。

　見たり、聞いたり、話したりすることがいかに大事な事か。身の品位にまでかかわってきます。なぜ、この「加える」という字の解釈に、眼や耳や口の話をしなければならないかと言えば、目もと、耳もと、口もと等の各々に、心の持つ六種の働きや作用である六識の入り口と出口が備わっているからです。

大地にまいた種子（口）に力を添えてやれば、ひいては豊かなみのりを得ることができ、結果的にも豊作となります。力を出すも出さぬも自らの心次第で、他の人の力にいつまでも頼っていては、自主独立はおろか、自らの口《み》は、みひらくこともできず、いつまでもかたくなにとざされたままです。加幾久計己の己のように、決して己に目覚めることができません。

やはり、口《み》（身や己）に力し、自己なる存在を正しく照見してこそ、正見が得られるのです。このように「加える」ということは、とりもなおさず次から次へとみのりを生み増やし備蓄していくことです。「備えあれば憂いなし」という如く、心に豊かさを生みます。「口《み》」がひらいて「己」となり、この己に目覚めてこそ、成長過程の原点となりうるのです。「互い」の字が、二つのムの組合せで相互扶助の精神なら、この「己」も二つのムであり自他一如を意味するのでしょう。

頭上にふりかざした鍬をどこにうちおろせば豊かな実りを得られるのでしょうか。それは世間の荒波にもまれ、欲望のるつぼと化している荒涼とした心の土壌に、です。年老いて気がついた時は、気づかぬよりはましとはいえ、手おくれとなる場合が多いものです。心して早くから心の土壌を鋤き耕すことが肝要です。

どのように鋤き耕していかねばならないかは、次の「幾」が語り明かしてくれるでしょう。急げ急げとあわてふためき急ぐにあらず。心ここにして急ぐことが、正しい道を切り開いて「幾《い》」くこととなるでしょう。

幾《き》（人なるものは仏の道を切り開け）

この文字を、「幾《いく》」にとどめて読む場合には、接頭語となり、幾山河、幾歳月という例が挙げられます。「幾《いく》ら」と、値段や数量、時間や分量を尋ねる言葉にもなります。

この漢字をいつもの天眼鏡でよく見れば、次の三つの文字の構成が浮き出てきます。「丝」、そして「人」、最後に「戈構《ほこ》え」。

「丝」は糸の上層部の「幺」を並列的に書いてあり、当然、二つのみ仏さまを真横に並べてあるものと解明できます。この「幺」一字を使ったものに「玄人《くろうと》」の「玄」があり、その意味は「奥深い」ことです。「衣」にみ仏が宿っていたように、この「玄」にもみ仏さまが見事なまでに居座っておられます。僧衣や法衣を肌身離さず着用し、仏門に帰依しておられる方々は当然のこと、一般在家にも「玄人《くろうと》」はだしの人が多くいて、そういう方たちはこのどろくさい娑婆や浮世の世界を、まるで「幽玄」の世界を夢見ているように散策しておられます。「幽《ゆう》」とは山の中の奥深い所に仏たちがまつられていることです。

仮に「衣」の完成品を、「玄」なる文字につなげてみれば、「衣玄《いげん》」となり、「威厳《いげん》」すら感じ、衿をただす思いです。先頭に立って大勢の人を引き連れて行くともなれば、この「玄」が「率《ひき》いる」ことになります。

「慈悲喜捨の四つの無量なる心」が「玄」をぐるりと取りかこみ飛び交い（四点）、どんどん芽生える（十）からこそ、何も言わずについて行けるのです。この世で最初に多くの友輩《ともがら》を彼岸へと率いていかれた方は、「お釈迦」（迦とは祈りをどんどん続けていけばみ仏のみのりが増えてくるの意）さまだったと信じています。

次に「慈悲」の「慈《いつく》しむ」となれば、「玄」の心を持った人を二人並列しており、傷ついた人々をやさしくいたわっている様子がうかがえます。「仏、仏の心」がどんどん芽生えていって「慈しみのある心」になるのです。「ぶつぶつと不平を言う」のでは決してありません。

さてここに、「楽しい」という文字があります。旧字だと「樂」です。心の木が立派に成長をとげ、その木に純粋無垢なる悟りの白い花が咲き（お釈迦様が入滅された折、沙羅の木に一せいに悟りを表す白い花が咲いたとか、沙羅双樹が鶴のように白く枯れはて変じたと言われています）、その白い花々のまわりにみ仏の姿をした天女等が舞っている光景が目に浮かび、楽しい限りです。

この樂しい心の状態が、より一層芽ぶき茂ってくれれば、樂の字が草冠りを賜り、「薬《くすり》」という文字が生まれます。なぜ、心に木が育つのでしょうか。その時々の心の気分は「気持ち」へと転じて、外に姿を現すこととなり、その「気持《きも》ち」は皆、「木持ち」の樹から飛来されてくるからです。

「釈迦」の「釈」や「如来」の「来」には、この「心の木」に四つの無量なる心を持った「米」なる文字が合成されています。米なる文字は四つの立心偏で形づくられおり、お釈迦様の完成された究極の心である「慈悲喜捨」がそっと埋め込まれ、息づいているのです。

人間が持つ小宇宙内の「母なる大地（女）に米としてみのり（口）がやって来た人」だから、「如来《にょらい》」と呼ばれるのです。この母なる大地とは当然、くもりやかげりやにごりのない、完全無垢にまで鋤き耕された心の土壌を言います。

何十年かかろうと心に一本の木を育て上げるべきで、信心信仰や知識の習得により心の土壌を鋤き耕し始めることを急がねばなりません。かのお釈迦様でさえ、もとはと言えば大昔の仏さまたち（過去七仏）が歩まれた同じルートを、切り開いて歩み行かれたのです。

人なるもの、苦しいながらもまずは心の土壌を鋤き耕し、仏の道を歩み行くことが先決です。こういう方々は世の中に「幾ら」居られるのでしょう。

この「幾ら」の字に組み込まれている「人」は、既に心の土壌を鋤き耕し仏の道を歩も

う と決意した人です。こういう方は「後」という字が明かしてくれているように、「人々（行人偏）は腰が曲がるまでにみ仏さまを受ける」ことができるのです。

かの法然上人さまが、「南無阿弥陀仏」の六文字を一回でも唱え始めた時からみ仏の救いの手は差し延べられてくると言われていたことが、今更ながらに思い出されます。この「幾」なる文字に、しっかりとその精神が当てはまるような気がしてまいります。

さて、次に「戈《ほこ》構え」ですが、これはいわゆる手斧や、小型のまさかり等を手に持った姿です。命の燃焼と力強い意志が入っていることに気づかれましょう。意志あるところに心が通い、切なる願いや望みも次第に通じてくるからおろそかにできないのです。

この「戈構え」の入った文字を簡単に見てみましょう。まず「深い浅い」の「浅い」の旧字は戈構えが二つも入った「淺い」です。心の奥深くに進んでいくとすれば、この戈を数回程度使っただけでは、あまり深くには進めないのです。

心の土壌では、この戈で心の中の雑草や灌木をなぎ倒し、新天地を切り開いて行かねばなりません。

大宇宙の自然界と人間がおりなす様々な現象は、人の中の小宇宙でも繰り広げられます。自然界での行為の数々は、小宇宙内の天と地とその空間で、眼球を通した反射行為として、次から次へと飛びこんでくるのです。まとまりのない心を一貫した心情にし、常に平常心を身につけられるよう心を切り開き鋤き耕して行かねばならないのです。

澄みきった深淵なる心など初めから備わっているものではありません。様々な知恵の習得や信仰の世界へのひたむきなる心から、思慮分別が次第に深くなっていくわけです。その為にも、「戈」で何度も切り開いて行かねばならないのです。深い心の淵《ふち》の底に到達する方法は、人それぞれ千差万別です。事故や大病に遭遇したあげくの果てに九死に一生を得て、黄泉《よみ》の世界から翻って生かされたり、極貧の世界から立ち直る人もいます。あるいは、修行による克服や肉体上ぎりぎりの限界までの断食、そして一心不乱な念仏の読誦《どくじゅ》等、様々な方法があります。

ひとたび心の奥深くまで道を切り開いてしまえば、そこがいくら深淵な世界であろうとも、心静かなる瞑想にふければ即座に辿りつけ、すぐにその域にひたれることになります。このように一度切り開いた所は日当たりも風通しもよく、それによく鋤き耕せば水はけもよくなり、良い芽が育ちやすい心の土壌となってくるのです。

ところで、ここに「成る」という文字があります。かの「方」が「仏」に向かっての方角であったように、「成」は「ム」を意味する文字としての「ㄌ」と「戈」とを組み合わせています。ゆえに「成る」とは、生きているうちに「仏に成れる」ように切り開いて行くこととあい成る次第。「成仏」は死んで仏になってしまうことですが、成るとこは生きながらのみ仏で、菩薩や生き仏の姿を人格の中に形成します。仏格としての容貌を、徐々に身に備えてくることになりましょう。すでに人格が備わっておられる方に仏の精神が加わり始めると、内面が慈悲や慈愛で満ち満ちて玄人化《くろうとか》され、仏格化した風体が備わってくるとされています。

こんな意味あいでの成人は、次第に聖人としての風格を持てる人になっていかれることでしょう。また、み仏のみのりを成すことも成功のあかしです。

さて、「幾」を総合的にまとめてみましょう。「人なるも、仏と仏との間、つまり仏の道を切り開いて幾《いく》こと」となりますか。こういう「幾《いく》」にたずさわってゆける人の数は不特定多数で、「数量、分量、時間等の程度の多少」の意味を持つところが興味をひきます。

心の木の意味を持つ「木偏」に、この「幾」が寄り添い、「幾《いく》」ことが、「機が乗じてくる」事です。何をするにつけても頃合の良い時となり、「人が天地の仏に会《あ》う」ことの「機会」も、まずはこの「幾《いく》」ことから出発しなければなりません。

「幾《いく》」時間やその機会が多くなってくると、その「幾」べき行為を行っている人の心の土壌に、おのずと実りがなされるでしょう。沢山の実りを成す田にまで開墾されると、この「幾《いく》」が「畿《き》」にとって代わり、世の人々の為に重宝がられることになります。

心して幾《いく》ことが肝要です。はてさて、幾ばくの時間がお互い残っていることでしょう。

久《く》（久は長寿の人なり）

永久に、悠久の昔、恒久的平和等と、「久しい」ということは長い日数や時間が経っていることを表現しています。この文字自身が「人のある時期のある状態」を元来表しております。

この「久しい」は基本的に「ク」と「人」からなっています。「ク」自身が「ム」の逆字や「腰の曲がっている姿」を表しており、それに「人」を添えることで、「仏や腰の曲った老人」の意味になります。もっとも、現代は大昔と違って、豊富な食べ物や医療技術の発達で、お年寄りでもほとんどの人が腰が曲がっておらず、矍鑠《かくしゃく》としておられますが……。

この「ク」をよく見ていただければ、背や腰の部分が曲がっていて、その分、顔や頭が前面におし出されています。その度合が進めば、杖を用いないと歩行が困難となってきます。そこまで長い時間や日数に、さらに「人」を付加することにより、「久しい」という文字ができ上がります。

さらに、受ける意味を表している「又」（生むも力なり、受けるも力なりと、すべてこれ七が又や力の起点字となっています）をこの「久しい」の文字と合成すれば「ふゆがしらの夂」が成り立ちます。「愛」や「冬」や「後」の文字の中に組み込まれ、「腰の曲ったお年寄りがいつでも受ける」という意味を表します。「愛」は、「人々がいくつになってもみ仏の心（ウ冠りと心）を受けたい」という意味です。お年寄りたちにとっては、金銭よりも人のやさしい心のこもった言葉やいたわり、ねぎらいがなによりです。「愛」とはいつまで経っても受けたいもので、年齢など関係ありません。まして神仏《みほとけ》からの愛は、他に勝るものはなく、まさに超越した価値あるものです。この世に人間として生まれ出てこられたこと自体を素直に喜べる方々なら、自然の愛に包まれ心豊かに暮し、この世の有意義なる存在となるに違いありません。

農閑期である「冬」。その字は「お年寄りが慈悲の心（点々の部分）を受ける季節」を意味しています。なぜならば、春夏秋と農作業に忙しかった家族も、冬には家の中で暖をとりながら、年寄りをいたわりねぎらえるからです。

さて、もとの「久しい」の文字に戻りましょう。この「久しい」の人の部分がクの外側ではなくクの中に入ってしまえば、「夕方」の「夕」に変化します。お年寄りとは「人生のたそがれ時」にさしかかっている人のことで、みのり多き豊かなる心を身の内に持ち合わせています。この年齢にさしかかるまでには幾多の艱難辛苦をなめつくしたことでしょう。

日没寸前のたそがれ時は、一日の就労に対しての労をねぎらう時間帯です。身の安全や一日の収穫を謝すなど一日中で一番心の使いようが多い時といえます。

また、「腰が曲っているク」と「内奥から外側へむらむらとにじみ出てくる巴《ともえ》」の字とを合成したのが「色」です。「雀百までおどり忘れず」の一面をのぞかせることにもなります。これは誰しも生まれながらにあることで、またこの「巴」が肉月の成長をうながしている証《あかし》ともなっています。青いトマトが巴《ともえ》の現象で色づいて行くように。

娑婆の世界で起こり身を浴《よく》する様々なる「色」（欲望）は、仏心《ほとけごころ》をもって「絶《た》つ」ことができます。つまり「糸の仏心で色の源泉となる巴を刀《き》るのです。この巴《ともえ》という字は「化身の化」にある「匕」を二つ上手に組みあわせて作ってあります。み仏の化身でもある人や作物がどんどん成長する過程に於いて、マグマの如く内側から外側へ色づいていく現象をとらえているのです。

神仏につかえる求道者や修行者は基本的に、まずこれらの欲望を絶つことから、険しい修行の道が始まります。まして、私ども在家は「腰が曲る（ク）までに、み仏が心に居座るように心を鋤くこと」を「急《いそ》」がねばなりません。

「後先《あとさき》」という文字があります。まず「先」とは、「人」と「土」と「元の下の文字」との組みあわせです。つまり「人の心の土壌にみ仏を思い浮かべ芽生えさせることが先」で大切なことだと諭《さと》してくれているのです。そうすれば「後《あと》」のように、「人々はみ仏というものを年がいってから心の中に受けられますよ」と言っているのです。実に巧妙な理論です。信心や信仰が薄ければ神仏《みほとけ》からの加護や冥護力は乏しく、それだけ人生の妙味や喜びは少なくなってしまいます。善は急げです。

さて、この腰の曲がった「ク」とよく似た文字に「勹」（つつみ構え）があります。この文字は人の二画目が大きくくびれ、まるで腰が曲って内側にあるものを包み込むように書かれています。やはり、変則的ではありますが、「仏」の意味が組み込まれているのがわかりますでしょうか。人は年齢とともに、腰がくびれ曲がって、寡黙《かもく》になってゆくのです。「包む」とは何を包んでいるのかと言えば、己（自分）を包んでいるのです。老人とはえてして、にがい体験や経験が豊富な割には、あまり己というものを外側にさらけ出さず、表情や感情も若いころと違ってあらわにはしません。このように「包む」とは我が身である己をすっぽりと包み込み、あたりの状況や環境が変わろうが、無関心の体を装っているのです。

「勺」とは、老人が大地にかがみ込んで腰までひざまずき、両の手で覆い包んだ程度の分量です。辞書にも「一坪の百分の一が一勺」とあり、畳二畳の百分の一ほどです。それ程に老人はあまり動こうとせず、ひと所でじっとして鎮座しておられたのでしょう。

燭台の「燭」の文字には、老人が羅（信仰）の世界に思いふけり火をじっと見つめ眺めている光景が浮かんできて、無常観が漂います。また、勾配の「勾」とは、辞書には「かたむく・まがる」とあります。腰の曲った域に入った人は、自然と仏の（ムの）世界にかたむき始めるという事です。この場合の「勾」とは、年相応な自然なる仏（信仰）の世界への傾斜する勾配です。

さて、「幾久《きく》」は「聞く」にも通じます。幾久しきにわたり正しく聞き続けることが大事です。「お前百までわしゃ九十九まで共に白髪のはえるまで」。この加幾久計己の命運にも、滔々《とうとう》とした大いなる時の流れが感じられます。暁に昇る太陽、皓々《こうこう》と澄み渡る月の光、流れる雲にそよぐ風。これらは昔ながらの風物詩です。かの平家物語の出だしの名文も思い出されてきます。

さて、この「久しい」の文字には、親戚の字があることをお話しておきましょう。この「久しい」の中にある人の位置がクの中に入ってしまえば、晩年やたそがれ時を意味する「夕」になることは述べましたが、もう一字あります。「欠ける」という漢字です。

この文字を例によって透し見ていただければ、「糸」や「衣」、「玄」や「慈しむ」、そして「樂しい」の文字などに入っていました「仏」なる文字が宿されているのに気づかれましょう。最初の二画が仏のムをひっくりかえした「ク」で、最後に「人」で締めくくっています。「久しい」という字を真中から欠けさせていますね。天寿を全うし仏様となってまぎれもなくこの世から「欠ける」ことで、来世や極楽への掛け橋をつかさどる文字なのです。誰もが彼岸に辿りつくように。漢字とは不思議ですね。

同じ考え方が「至る」という字にも入っています。「心の土壌に仏が宿る」ことを表しており、まさに、「至誠天に通ず」といきたいものです。

計《け》（芽生えみのったみ仏の心を言え）

「はかる」とは「物の数や量をはかる」とか「人の心や真意をはかる」などと辞書にあります。また、「一年の計は元旦にあり」とか、「百年の計」の様に、物事を企てるという意味にもしばしば用いられます。

熟語の「計算」ともなれば、「算」の文字にも興味が持てます。「竹」が母なる大地に広くかつ深く根を張り、威勢よく節目から節目まで真直ぐに伸びています。その色合いは、いついつまでも新緑のさわやかな感じを与えてくれます。竹林の太い青竹の雄姿は、悠久の世界に向かって伸びる何と見えぬ趣や、風情さえ感じさせてくれます。こんなに見事に育った竹を数えるにしても、やはり一つ二つと目で数えていきます。従って、この「算」

も、「竹と目と草冠り」とで合成されているのです。

さて、もとの「計」に戻ることにしましょう。右側に位置している「十」とは、「天と地の意味を持つ漢数字の二がお互いに交わるところに芽生えが生ずる」という草冠りの原点です。特に「男（天）女（地）の交合」により、体内に子を孕《はら》み、身籠れば、「十月十日」を経てこの世に生まれ出ることになっています。このように、「十」とは芽生えている状態やすくすく育っている状態を表しています。「心を持って芽生えている状態が寸」で、この「寸」も「十とムと点」の組み合わせです。ほんのひと時の長さや、芽生えた部分の寸法を言うのでしょう。つまり草冠りの一つの状態です。

また、「言う」とは既に述べたように「み仏の（実りの）心を言う」わけです。鋤き耕し続けていた心の土壌に仏としてのみのりが得られるようになり、そのみのりの本当の心、つまり「慈悲喜捨の精神」を、他の人に救いの手として差し延べるのです。基本的に、そういうものが、いくつ心の土壌の中で育ちみのっているのかを「計る」ということになります。

人というものは、仏の道を切り開いていくこと久しければ、徐々にではありますが、心の土壌に生き仏としてのみのりの精神が宿り、そのみのりある誠の心を口にすることが可能となります。「危《あぶな》い」ことを言えば「詭弁の詭」となります。まやかしの心で欺《あざむ》かれたり、言葉たくみにのせられれば、悪事に誘われる羽目にもなるので注意が必要です。「一年の計は元旦にあり」とは、自己の心の成長具合を計り、企てるということに相通じます。今更ながらに深い味わいを持つ言葉で、心改まる思いがします。百年の計を念じた昔人の悠久の心には、感無量です。昔人曰《いわ》く、「日々これ好日」。一念発起といきたいものです。

この「計る」ということは、おしなべて、「自分が自分をおしはかる」という意を含むと同時に、他の人が自分の人間としての価値を値ぶみして計ってくれる意もあります。人を欺《あざむ》き騙《だま》すことは、とりもなおさず自分の心を自分が蔑《さげす》み粗末にし、自らを偽り欺く事から始まります。何らかの形で人に迷惑をかけたり、人心を傷つけたりすることは、すべて自分にはねかえってきますから、心しなければなりません。

過去に、自らがなした良くない行為は、因果応報という恐ろしい代償となって災難の如く降り注いできます。自分自身に降りかからなくとも、子や孫に、子々孫々にまでその報いは、襲《おそ》いかかってきます。そうでなければ正直者は馬鹿をみることになり百年の計も論じられません。

今の世のいじめっ子は、弱い子どもをいじめているのみならず、いじめっ子自身の両親をもいじめる羽目となります。これは、飼犬に手を咬まれることと同様の道理です。自ら生み落とした子らを心をこめて育て上げねば、ひょんなことから大きな不幸や災いとなって返ってきます。

いつの世も、正しく真直ぐに成長している者こそ勝利者なのです。でなければ、この世の神や仏の存在も無意味となってしまいます。人間一生死ぬまでが勝負です。人生の終末期に不幸や災害に見舞われないよう、お互いに心して、よきご利益《りやく》に恵まれるよう計《はか》ろうではありませんか。

己《こ》（自己に目覚め見開くは己れなり）

己とは自己のことです。頑《かたく》なに閉ざしていた自らの身（口）がみひらいた者を言います。未《いま》だみひらきもせぬ者は、自己というにはほど遠い存在です。自己をよりみひらかせていくには、まず別のもう一人の自分が、今ある自分を照見（正見）することから始めねばなりません。自らが、もう一人の自分を生み落とし、立派に育て上げねばならないのです。辞書に「己」とは、「その人自身・自分・お前・なんじ」等と書いてあります。「お前・なんじ」とあるのは、もう一人の自分を含めた意味と解してもよいのではないでしょうか。また、自らと他を慮《おもんぱか》っての自他一如の精神から来ているとも推察されます。

不思議なことに、この「己」という文字は上から見ても下から見ても同じ形です。つまり、己れがお前で、お前が己れとなるのです。「自らの痛さを知って、人の痛さを知れ」という諺もあるくらいです。それ程に、自分と相手とのつながりは深いのです。「自他一如」と言うが如くで、「人」という字が天と地との二画にて構成されている由縁《ゆえん》です。大宇宙の天（A）と地（B）、人間の内面に有する小宇宙内の天（a）と地（b）が存在しておりますが、AとBの組み合わせやaとBとの交わりであっても、支え合うべきです。また自らのaと他人のbとの支え合いや逆も真で、これらの天と地との支え合いが人なる字を構成しているのです。その意味をとくと理解してください。また、人の心の真情というものは、自然の心にも写し出されるのです。

一方、人の心の中にひそむ業というものには、善なる仏と、それにことごとく逆らおうとする天邪鬼《あまのじゃく》ならぬ青鬼や赤鬼等が共に鎮座し、同じ塒《ねぐら》のなかに棲んでいます。これをまとめた字が「魂《たましい》」という漢字で、左が仏で右が鬼そのものから構成されております。いかなる人といえども自らの鬼からは逃れられないことを言っています。時には同じ心の塒の中でみ仏と鬼獣とがあい争い、修羅場の如く凄惨きわまる骨肉の争いを演じます。心の葛藤をしたあげくの果てに、自制心を失い鬼獣面が顔をのぞかせ、相手の意思を無視し、相手の心を完全にふみにじり深く傷つけてしまうこともあります。

これでは、折角の「加幾久計己」までの一貫した意味がなくなります。やはり、口《み》（実）がみひらき「己」といえるようになることが先決で、一貫して平常心を維持しうるように常々の心がけが肝要となってきます。「心の木に仏を宿した」字が「私《わたし》」となり、「仏（五）の実《みのり》（口）を持った」字が「吾《われ》」ならば、「自ら」とは、「仏の心」の意で構成されており（三画目までで仏となっている）、すべてこれみ仏とは切っても切れない間柄です。

ところで「己《おのれ》」に口《み》がみ開いている関係上、み仏にご縁があるのも道理と言えます。この「己」も二つのムの組み合わせからなっていて、まさに「己」という字に限り「天は二仏を与えてくれている」ということになります。その内の一仏は自らに向けてで、他の一仏は他の人やものに向けてのことです。前述の「計」にて仏心がめばえみのった暁だからこそ、み仏としての口《み》がみひらき己になったのだとも言えます。

また、次なる観点からも口《み》がみひらいて己に至る道があります。それは、一・二・三の「三」で、この「三」こそ「大宇宙の心霊にある心」を司るのです。一画目が「天」で三画目が「地」、天と地との間を悠久の世界に向けて流れ続けて行く「時の流れ」を加えて「三」となし、この「三」こそ、娑婆や浮世の流れを指す三水偏をも司ります。自らの心も、自然体でうねりや流れに身をまかせ、抗うことなく「三」の文字の各両端をつなげることにより、「己」なるものは無理することなく自然に同化するのです。時には天真爛漫に身をゆだね、流れのままに身をまかせねばなりません。

これも、「加幾久計己」の一連の字が構成しているように、「幾久しきにわたり、み仏への道を切り開きなば、いつの日にかみ仏の実り（口）が生まれ（力は七なり）、み仏の心（言）が芽生え（十）て後に、己《み》がみひらけ行く由縁なり」などと、常に波羅蜜の「羅」（信仰）の「心」が芽生える（十）人々（ぎょうにんべん）に「徳」なる精神を与え、生涯に亘り、徳を授けてくれましょう。篤《とく》と「徳」をご覧じあれ。

以上のように、人なるものは寂しがりやである反面、集団の中で生活すれば、ちょっとしたことで抵抗する我《わ》が儘《まま》なる心を持っています。そんな時こそ神仏《みほとけ》のお力を借りねばなりません。信心は安心《あんじん》を呼びさまし身に大いなる安らぎを与えてくれましょう。

さて、この世に生を賜りしより、まず自己に目覚め、腰が屈《かが》み曲がるまでの久しい間にみ仏への道を切り開き、玉の如き心になるまで磨き上げ、仏道を習い記《しる》し励むことが大切だとも「加幾久計己」は言っています。「安以宇衣於」では「この世で信心や信仰を以《も》てば大いなる安らぎを得られる」ときりだし、その信心や信仰の方法はこうあるべきだと続くのです。

太古の昔人がこのような素晴らしい思想や世界観を胸に秘め、心からの本音を響きわたらせることは摩訶不思議です。次世代を担う若者たちは点取り主義の世界で育ってよいものでしょうか。森羅万象がそうであるように、一人一人いかなる芽をもっているかを見極め、その芽をみひらかせ育てることが大切で肝腎なることを、心してかからねば、世の中の流れがとんでもない方に向かってしまうでしょう。

さて、これからが核心に続く世界観。「加行」は次の文で締めくくることにしましょう。「久しきに亘《わた》り、仏の道を切り開きみ仏のみのりを増《ふ》やすことは、己《おのれ》に目覚め自己を計《はか》らんが為なり」。

左之寸世曽《さしすせそ》

左《さ》（工夫するみ仏の知恵が芽生えさせるところなり）

この「左之寸世曽」の行は、「安行」や「加行」に比べ少々てこずらされた難解な行でした。単純な字画と、よく知った文字ばかりで、糸口がどこにあるのか探すのに右往左往致しました。取りあえず自信を持って進めていきましょう。この「左」については、「右と左」についてのお話から始めます。

「右に対して左があり、左に対して右がある」。では、左右の真中はといえば、真直ぐに正しく伸びることだといえます。人の場合は真直ぐに生きるということは、素直で純粋に人生を送ることでしょう。

さて、何に対して真直ぐということでしょうか。ここであの東西南北の北の字を思い浮かべていただきましょう。昔人はこの北の方位や方角を、どのように心得ていたのか知るよしもありません。その当時から北極（点）や北斗七星は分かっていたのでしょうか。天文学や星占いがあったかもしれませんが、それは原始的で、専門的な知識はやはり比較的近年になってからだと推察されます。

まず、「北」の方位の概念は、自給自足の当時からよくわかっていた事でしょう。ここで言う右、左とは真北に対しての右側、左側のことです。真北に対してのことと言えども、何が右で何が左であるのか、文字から見る限りでは思いもよりません。ただ言えることは、真北に対しての右側とは東側のことで、そこから日が昇ることと、左側とは逆に西側のことで、そこに日が沈むということです。「北」とは動かない北極星でしょう。

この右や左の文字に共通してあるのが、カタカナの「ナ」という文字です。あとは「口」と「エ」とが組み合わせられているだけで、それ自体で左右を決する意味を含んでいることにはなりません。では、どこにその真意があるかと言えば、ひとつの現象の見極めから来ているものだと考えられます。

この左右の概念が完全にでき上がってしまうと、時代が進み古代・中世・近代となるに従って、右から左の時代へと変遷していくことは確かと言えましょう。まず、「ナ」は、「芽が生えている」という「十」と、「生まれる、生きている、生かされている」という一連の「七」との組み合わせが絶妙に傾斜したものです。「友」の文字にもあります。基本的に真北に向かってのことですから、太陽が東から西へ移り、亘《わた》りゆくに従って、あるものも動いて行く結果が、右まわりから左まわりとなるわけです。

まず、この世の自然の世界で天然に育っている大多数の芽（目）は、早暁より昇り始めた日（陽）に向かって、まるで目があるかのように、その日差しの方角に精一杯伸びようとしたり、生長するに従って移動しようとします。このように自然のままに生まれ、みのろうとするおおかたのものの習性は、ごく一部を除いて全てこれ右側に伸び、その結果、時計の針のようにぐるぐるまきになっていきます。その方向や方角が右旋回を表していきます。昔人は畑仕事を通じて、自然に発芽したものの生長現象をよく見極めています。

一方、人工栽培で、知恵を出して育てていこうとしたり、おしべとめしべとの交配から新品種を育てようと工夫したりしたもののうち、ごく一部のもの、即ち「つる・うず・ぜんまい」等ごく少数のもの、が左回り（辞書の左の意を参照）、つまりは左旋回で育ちます。「自然の動きの状態が右」とするならば、「加工したり人工的に手を加えて育ててゆくものの芽の動きの状態が時には左」となっているわけです。いずれも真北を正面に見て、太陽が昇り、沈み行く間に移りゆく現象も右から左へと移動します。日が昇る東側を「右」とし、日が沈む西側を「左」とし、植物が育ちゆく最先端である芽（目）の動く様子や状態をとらえて、右、左と区別したのでありましょう。

やはり大昔から自然界の天然のものだけを取っていれば簡単なわけですが、いつまでも無尽蔵にあるわけでもなく、早くたくさん得ようと豊作を祈願しながら、工夫や知恵を出して品種改良したのも事実です。魚の人工養殖などまさに知恵や工夫のなせる業で、左の時代の最先端をゆくものでした。

自然の営みに反し人工的に手を加えれば、自然性が徐々に影をひそめて人為的方向が現れ、その結果が時として、自然と反対の現象を生み出させたのでしょう。

人間の体軀の構造上も、右のきき手がごく自然とされていたように、母なる大地で育った実《み》は、正しく真直ぐに育つ習性や、真北に対して右を向くものであることを昔人はよく見抜いていたのですね。

ここに、「尋ねる」という字があります。種を明かせば、あまりに立派なできばえの作物などを見やって、つい、それは自然のものか、人工栽培したものかと尋ねているのです。この「尋ねる」という字を見ると、昔人の沈黙の会話が宿されており、そこはかとない趣が漂います。

とくと、この「尋ねる」の文字をご覧下されば、右側に「口」、左側に「工」が入っているのがおわかりでしょう。この「尋ねる」の最上部にある「ヨ」とは、「急ぐ」の字にも入っていました。「み仏」の意を持つ「山」を寝かせ、また時には「大地を鋤き耕す時の農耕具」にあたる「熊手」を表していて、仕事の「事」にも出ているのがわかります。「事」とは、大地に実が芽生え実を成す為に鋤く行為が「事」で、大事なことだという事です。当然のことながら、熊手を持ち鋤き耕そうとする心と大地の心との間が、一本の絆で結ばれてゆくことが大切です。

また、人が土になじみつかえることが仕事の「仕」となります。身分や地位の高い人に身を委《ゆだ》ねることなども、「仕《つか》える」ということになります。

「工」とは、最初の二画が人を表し、そしてこの「人」と仏の「ム」の意を持つカタカナの「ユ」とで合成されます。「工」自身にも、勿論み仏の文字が入っているのです。「工」はあの「空」の字にもありました。また、人間が持ち合わせている小宇宙にある「天」（脳）と心の土壌である「地」との間で思いや考えが通じた結果（工は二の天と地との間が通じた意味をも表す）、知恵や工夫が生じたことを表してもいます。

一方、「口」とは、最初の二画が仏のムを表し、三画目が大地を表す「一」で締めくくられています。「大地の実《みの》り」が口の字を成し、そんな大地の実りの「口」を人々が口《くち》に食し、大地のみ仏の実《みの》りのお陰で仏である人を育て上げて行くことの意も表しているわけです。

そんなわけで、「工」や「口」にもみ仏の精神が根底に息吹いているのがわかります。だから、「口」すなわち天然自然のものか、「工」すなわち知恵を出し工夫したあげくに人工栽培したものかを、ちょっと「尋ね」させるほどに人の気を引くことになるのです。

立派に育ち上がった作物のできばえを見て、それは、自然（右）のものか、知恵を出し工夫し人為的（左）に交配させたものかを尋ねているのです。明解なる理由のもとに、「工」と「口」とが左右対称に配置されていることにお気づきいただけたでしょう。漢字とは、もうこれ以上の表現はないと言える程にまで洗練され、真理の宝庫を形成しているのです。「み仏」を生むことができる「女」の、母なる大地の姿を「七」とし、この「七」に「十」を含ませ、「ナ」に裏書きしてもらい、各文字になんの変哲もない様子でいきいきと脈付かせているのです。「芽生えみのっているものから受ける」ことを「友」となし、芽生えみのっている肉月（月）を「有り」とするなんて、漢字の世界はご縁続きで摩訶不思議な世界です。

かくの如く、「左」とは、自然界の営みや法則をよく理解した上で、より一層の知恵を出し工夫を試みていることになります。まして人の手を加えることなく自然に育ち、自然の力で保護し芽生え育つものは大切に扱わねばなりません。

さて、「左」もここまでにして、次の「之」を進めていくことにしましょう。

之《し》（之は祈る姿で「之繞《しにょう》」にして「しんにゅう偏」の元祖なり）

この文字の音読みが「し」で、訓読みは「これ・の・ゆき・よし」と辞書にあります。なぜこのように様々なる読み方ができるのか、文字を見る限りではよくわかりません。ただ言えることは、この字形を見ると、何かに対してせつせつと祈り続けている様子がくみとれます。今健康で、こうして有り居りはべられることの喜びに対しての感謝や、一族の平安を乞い願い祈っている仕草ではないでしょうか。

人が祈っている姿をまさに、真横から見ての光景です。「人が両膝を大地につき、両手を胸もとで組み合わせ、何かに対して祈りを捧げている姿（同じような光景を連想させる文字として後で述べる「乃《の》」の字があります）が目に浮かんでくるはずです。昔人が一体どういうことを頭に思い描き祈っていたかと言えば、私や皆様の方の心に思っている事と同じだったことでしょう。

「し」と音読みする漢字はいくつもあります。人そのもののある状態を表すものには「私・子・士・氏・師・姿」等があり、心に思うものは「思・志・糸・視」。次いで、心の所作や行動により起こるものには、「始・使・仕・施・飼・賜・試・祠・司」。最後に止まったり到達するものには、「止・至・死・屍」等があります。その他にも様々にあるようですが、誠にもって、言いえて妙なことです。仮に「之」という文字自体を「祈りを捧げ祈願している横からの姿や状態」とみて、辞書にあるような意味をつらね、もじって一つの単文を紹介すれば、「これ・の・姿や状態に・ゆき・つくことが・よし」となります。

各漢字は語りかけてきます。それはなぜかと言えば、昔人の心が一つ一つの漢字にみ仏を宿し、今なお脈々と命を根づかせているからです。この「之」なども、切なる願いを込めて、祈り願う姿が強烈に浮きぼりにされ、その光景から受ける印象や味わいは格別です。じっと、この文字を眺めているだけで、えもいわれぬ素晴らしい気持ちにさせられます。やはり、私自身、これが最良の判断で正しい意味であると信じてやみません。

人が母なる大地に宿り始め、芽が出て生まれ落ちた瞬間、即ちこの世の誕生から、幾久しい時の流れを通じたあげく、年老い死に至るまでの存在のあり方を説いている十二因縁、つまり「無明・行・識・名色・六処・触・受・愛・取・有・生・老死」と、交配により宿された種子が発芽し、順次色づき蠢き育ち、陽（日）のもとで生長し、歩み始め此岸から彼岸へと渡河して生きゆく道すがらを、これら「し」と発音する文字でまとめてみましょう。

「種《しゅ》が母なる大地（母体）に同化一体し始めてより、四肢（両手両足）が芽生え、胎児にまで成長し、そして誕生する。すこやかに育ちゆく内、私（自己の確立）に目覚め、人の世で士の立場になれるように志し、氏となれる責任を持ち、時には師とあがめられる姿にまでなれるように頑張る。一方生い立ちや環境に於いては雌を飼い、子が生まれ始め、恵としての賜わりを願い思い、時には苗木を育て、枝を張りめぐらせるまでせっせと視てまわり、先端が枝葉なら、巾ある幹が姉となり、はやく紙がすけるように生長を続け、はたまた蚕を飼い育て、糸がつむげる（仏心を養う）ように祈願して誠意をもってうち働き、より多くの収穫が得られれば、その一部を施しとなし賜わらんことを切に願う。時には諮りながらでも。さて、今では、もう年も老い嗣（後継ぎ）もでき、その嗣も一人前になったことだし、祠（ほこらや小さいやしろ）にでも謝詞を述べ、心の臓が止まり、死に至るまで、たいした難儀もかぶることなくこられたのも、ひたすらに祀（祭祀）を祭れ、悔いない生をまっとうした暁に屍と化し賜わらんことを」

人の世を生き抜いて行くことは、この祈りがあるからこそ人生がより充実し、また救いもおとずれるのです。

一方、この祈りを含めた「之」の字を否定すればどういう結果になるかというと、いわゆる「之」の反対を意味する文字がちゃんと用意されています。昔人ほどこまやかな感情の持ち主はいないと思え、畏怖・畏敬の念が湧いてきます。

文字いわく、この祈り少なければ、恵みや喜びも少ないと。即ち、否定を表す払い棒で祈る（之）姿を打ち消せば「乏しい」ことになってしまいます。そうなれば、もう、ろくな事はありません。

つまり、「祈りを捧げる心が乏しい」ことになります。その場かぎりの刹那享楽の人生に終始し、自己の存在の価値すらわからずに、ただ、のほほんとした酔生夢死の人生に終わってしまうのです。まして相手の痛みを知るべくもなく、むしろ哀れみさえ感じ、憂いすらおぼえます。

さて、なぜ「左」の次に「之」がくるのでしょうか。やはり「之《し》」の祈りも、「左」が知恵を出し工夫して生きるがゆえに、知恵を出し工夫を乞い願わんが為の態度へとつながるからです。

「幸《しあわ》せ」とは、「之《し》合わせ（借字）」でもあります。またこの「之」の祈りのおかげで、次の「寸《す》」に続いて行くことも昔人は既に深く配慮しておられます。

その前に「之《し》」自体が「祈り」であることの、決定的理由を話さないわけにはいきません。既に皆様方がよく知りぬいている文字です。

それは「しんにゅう偏」そのものです。「しんにゅう偏」はこの「之」から採られたものであり、「之繞《しにょう》」の変化したものであると辞書（三省堂五八九頁）にも明記されています。従来からの「しんにゅう偏」のみを見ていたのでは、それ自体で「祈りを続ける」と言える発想はとても浮かびません。やはり、この「之」の意味を充分に理解し、「之繞《しにょう》」自体のもてる意味を正確に把握しなければ、「之《し》」と「しんにゅう偏」の相関関係は思い浮かばないでしょう。「之」の状態で祈り続けていれば、まず糸偏にもあった「仏心《ほとけごころ》」が心のかたすみに湧いてきて、それが次第に心の三土（過去・現在・未来への心の土壌）に広がり、最後に「光」（仏の心）や「元」（一切の仏）にもあった「兀《ほとけ》」（仏を意味する）が完全に宿ることになります。この「之繞」を一口で言えば、「仏心の祈りを織りなしていけば、過去・現在・未来のみ仏で心が充たされてくる」ことになります。やはり、祈りは続けることに意義があります。都合のよい時だけでは手前勝手で、そんな人の心にみ仏が宿るはずもないのです。この世に生まれ、生涯に亘《わた》り茨の道を歩んで行くには、み仏を相棒とした信心を常に養い持ち続け行くことが肝要です。時には身の保全ともなり、とりわけ私などは、弱い心の持ち主だったので随分と助けられ、今では毎日、二、三十分は、通勤途上であっても、頭や心を空っぽにした上で経や呪文を唱え、また毎日、続けられることの喜びを享受しています。

なぜ、「繞」に三つの「土」があるかと言えば、過去・現在・未来の三世に対する祈り心を芽生えさせる「心の土壌」を表しているのでしょう。欲界・色界・無色界の三界で、懸命なる祈りは仏心《ほとけごころ》となって三界にある心の土壌を凌駕します。この三界を仏心が完全に征服し支配してしまえば開悟を得て、ついにこの世で「福寿海無量《ふくじゅかいむりょう》」（観音経）の域に到達でき、一切の恐れが無くなるのです。「仏心」で「光り」の字を形成し、「一切が仏」の「元」の字を生んでいる由縁で、心に仏心を宿した人は次第に光りを発し、神仏《みほとけ》（仏・菩薩）らの背後からは完全に後光が射してくるわけです。このように「之繞」が「しんにゅう偏」であることをよく理解して下さい。

私の説では、各漢字の由来は仏道の精神的な世界から来ており、それらの文字を物質的な世界にあてはめているのです。漢字の由来に限っては、決して物質的な世界から精神的な世界への逆の道はあり得ないのです。私たちの生活が物質的な世界にあまりにも慣れ親しんでいるが為に、大いなる誤解が生じても致し方ないのです。だから簡単な漢字の一字すら、その由来をすぐに解き明かせないのです。この点もよく認識する必要があります。

まず「道」の由来とはどんなでしょう。物質的な日常の世界では、両足で歩いたり、駆《か》けたりするところであることはよく知り抜いています。それは道というものの本質的な由来よりも、概念を知り尽くしているのです。ひとたび精神的な世界ではどうかと言えば、これまた、やっかいで難しいことになってきます。「道」なる漢字自身がこの世にうぶ声を上げた由来は、はたしてどこへ通じる「道」だったのでしょうか。「糸偏」や「言偏」の中に「仏心」が入っていようなどとは思いもよらなかったように、漢字の真理は摩訶不思議な世界なのです。

この「道」には「しんにゅう偏」が入っており、これは前に述べたように、「祈りを続けている状態」であります。では「首」とはどんな因果関係にあるのでしょうか。この「首」の中には自分の「自」、即ち「自ら」なる字が組み込まれています。その上部の三画は立心偏の心と草冠りの概念とが組み合わされており、「心が芽生えたり、芽ぶいたり」という真意をくみとれるのです。「首」とは「自らの心に仏心が芽生えたあかしの出るところ」なのです。

様々な思いや考えから、軽く頭を下げる「会釈《えしゃく》」（首を軽く屈《かが》める）に始まり、首を傾《かし》げたり、首を捻《ひね》ったりしますし、謝辞御礼する時や祭壇の前では、深い敬意を表すため首をまげ深々と頭《こうべ》を垂れるでしょう。すべてこれ、人の心のその時の状態が、首の上に頭を預けている関係上、首に出ているのです。そんなわけで、「首」とは自らの心の結果や意志が芽生えているところと解釈してさしつかえありません。

さて次に、「自ら」とは字で見る限りに於いて、どんな正体や本性を持っているのでしょうか。「心の木に仏を宿した者」が「私」であり、「み仏（五）の実り（口）をおしいただいている者」が「吾」で、「己れ」とはみ仏のムが二つ組み合わせられ、それがみひらいたようにつなぎ合わされています。まして「我」とは「み仏を芽生えさせ切り開いて行く者」と構成されており、これすべてみ仏に関連した意味が随所に組み込まれていました。さあ、ここまでくれば「自分の自」も仏と無関係というわけにはいきません。

では、その真意ですが、最初の出始めからの六画目までに既にみ仏の字が組み込まれた「人を表すなべぶたとムとの合成」からなりたち、最後に心を表す三で締めくくられています。「自ら」にも「み仏の心」が宿されていました。「魂」の字にもみ仏が宿されていました。魂がぐらぐらゆらいだりしていては自分を見失い、心動顚《どうてん》し心錯乱《さくらん》し茫然自失となります。あげくのはては厄にとりつかれたように憂鬱から鬱病になり、せっかく「み仏やみ仏の心」で見守られた状況にある「私・吾・己・我・自ら」なども、しっかりとその精神を受けとめきれず心の病におとしいれられることになります。だから、祈り続けて、くじけず頑張りとおさねばなりません。

さて、もと来た「道」にもどることに致しましょう。こんなわけで、「祈り続ければみ仏の心がどんどん芽生え、ついに「神仏《みほとけ》への道」が開けてゆくことになります。単なる道ではなく、神仏に通じる道は自分自身が切り開いていかねばなりません。日頃から熱心にこの祈りを積み重ねていけば、ご先祖や神仏らが住み処《すか》としている所に仏心の糸で近づけます。危難から救う加護をいただいたり、知らず知らずの内に、神や仏の加護や冥利《みょうり》を賜わり、次第に冥護力がつき不思議にも幸せが続いたり、幸運が舞い込んでくるのです。

そんな神仏《みほとけ》へ通じる道を行ったり来たりする概念が、正に「道」の由来の真髄とする所であります。この道の真意が、歩道などの物質的な世界の行きかう個（部）所にあてはめられているのです。この世のすべての命は何一つとして自分の意志でこの世に生れてきたものはなく、神仏《みほとけ》のお力により出てこられたのです。又、生あるもののすべてが仏の化身として生かされているだけに、み仏への「道」がつながります。生まれ出た時点から歩み始めても不思議なことでもなく、ごく当たり前のことと言えましょう。

法然上人様の「南無阿弥陀仏」の最初の一句がみ仏への道の最初の一歩だったのです。

次に「進む」を述べておきましょう。この「隹《ふるとり》」は理想や成功につなげてゆく為の希望や願望、それに一切の欲望や執着を総称した「煩悩」を表しており、生きゆく為やより以上に飛躍する為にも無くてはならないものです。他人様に迷惑をかけてはいけませんが、でも、ひとたび心に決めたことは努力して成就させ、やりとげねばなりません。こんな時にも、祈り少なければ結果は乏しく、どんな時でも努力をするかたわら、祈り続けることです。だから「進む・進める」という字は、「物事を成就させ成功させるための欲はかかせないが、いついかなる時でもその欲望を背負いながら祈りを持ち続け進めていくことが大事だよ」と諭してくれているのです。

祈り続ければ「仏の化身の字を表す斤《きん》」（匕と人の合成から成りみのりの重さの単位を表す）の重さを量ることが、早く成長したため時間的に「近い」結果となります。また祈り続ければ人々の心の土壌にみ仏のみのりが広範囲にわたり成長し、その分空間的にも距離が「遠い」ことになります。「遠近」いずれも重さと量の豊かさを表し、有難いことです。他にも「しんにゅう偏」にまつわる文字が沢山ありますが別の機会に致しましょう。

寸《す》（み仏のみのりはちょっとずつしか芽生えない）

「寸陰を惜しむ」とは、ほんのごくわずかな時間さえ惜しいという場合によく使われます。こんな「寸」のわずか三画の画数にも、一つのある現象の真理がそれなりに宿されているのです。本当に昔人はこわいほどに周到で緻密です。また字画の要素として最後には撥《は》ねる（物の先を一度止め、払うようにして、上へ上げること）ことにも、それなりに重要な要素が含まれています。

では、この「寸」を分析してみましょう。まず「なべぶた」と「ム」との合成字を、芽生えているという「十」の文字と複合させ、倒れないように組み立てています。また、一見最後にはねていますが、これもムの最初の一画の逆もどりの行為から来ています。「字」は「仏の子」であるが為に、この論理はどこまでいっても覆されることはありません。「切る」の右側の「刀《かたな》」の一画目もはねています。こんな二画の「刀」ですら「人」と「ム」との合成でみ仏の姿を宿しているのです。芽生え生きている「七」を切れば「亡《ほろ》ぶ」の文字が生まれ、見事に横一の胴から切断されているのが分かるでしょう。この「七」や「亡ぶ」にも「人」と「ム」との組み合わせが含まれ、その真実の姿が見えると思います。亡ぶ字の上と下とをつなげれば、また血が通うように七の字を復元できます。

同じような理論がこの「寸」の最初の二画の筆順の中、横一を境にして、なべぶたとムとを見事に組み合わせています。そして最後に、三画目に一点で締めくくっています。一点は一天であり、天は心です。あの「以」の字にも入っていて、次の「太行」の「太」にも入っています。また、「寸」の最初の二画を横に寝かせず、縦に立てているのは、芽生え育つことは縦に真直ぐに伸びる事だからです。当然、天と地との交わる所に芽生え（十）

があるわけです。ひとたびに、この世になんらかのかたちで生を賜り、芽をなし育ってきたとしますと、この縦の線が誕生してから死に至るまでの時間的経過を表しています。その横の線はある時点における周囲をとりまいている環境やつながりを意味しており、たえず縦横の交わる所に、現在のあるがままの姿が位置しているのです。いずれかの一方の線のみが異常に伸びれば均衡をくずし倒れてしまい、その命を維持し、芽生え生長させてゆくことはできません。

「み仏の心が素直に芽生えている」状態が「寸」で、やはり、作物の成長してゆく姿を表現しています。また、その「一寸《ちょっと》」(借字)ずつ成長していく時間的経過をも表しています。

また、縦と横の均衡について言えば、幼年・少年・青年・中年・壮年・老年の各期に於いて、その時点での自然環境やとりまく人々等が異なるのは当然です。草木が大地にしっかりと根をおろし、天に向かって伸びていくが如くに、次第に成長が進むにつれて、縦の線も徐々に長く伸びて(年をとって)いくのです。

「木」という文字は木そのものが母なる大地から生まれ出た三世諸仏の心を表し、林や森などはそんな大地の心がおい繋っている所を意味しています。さらに、葉に含まれた葉緑素は、炭酸ガス等を吸い込み酸素に還してくれ、動物の命の根源を守ってくれております。木々や草花の命即ち動物の命であり、動物と植物とは共存共栄していかねばならぬ図式が生まれてきます。

人ひとりこの世に誕生して、成人を迎え長寿の域に達し至るまでには、人間のみが持つ小宇宙内の土壌にも一本の木が知らず知らずのうちに育ち、年輪を広げ、その風格を培っていくことになります。

「寸」は、伸びゆく草花や木々、即ち命を宿し芽生えているものすべてに、太陽の光がさっと射込む光景を一天（点）の字で表し、そんな間合いが「寸」ということにもなっています。

かくの如くに寸陰を惜しむことなく、時には自らを顧《かえり》みる事も大事です。ここに、ご参考までに「寺」の字があります。この字は「土」（三世諸仏を意味する）と「寸」のみの組み合わせです。「寺」とは、今は亡きご先祖等が祭られたり神仏が祀られている所です。「寺」の字の上の「土」は、人の心の土壌を指しており、「人の心の土壌をちょっとずつ仏の心で芽生えさせてくれるところ」となる次第です。

次に、「時」とは、「日が昇り母なる大地を明るい陽光で照らしている時間」です。母なる大地の上のものが、すべてちょっとずつ芽生えみのって行く間合いを意味していることになります。

「持つ」とは、「扌」は手偏ですので、芽生えている（十）もの（ム）に手をさしのべるという意味です。母なる大地即ち田畑でちょっとずつ芽生えているみ仏のみのりを改めて手にすることから、「持つ」ということになります。

さて、「之《し》」の次に「寸《す》」の文字がくるのも、当然深い子細や意味があってのことです。「これの姿や状態にゆきつくことがよし」の「之の文字に含まれている祈り」がある以上、知恵や工夫が湧いてこなければ、敬虔なる姿には及ばないでしょう。苦心惨憺《くしんさんたん》して田畑を開墾したあげく、みのりの作物を得る為にまいた種が芽を出し大きく育ってゆくのに、祈りの「之」が不必要なはずがありません。祈りがなければ収穫量が「乏《とぼ》しい」ということになってしまいます。努力して働く以上必ずこの祈り（之）がなされ、一寸ずつではあるが、良い結果へと進んでいったことでしょう。「遠い近い」の字にもあったように、遠くまでの広範囲にわたるずしりと重い豊作を乞い願うのは当り前のことです。母なる大地に幸多かれと豊作を祈ると同時に、自らもちょっとずつでも、芽生えみのっていきますようにと、切ない願望をこめて祈っているのです。

さて「寸」の次の「世」の文字でも、当然その真意はそれ相当な広がりを見せています。「世曽」は良い意味の世相に至らんことを。

世《せ》（生まれ出たみほとけの化身の実《み》がみのるところ）

前述の「寸《す》」がちょっとずつ芽生えみのってゆく（くる）ということでしたが、そのあと、人はそういう芽生えみのっているものに対し手をこまねいていられるでしょうか。「付く」という字は「寸に人」が寄り添って構成されており、「人なる者は芽生えみのっているものに対して寄り付く」ということなのです。みのりのない人には寄りつかないのは当たり前のこと。余談はこの程度にして「世」の文字に入ることにしましょう。「世」とは一般的には、広範囲のつながりや、世間全般を意味しているようです。この字形そのものから、どんな由来が連想できるでしょう。まず、「寸《す》」とのつながり上、芽生えみのっていく所や、現実にすでに芽生えみのっている所でしょうか。

この「世」の字には、「七」が組み込まれています。その「七」は「生まれる、生きる、生かされている」という意味だったことを思い起こして下さい。また、次に、「世」は五画で構成され、その筆順の四画目までの「廿」がどんな意味かと言えば、芽生えている者同士の二つの十のつながりです。つまり、この世に生を賜わり生きているもの同士の縁《えにし》のつながりのある所、となります。また、よく見れば、ムが生まれる（七）所ともなっています。

「世」の旧字は「卋」とも書かれ、「十」が三つ組み込まれています。この世に芽生え今現実に生あるもの同士が、お互いにかかわりを持って生活をしている場所だとも言えましょう。

仏教では「世」そのものが三世を意味します。仏教で前世・現在・未来（三省堂四五七頁）を片時の間の人生として、仏性をもってかいくぐらねばなりません。私がよく言う「地の流れ」とは、「世の中の移り変わる流れのこと」であり、それに天の流れの気象の変化が加わります。勿論、生命を燃焼させ維持させる時の流れが加わることにより、三本の流れの「三」が「川」を生み、立心偏の心（忄）を形成するのです。おまけに今ある現実の世の流れそのものの天上にも、宇宙心霊の心が宿っていることになります。

生あるものは必ず一度は亡び去るという絶対的な宿命があり、「生者必滅会者定離」の御旗《みはた》が神仏《みほとけ》等の座右で翩翻《へんぽん》とひるがえっている様が目に浮かぶようです。「（私譯）般若心経」の一節にも記載されているように「是諸法空相不生不滅不垢不浄不増不減」です。「三世」と言えば、もうはっきりと「世の流れ」を示しています。前世（過去）から現世（現在）、そして来世（未来）へです。この娑婆や浮世の波間の世間の流れに対し、生あるものすべてが「仏心なる字の舟」に乗り合わせ、此岸《しがん》から彼岸《ひがん》に向かってこぎゆくのです。

そんな命を胸懐に秘めながら、ここかしこで一寸《ちょっと》ずつ成長し芽生えていくところが世間や世界の世とするところ、それもあまねく広きにわたる「世の中」そのものと言えましょう。以上のように「寸《す》」の意味するところのちょっとずつ芽生えみのらせている所が種々様々にあり、それらが四方八方みのりを成して行くところが「世」なる文字の表すところなのです。大願成就も、この世なればこそと言えましょう。

曽《そ》（「そ」は「もと」なりて、み仏のみのりの心なり）

日が昇り、陽が当たるところにみのりが宿るとは言うものの、なんの世話の手も加えることもなく放置しておけば、どんなみのりも完成品として得られはしません。「寸（す）」がちょっとずつに芽生えみのってゆき、「世（せ）」は芽生えみのって行く場所を表すとなれば、「曽」は一体どういうことになるでしょう。

「曽」の文字にある「田」とは、はじめから勝手に在るものではありません。田畑の田とは、私たちを養ってくれる、みのりや収穫を得るところだけに、絶えず鋤き耕し、手入れをせねばなりません。ちょっとでも手を抜いたり、怠けたりすれば、それなりの結果が下《くだ》されるのはごく当り前のことです。

また、母なる大地の田畑だけがみのりや収穫を得る所ではありません。小宇宙を持つ人の心の土壌（人の身体《からだ》は地・水・火・風・空の五大の仮和合《けわごう》で構成されています）にも、恵みやみのりを得ることができるので、決して手入れをおろそかにしたり、手をこまねいていてはいけないのです。

そのみのりを他の人にも施《ほどこ》しとして分け与えることで、仏への道を歩み始めるのです。自ら土壌を切り開いていくにつれ、自然とそんな力も養われてくるのです。お釈迦さまは「慈悲喜捨」の四無量心が心の最大のみのりだと言われました。このみのりが身に備われば悟りとしての究極の世界が得られるわけです。

では「曽」の字を分析していきましょう。字の下方に「日」がありますが、二通りの意味が掛けられています。まず最初は、「陽光の陽」の意味です。日が地上に昇るということは毎日が同じことの繰り返しであるがゆえに、「いつも」という概念を示します。当然、「田《た》」の字の最初の二画はここでも「ム」をひっくり返したもので、仏のみのりを表し、最後に「土」の三画で締めくくっています。ゆえに「田」とは「仏のみのりができる土」であり、これらをまとめて解釈すれば、「田が常に鋤き耕されておれば、（種や苗は）日が出れば芽生えみのってゆく」となります。そういうことで、「左之寸世《さしすせ》」の結果が「曽《そ》」におちつくわけです。

次なる「日」の考え方は「仏の実り」そのもので、「み仏のみのりができる土の田に仏の実りの作物ができている」状態を言わんとしています。

こんな曽の字に、亻偏《にんべん》の人がつけば「僧」となります。心の土壌の田には、既に仏の実り（日）を持っておられるわけです。一般的に、「僧」とはサンスクリット語の音訳で「サンガ」と読むらしく、「仏の道に入った人」や「仏教教団に身を置いて修行を積み、衆生済度を生涯の仕事とする人」と辞書にあります。なる程通俗人や在家の人たちと異なり、絶えず仏の道を歩み続け、修行も重ねていくことから、僧の心は常に鋤き耕され、芽生えみのりを得ている人を表す文字となっているのです。その分、神仏への冒瀆《ぼうとく》の行為や、戒律を破るようなことをしでかせば、その罪は大変重い事になっています。

以上のように、母なる大地も自らの心の土壌も、常に怠ることなく鋤き耕し続けねばなりません。心の土壌に降って湧いてくる様々な気持ちや心根は、母なる大地にも通じます。また、母なる大地で起きる様々な物質的現象（色）が、心の土壌の空に照り返ってくるのです。「天・地・人」、すべてこの三位一体の融合が、自らの今ある存在を確立せしめています。よき心の本音の響は決して無駄なことではなく、谺《こだま》となって反響します。よき事は良きことなりに、また悪ければ悪い事なりに、響き返ってこようというものです。

次に、この芽生えみのっている「曽」に、肥沃なる「土」を与えれば、より一層みのりが「増す」となります。

「憎《にく》い」という字は、芽生えている心を見せびらかすと、「小憎《こにく》らしい奴」と思われ、いつしか仲間はずれにされるのがおちですよ、と諭してくれています。また、「曽」を否定の意味に取った、いっこうにみ仏のみのりを芽ぶかそうとしない心も憎まねばならないのです。しかし、自らを憎いと思う人は少ないものです。

以上のように、「左之寸世曽《さしすせそ》」の意味をみると、人の生き方、心の持ち方、世のつながりの合縁奇縁の様がうかがいしのばれ、次なる文章となりましょう。「この世に生れ出たみ仏を曽のように芽生えみのらせるには、知恵を出し工夫すると共に、ちょっとずつ（寸）に祈り（之）を捧げ続けることが肝要であろう」

ところが、知恵は知恵でも、悪知恵ともなればその結果は言わずと知れた事です。結局のところ悪事はいずれ露顕することになっているので心しましょう。

太《た》知《ち》川《つ》天《て》止《と》

太《た》（移ろいゆく自然界に心を転じ灯《とも》せることが太いなり）

ずばり、「太」とは「ふとい」ことです。肥満体のことでしょうか。いや、そういうことではありません。そのような表現は「太いという概念」ができてからのことです。

まず、この「太」を語る前に「大・中・小」を語らねばならないでしょう。「大・中・小」は、大宇宙の様や小宇宙の様に共通した、「心の現象」を表現していると言えます。物が大きいとか小さいなど、物質的なことに対する物指しの意味を持ったのはやはり、「大・中・小」の由来や概念が定着し、でき上がってからのことです。もとはと言えば、精神的世界の事柄なのです。

「小」とは既に何度も説いてきているように、立心偏の意味を含む文字で、「天地時の流れの中から生まれ、すくすくと素直に育った心」を意味します。「大」はこれら「天地時の流れ」を一体となし、「三」や「小」の文字を三位一体の如くに組み合わせた「宇宙の心の様」を意味します。言いかえれば「移ろいゆく自然界そのもの」の事で、その自然界の容姿が「偉大」な事です。ついでに「偉《えら》い」とは、み仏（五）のみのりの実（口）を持ち、み仏として芽生えている（井）人のことを言います。

それらの情景を思い浮かべれば、移ろいゆく自然界（大）には宇宙の心霊（忄《りっしんべん》）が宿っており、そのような環境で、みのりの「ム」（中の最初の二画）が芽生えて（最後の二画で「十」で締めくくる）いるところが「中」となるのです。以上のように、「大・中・小」そのものが、自然界のあるがままの情景を文字の中に組み込んでいます。だから、世の中の流れや自然界の流れを見通せる力が備わった人が「大人《おとな》」で、そんな人が待ち合わせる小宇宙の姿をも示します。

これら移ろいゆく自然界（大）の上に、なおかつ天と地（二）の不動の横線が覆いかぶさり、合わせて「天」なる文字が形作《かたちづく》られているのです。すなわち漢数字の「二」の上方部である天と地の天と全く同じ概念となります。移ろいゆく自然界の上を天上が覆い包んでいて、まさに悠久の様で「天地《あめつち》の天《あめ》のふるさと」を思わせるが如きです。

さて、この移ろいゆく自然界の意を内包する「大」に、心の灯《ともしび》を付すが如くに「一点」を加えれば、自然界の情景に心の血脈を通わせることになります。自然界の鼓動が吾が身に伝わってくることにもなって、大いなる心の安らぎを得られることになりましょう。自然を愛し山野を散策できる人の心のなんと広いことか。

「太」の字にある一点とは、「以」の字にもあったように、人と人、人とものとの間に心を通わせることを示します。まさに、その「心根自体が太い」ということになります。天のことのみを考えていたのではいけません。過去・現在・未来の三世に思いを巡らせ、時には三界の欲界・色界・無色界に根ざす心を受け入れる寛大さも必要です。太くて大らかでかつ豊なる心を持ち合わせねば、真の度量の大きさは望めそうにありません。また、かの「左之寸世曽」の「之《し》」が示し祈らんとする心がなければ、深い味わいを持つに至らないのです。

一方「細《ほそ》い」とは見ての如く、「糸と田」の文字で合成されていましたね。「糸」とは当然「仏心」のことです。幾重にも仏心を持つことにより、心の土壌を鋤き耕し続け、もう既に「慈悲喜捨」のみのりの精神を育《はぐく》めるほどに心の土壌に「田」というものを完成させているのです。だから「細い」事の究極の真意とは「仏心で鋤き耕された心の土壌に田を作りあげ、その田からは常に仏性を持った仏心の糸が織りなされ、くもの巣のようにその細い糸でたくさんの思いや考えを巡らせ、弱った人や困った人に放射し幾多の安らぎを与えながら太い心を形成してゆく」事であるのです。

ここに大変興味のある文字があります。それは「畏敬《いけい》の畏」です。この「畏《い》」の読み方には、「おそれ、おののき、したがう、かしこまる、ひざまずく」などがあります。なぜこのような意味が出てくるのでしょうか。あの「衣《ころも》」に仏の意味が入っていたように、この「畏《い》」にも「田」の下の文字に三人の人が宿されているのがわかります。この全体の文字の一・二画目に「ム」があることから三世諸仏がおわされ、なおかつ心の土壌には既に田が完成しており、その田そのもので三世諸仏としての実りが得られることから、「畏」の真意は「おそれ、おののき、したがう、かしこまる、ひざまずく、端座する、つつしんでうけたまわる」などとなります。

畏敬とは「相手をすぐれた人物と思い尊敬する」ことです。三世諸仏の冥護力や加被力を自然のうちに授かっているお陰で何事も成就できるような人は、まことにもって畏れおののく次第であります。

また、「地水火風」の四大が肢体を構成し、それに「空」が加わると五大となり、自らの五体を構成します。さらに仏教の悟りの境地でもある「四智」、つまり、大円鏡智《だいえんきょうち》（万物の真理の姿を示す）、平等性智《びょうどうしょうち》（自他が根本的に区別のない同一の存在であることを知る）、妙観察智《みょうかんざっち》（教化の対象をよく知り、的確なる説法を行う）、成所作智《じょうしょさち》（対象に適した変化を示す）を身につけたとなれば、もう何をか言わんやであります。

以上のように、「太い、細い」とは、やはり、もとはと言えば、心の現象や心の連なりを言い表しており、実にあざやかです。

かようなことから、心の持ち方いかんでは「太《ふと》っ腹《ぱら》な人」となり、なみなみならぬスケールの大きさや度量を持ち、かつ良識のある目をも見ひらいている方となりましょう。かようなる精神や根性というものは生まれながらに備わっているものではありません。赤貧洗うが如き辛酸苦汁をなめつくし、また、いわゆる人生の土壇場にまで身を落とし、そのどん底から翻るが如くにはい上がり、立派に返り咲いた人々や、三途の河から呼び戻され、逆戻りして、黄泉《よみ》の世界から黄泉がえってきた人々等と、身につけた過程は様々にしても、多勢のそのような方々がおられることは嬉しい限りです。

かように「太い細い」は、人生に多彩なる色合いを投げかけます。偉大で繊細な方もおられます。相手の胸の痛みや悲しみを不思議なる包擁力で包みこみ、人の心を心底からなごませる人のことです。逆に深い痛手を心に背負い込み、そのままへなへなと挫折感にさいなまれ、あげくのはてに再起不能に陥り、世を憂いはかなむ御人も沢山におられます。残念なことです。

人の生命力や精神力というものは、もともとが強靭で根強いものなのです。踏まれても踏まれても立ち上がれる根性と、その根強さや強靭なる精神力を携《たずさ》える心が、「太い」ことなのです。心豊かに大らかで寛容なる心になりうるように、片時も手抜きをせず修行を積み重ね、少しでも単なる大人ならぬ太人の域に達したいものです。

知《ち》（人は実《み》というものが大きくなることを知る）

老子の言葉に、「知る者は言わず、言う者は知らず」とあります。「真《まこと》によく知っている人はあまり多くを語らないが、よく知らない者はかえって口に出して言うものである」ということです。

また中国の有名な諺に、「天知る、地知る、我知る、人知る」（大辞林一六六五頁の「天」の項）などと「悪事や隠し事はいつかは露見するもの」だと諭しています。

では、この「知《ち》」なる文字は一体我々に何を知らしめているのでしょうか。単に「矢と口」と書いてあるだけで、その由来は一向に伝わってきそうにありません。ただわかることは、この「太知川天止《たちつてと》」の五文字の中に、「大」の文字が三文字、間接的にではありますが、配列されていることです。どの行にも、何らかの縁で意味が続きあっていたように、やはり因果関係めいたものがあると言えましょう。

そんなわけで、この「知《ち》」の文字を、次のように分解して読んでみます。まず一番目に、「ひとは口《み》（実）というものが大きくなることを知る」。最初の二画は「人」そのもので、次に続く三画が「大」で、最後に「口」とは、当然、人の口に入る「実《み》」や、自らの「身《み》」の意味を持ちあわせています。実（口《み》）が大きく成長するということは、食して栄養となり、他人様の為になるということです。大宇宙の母なる大地、小宇宙内の鋤き耕された心の土壌で、この実がよく育ち、身心共ども大きくなって行くことです。

無知蒙昧《むちもうまい》の無知とは、現代の意味では、「まったく何も知らない」となります。しかし、その昔、仏教の世界では、無知というのは、「もう改めて知ることが無いほどに、よく知っていること」を意味していたようです。永い時の流れには勝てず、昔の大切な意味が、流れの中に没してしまったようです。

次に、二番目の「知る」ことの意味は、「人なるもの、移ろいゆく自然界（大）に、成長するのは実《み》（口）であることを知らなければならない」ということです。

最後の三番目としては、「太《た》」の字に続く意味として、「人には大きい口《みのり》（実）が宿る心を持っていることを知る」となります。その実は勝手にできるものではなく、まずもって仏への道を切り開き、何ごとに対しても謝意を表す祈りの心を持ち、かつこの世の移ろいゆく自然界の偉大さに対して心めざめねばなりません。そうすればおのずと身の内側の心の中に、大きなみ仏としての実《みの》りが宿ってくることを知るでしょう。

「天思うゆえに吾あり」の諺をもじって、「地思うがゆえに吾を知り、吾を思うがゆえに己開《みひら》かんことを」と続けたいものです。いまでこそ、天上の様まで知り得る文明科学の時代ですが、何千年ものその昔には、ただ天を仰ぎ見て、祈りをささげるにとどまりました。しかし、天地のもと、自然界の内懐で働くおかげで、自然界の仕組みや構造を身をもって理解していたように思えます。

天には無限の創造性があり、夢や希望をかなえてくれそうな内懐《うちふところ》でもあり、かつまた無限の恵みを与えてくれる場でもあります。温室栽培に明け暮れる昨今、少しずつ季節感を失って、自然界から遠のいて行き、自然界自身に脈うつ鼓動や息吹きから見放され、四季おりおりのきめこまやかなる人間性も徐々に薄れ、露骨な感情へと走り、殺伐とし始め、互いに気心を汲みあう情感がそこなわれてきたように思えてなりません。

大宇宙の母なる大地にも、小宇宙の心の土壌にも今までと変わりなく、促成栽培ではない自然なるみのりの宿らんことを乞い願うばかりです。

川《つ》（水なし川も永久《とわ》に流れる）

この「太知川天止《たちつてと》」の五文字に共通するものは、「太と知と天」のある部分の字画に息づいています。移ろいゆく自然界の様を表している「大」の三画を分離解体すれば、漢数字のもとの「三」や、流れを表す「川」や立心偏の心が登場してきます。

異質な文字を、互いの前後に無理遣《むりや》りに位置づけているのではないのです。それなりの根拠があってのつながりであり、流れの意味としての連繋なのです。また、この「川」自身は立心偏の心をもじった「心の流れ」を表してもいます。移ろいゆく自然界に悠久の昔から滔々と流れ、過去・現在・未来へとその川の流れは、つきることがありません。森羅万象の命をその流れに乗せ永劫に流れる広大無辺となる川。この世の一切の万物がこの川の流れに身をまかせ、消えて（死んで）は浮かび（生れ）、浮かんで（生れて）は川底のもくずへと消え（死に）去っていくのです。

大宇宙の移ろいゆく自然界における川と、小宇宙内にある心の流れをかもし出す川と、奇しくも一体となり、娑婆や浮世のうねりや波に抗うこともなく、身をまかせ流れゆくことも大事なことです。森羅万象の一つ一つの命が時の流れから切り離されてしまった時に、初めて命の終焉《しゅうえん》を迎える事になるのです。

この川の源はと言えば、誰も見たこともなく知るよしもありません。ただ考えられることはこの大銀河系が形成され、この太陽系に地球が誕生し、徐々に森羅万象が現れ、人類も誕生してきた時から、黙々と川は流れ続けているという事です。「川」とは形を変えたこの世の存在を意味し、移りゆく世の姿そのものなのです。

　この川の流れも、「太知川天止《たちつてと》」の「止《と》」で塞ぎ止められれば、この世は滅びてしまうことになります。さあ、川の流れが止まり天も自転、公転せずに天が止まってしまうことなんてあり得るのでしょうか。

「川《つ》」の「川《かわ》」を、単なる象形文字の意味のみでとらえてはいけません。「川《かわ》」の字を「川《つ》」と読ませる妙味に、はかりしれない先人の英断があるのです。「木々は大地の心、山はみ仏の心の連なり、川は心の流れ」と言えるほどに、自然の内懐に包まれたいものです。

天《て》（移ろいゆく自然界の上に一天あり）

　この「天」なる文字の意味を、まず辞書でみると、①空よりもさらに遠く高い所とされ、天文学では天球を指す。②天地万物を支配する神。③神・精霊・霊魂の居ると考えられる所や不浄・偽りのない世界を言う。④人間の力ではどうすることもできない大自然の働き。⑤地（荷物・本・掛け物などの）上の部分。⑥天・地・人と等級の第一位。

　なるほど立派な意味ばかりです。やはり人目には、どこまでが空で、どこからが天なのか、その区分《くわ》けは難しいようです。「太知川天止《たちつてと》」のつながりから判断してみれば、川のように流れ千変万化をとげ、移ろいゆく自然界（大）の上に「横一」があり、「天」となるのです。

私の「空《くう》」の見解の今一つは、「八方世界（八つの空の下のこと）すべてこれ天（丶）なる冠り（冖）をかざし、小宇宙内の一天（人間の脳天）を持って「空《くう》」（九）というなり」。

「工」とは、既述したように「仏」の意味を持っていますが、次なる考え方もできます。あの「左」の字にもあったように、人間が持っている小宇宙内の脳天を表す「一」と心の土壌を表す地の「一」との間で、考えや思いが通じる仏の知恵のこと（縦棒）を意味するのです。そして、この世のすべてが天なる冠りで覆われていることになります。

また、この「天」なる文字をじっとよく見据えれば、「人」なる文字が「三人分」で組み合わされているのが浮かび上がってきます。人だけではありません。「空」の字にも三世諸仏がおられたように、この「天」なる字にも三世諸仏がおわします。よく見てください。その字の三人なり。

「天」は真空状態の所で一切の動きはなく、「空」には対流圏や成層圏といった大気圏があります。この「空」の中で、移ろいゆく自然界が息づき、森羅万象が恩恵を被《こうむ》っているのです。

こんな自然界の中で、人間はこの天を仰ぎ見、神仏らがおわします天に見守られて過ごしていくわけです。前世の姿を持つ過去世、誕生から死までの現世、死後の世界をゆだねる来世と、どの世においてもすべてこれ「天」にかかわりのあることになるわけです。神仏等は過去・現在・未来の三世を行きつもどりつしながら、森羅万象の命の根源や姿を見守ってくださっています。地上で修行をし続ける側においても、三世にわたり見渡せる術を習得しなければなりません。また、人間を初めすべての生き物は、過去・現在・未来に亘って次から次へと生まれ変わっていく境遇なのです。心を持つものにとって存在する欲界・色界・無色界の三つの世界も、この天の下にあります。

「天」なる文字は、工夫の「工」と人や大との合成文字でもあります。また「天と地」を表す「二」の間を「日」が「亘った」ように、人の知恵や思いが駆け巡る所も天であり（二と人との合成も含む）、母なる大地がすべて天（空間）で包まれていることも理解できます。

「平和の平」は、「天と地（二）を思う心（忄）がどんどん芽生え、平らにどこまでも続くこと」であります。この天と地への切なる思いを持っている人が、「仁《じん》」なのです。

　また、天は丸いという概念があります。「丸い」という文字は「九」と「丶《てん》」（天）から構成され、「九天」が想起されます。九天の下に「九地」があることから、「丸いことは九天九地」なる言葉を派生して、「天のてっぺんから地の底までや大宇宙が丸い」という意味だとお話ししました。もう一度思い起こしてみて下さい。

この世に生を賜った幾多の昔人たちは、この天を仰ぎ見て、一体何を考えたことでしょう。やはり、人類がいついつまでも平和に、またすべての者が平穏に過ごせるようにと乞い願っていたにちがいありません。

また、天自身が、天地開闢《てんちかいびゃく》以来、現在に至るまでの万象を記憶に留めているでしょう。人は、死後霊魂や精霊となって天界に浮遊し、様々な下界をうちながめ見おろしていることでしょう。

天を仰ぎみれば無限の夢がふくらみ、しっかりと生かされている事の喜びが沸々と湧き上がってきます。燦然と輝く太陽や満天の夜空をながめていると、自分が森羅万象の一員であることを感じ、「太陽の子」であるが如き錯覚にすら陥ります。

天から流れてきた川は、この地球全体を包み込み天に向かって流れていきます。いずれは、この太陽系を中心とした一つの存在が銀河の大河へと流れそそぎ、本流の中に浮かび上がってくることでしょう。

止《と》（二世代で止まり、絶滅危惧種となる）

さて、一体何が「止まる」かといえば、「智顗《ちぎ》」さんのお言葉にある「一切衆生悉有仏性」を既述しましたが、つまり、一切のあらゆる動植物の命の継承そのものに仏性があると言えることは、「親・子・孫」の三人つまり、三世代の継承が常に繰り返されて、はじめて仏性があることを意味しており、「止る」の文字には二人のみとされていることから、絶滅危惧種となり、この世から消滅してしまう事になるわけです。今あの「メダカ」が指摘され、「こうのとり」（天然記念物）や「信天翁《あほうどり》」も　それらの部類となりかけ、捕獲厳禁で保護鳥になっております。では、「正」の字には三人（三世代の継承）と書き、常に三世代の反復繰り返しが「正しい」わけです。つまり、「止る」文字に、もう一画の横一を記入すればよいことで、即ち丅と止と重複合成の技法で、縦棒の部分で合成され、「正の字」が形成され、常に三人の三世代となり、「正しい」となっているのです。ここで「止る」の文字上の三画目を払い棒に変化させれば、「疋らない」となります。

三世代を育てる「土」にこの「疋」を付加すれば、「走る」文字が、そして止るに少しを付加すれば、少しずつ止ることから「歩く」となるわけで、「走る歩く」に当てはめ、動物の足は止らずに歩いたり、走ることもできるのです。

私達は、母の胎内から心臓が走り始めこの世を全うするまで止ることなく走り続けているわけです。極端にいえば、古来永劫に心臓は受け継ぎ走り続けているのです。また、結婚し妻に宿った子に胎内の中で心臓が動き出し出産して継承していくのです。

だから、二代目で跡継ぎがなければ、二代目の心臓が止まった段階で継承が終わり、絶えてしまうのです。この世に生きている動物はみな、息絶えて同じ結果となります。ゆえに、仏性とは三世代の継承の繰り返しが「正しい」ことになるわけです。

旧い字の如く左片すみの杭《くい》をさし込んだ様な縦棒に注目することにしましょう。一体この縦棒の本性は何なのか。草木やあらゆるものの成長を止めたり、進行中や継続中のものを止めるのは一体何なのか。その概念は「旧い」や「存在」の、「子や土」の横の縦棒にも反映されています。そうです。昔人の高度で絶妙なるテクニックが施されているのです。いずれも、この短い縦棒に真意が宿されているのです。とくと考えてみて下さい。

いったんこの母なる大地に根づき、ひとたび地肌に顔をのぞかせふくらんだ芽や苗は、明るい日差しにより大地から養分を吸収しながら成長を続けているわけです。この明るい日差しが、ひとたび塀や柵などで遮断されてしまうと、芽や苗の発育や生長が進まなくなり、ついには生長が止まってしまうことになります。

「人の噂も七十五日」と、なにごとも日に当たらず人目にも触れなくなれば、もうそれは、人の脳裏からは「旧《ふる》い」存在だとかたづけられ、ついには誰からも相手にされなくなってしまいます。このように、なにごとも日差しを受けず日向《ひなた》からかくれてしまうと、成長が止まってしまうことになるのです。

また、「幼児《おさなご》」の「児」はこの世に生まれてまもない「児《こ》」だけに、いきなり日が直接当たる場所に出すわけにもゆきません。この直射日光を避けるということは、ひさしの下や、建物の中で育てねばなりません。何も、「旧《ふる》い」という意味あいからもってきたのではないという点に気づかれるでしょう。

日の出により、地上に昇った「日」は天と地の「二」の間を移り動いていくことにより「亘《わた》る」の文字となり、ひとたびこの大地（の一）に昇った「日」の「旦《たん》」に、止まらない（疋）ということの足をつけて「是《これ》」となります。日が宙天を徐々に動いている事を表す文字の「是《ぜ》」になるわけです。「日」の項目のところで記載済みです。

「天」は無限の大地の「上」にあるのが当たり前のことで、すべての成長を止めるためにあるものではありません。ここでかの有名なる諺「天は人の上に人を作らず、人の下に人を作らず」と、天は森羅万象すべてにおいて公平なのです。

以上のように、「太知川天止《たちってと》」の行はすべて自然界に人間を遭遇させており、しかも人、一人一人の力がいかに微力であるかを認識させてくれます。自然界は「神仏の合力」で構成されている関係上、当たり前のこととも言えます。

この「太《た》行」をもって、太古の昔人は、今なお私たちに警告（鐘）を発してくれています。「大予言者」であるかのようです。

「時の流れにつれて、豊かなる文明科学の知識（太知）を持ち過ぎ、誤った方向にその力を駆使し過ぎれば、自然界の構成や仕組みを壊滅することになり、この世とこの天は止まってしまい、終わって（天止）しまう」と。

昔人は、今の世の文明科学の時代が訪れ来たることを予言として言い当てているのです。原水爆の脅威や大気圏を飛びかうもの（ロケット・ミサイル）の出現、生態系をそこねる有害な物質の放置は自然界を破壊へと導き、人類は滅亡の道を辿ることになるよ、と言明しているのです。

現代人の私たちは、昔人の皆々様に対し、「前略拝啓殿、安らかなる永遠の眠りの賜らんことを祈る」と同時に、今後数千年の未来の方々に対しても、素晴らしい地球を愛し豊かに暮らせるよう、あらゆる英和をふりしぼらなければなりません。

過去・現在・未来にわたり流れ続ける川は人類のみのものにあらずして、森羅万象を含む、移ろいゆく自然界のものであります。常に愛される地球のあらんことを祈りながら。

奈《な》仁《に》奴《ぬ》禰《ね》乃《の》

奈《な》（天地にみ仏の心を大きく示せ）

「奈《な》」は文字通りに「大きく示せ」と書かれています。「大」とは移ろいゆく自然界の様で、そんな自然界の内懐《うちふところ》にあるみ仏の心が大きくて偉大なのです。「示す」は「天地の二」と「立身偏の心」との組み合わせです。時には一切のム（仏）の心から、み仏を示していることにもなります。当然、しめすへん（ネ）の語源でもあります。「天地に宿っているみ仏の真実の心を大きく示す」のであって、心ない誇大広告等を示すのではありません。奈良時代に都として栄えた「奈良」とは、正に「良いということはみ仏の心を大きく示せ」というわけで、的を射ています。反面、地獄の意の梵語の音訳として「奈落」なる言葉もあります。良いことを常に示し続けていれば、なにも奈落の果てに落ちる事などなく、平和が続くのです。

今でも奈良には由緒のある古い寺社仏閣が数知れずあり、多くの国宝級の仏像が安置されております。その分良いことを示している事も、奈良全体が物語っています。とりわけ、大仏様の心根たるや、天地心霊の一点をあおぎ見て、悠久の昔より今なお日本全土にわたる平安を乞い願い、見守る人の心にも欺瞞や煩悩は立ち消え、大いなる安らぎと平安を与え、心和むこと必定であります。また一方、昨今の非人道的な行為をする者に対しては、罪咎への悲哀と憂うる心を傾け、果ては奈落の底へと落ちこんでいく様々な人間を、千里眼の目をこらし、じっとうちながめていらっしゃるようにも思えます。

善にしろ悪にしろ同じ一つの心から生まれ出る事であり、日頃の心の持ち方で決定されます。心静かなる黙禱にふけり続ければ、宇宙根源の心根もいつしか心深く宿り来たる事を大きく示したき所であります。

仁《に》（胸懐に光り輝く核を持った人《ひと》を仁《にん》という）

「仁《にん》」の意味は「細胞の核の中にある光った丸い形のもの」と辞書にあります。一人の人間自身を単一の細胞と見た場合、その細胞の奥深くに丸く光っている核とは心のことでしょう。

「仁」の文字は、三人の人で構成され、三世諸仏の心を持しています。よって、「天と地に思う心をわきまえた人」なる意味を持つことは確かでしょう。なかんずく、人の心の中にも、何か光り輝いた丸い価値のあるものを持っているなんて素晴らしい事であります。やはり「仁」とは、「知者や賢者で物事の道理をわきまえた人」のことでなおかつ、「いぶし銀の如くに心の奥底に光り輝いたものを持った人」を指しているのでしょう。

この「仁」の文字ができた当時には数多くの「仁」なる方々がおられたのでしょうが、今の世は、いわゆる銭《ぜに》や金にまつわる物質面への執着心や我執にとりつかれ、本来的な自然や非物質的側面に対する寛大な心が少なくなったと思われます。一体全体今の世はどういう方向に向かって流れているのでしょう。このままでは人の心根は寒々と冷えきり、金欲・物欲・性欲とどこを向いても欲望だらけの世界です。こと生きゆく使命をよくよく認識し心せねばなりません。はてさて、悠久の川の流れは一体いずこの世界に流れつくことになるのでしょうか。

奴《ぬ》（生む人が受ける側の立場になってはなら奴《ぬ》）

「奴」とは「女偏と受ける意味の又」から構成されています。「女」とは「七（生む）と人」との合成文字で、大きくは母なる大地を指し、小さくは子を孕み生む者です。

当然この生む側のものが、受ける側の立場になるのは、相反する行為です。生み芽ぶかせ、みのりを与える本来の姿ではなく、耕し育てみのりを受ける側の男の役目をかねた女となることから、何々をしては「ならぬ」と否定の意を表すことと定義づけられていま す。この文字ができた当時の昔からの話で、一家を支える働き手は男の役割で、女とはただひたすらに子を孕み生み育て、母として家庭を守り、大黒柱のある側面を支えることが本来の姿であったと言えましょう。

しかし現代は、男女平等の思想から、女性が世の中へ進出し、大いなる貢献がなされています。

公平や平等の立場は尊重しなければなりませんが、やはり男性側から考えて見た場合、やさしみに満ちあふれた女性を愛《いと》しむものでしょう。女の本性でもある母性愛を最大限にうち出し、側にいるだけで安らぎを与えてくれる女性など最高といえましょう。男まさりの気性で気の荒い女などは犬も食わぬことでしょうが、そういう女に仕立て、追い込む側の男にも一端のみならず全面的な責任があるともいえます。「奴《ぬ》」は女の立場を表現しようとしたのでしょうが、男も女も、「仁」なる人になり得るよう努めねばなりません。

「凄《すご》い」の字などは、「妻《つま》」というものを瞬時に観察しとらまえた文字です。女の上の字は「十」と「ヨ」との合成で、み仏を鋤いて芽生えさせると表現されており、女の本性を露骨なまでに表現していて本当に凄いことだと言えます。やはり、妻は妻として尊敬しなければならないでしょう。

「努《つと》める」とは奴にならぬように「力」することです。「力」を添え加えること自体大いなる「努力」を要する次第です。

さしずめ、「仁」が知識人や賢者を指して言うのなら、「奴《ぬ》」は反対の立場にあるものを言っているのでしょう。当節風に「奴《ぬ》」を解釈すれば、相手の立場を無視した自我の強い輩を言うのかもしれません。心して努めねばならないでしょう。

禰《ね》（人々が集まり祈りを示す敬虔《けいけん》なところ）

この文字ほど得体が知れず、真意をつかみにくいものはありませんでした。でもいつものように、最後まで諦めず、ただひたすらに想像をめぐらせ、時には直感的に、またある時には婉曲的に考え抜けば、大概の場合効を奏するものです。

まず、「（ネ）偏」の右側に位置している文字全体が何を表し、示《しめす》さんとしているのかが、皆目見当もつきませんでした。

「奈仁奴禰乃」の前後の関係から想像すれば、何らかの形で心のある状態の様を示すということがまずわかります。

右側の文字を説明する前に「雨」の文字の構成を思い出してみました。一・四画で「人」が、二・三画に「ム」が逆字でなされ、これだけで「仏」の字が出現し、次に水玉《みずたま》の水滴がしたたり落ちています。無論、水滴に違いはないわけですが、雨そのものは天の心の状態からしたたり落ちてくるのですから、四天（点）は「慈悲喜捨」のしずくを意味します。そんなことから、渇き切った母なる大地への慈雨（恵みの雨）、母なる大地に豊かなみのり（肉月）を与えようとする思いやり（悲）、豊作の「喜び」、そして育つか育たないかを見きわめる「捨」を降らせているのです。つまり、「雨」とは「み仏の心」を降らせている事なのです。

「雲」とは雨に云（言）うとなっていて、雲が出れば雨が近いことを意味しています。無論「云う」とは「天地の仏が云う」ことであり、人はそんな天地の仏に出会わなければならないという事です。

「禰」の字に戻りましょう。こうも考えられます。右側の「爾」とは、大勢の人々がある建物の中に一堂に入っていることではないかと。どうがまえ（冂）の上の左右二つの点々は真中の縦棒にて区切られている関係上、まず立心偏（忄）の心を表しています。どうがまえ（冂）の中のペケペケ（××）は大勢の人々を表しており、一つのペケで二つの人の字が組み合わされているものと考えられるので、四つのペケ（×）だけで八人が入っていることになります。とにかく大勢の人々がひとところに居るわけですから、とてつもない大きな伽藍かそれに近い建物に違いありません。

昔、ある時、写真やテレビの画面を通してちらっと見たことのある光景で、頭にターバンを巻きつけた人々の国にある寺院内だったと思いますが、それらにうち続く広い境内の中庭に大勢の人が集まり、同じ方向に腰をかがめ、両手を大地にひれ伏し、祈りの為に頭を垂れていました。そんな情景が思い出されます。

さすれば、「禰《ね》」とは多くの人々が一堂に会し、敬虔なる気持ちで身や心を祈ることに没頭させ、み仏の心を示し、祈りを表す所です。そうなれば、高らかなコーランの声色や、あるいは僧侶たちが道場で腹の底からしぼり出している読経の声が聞こえてくるようにも思えます。あたりの静寂をより深閑とさせ、まるで大地の底から湧いて出る地鳴りの如くに。読経の声や、呪文を口ずさんでいる言葉の意味はさっぱりわからなくても、とにかく聞き入れるだけで有難いという気持ちにとらわれます。

「禰」とはこのように壮厳で厳粛なる心を縦横無尽に示さんとする所であることに違いなく、次の祈りを示す「乃」に続く由縁です。本当に写実的で意義深く、そして大変味わい豊かな文字と言えます。

乃《の》（最高の祈りも五体投地から）

「乃《の》」の字を辞書でひもとけば、「すなわち、つまり、なんじ、あなた、の」等とあります。既に「左行」で述べた「之《し》」には「これ、の、ゆき、よし」とあったように、いずれも意味深長な風に受けとめられ、興味がおのずと湧いてきます。また「之《し》」が人のあるべき敬虔なる姿から来ているのと同様、この「乃」の文字も、まさに神仏を崇拝するという敬虔なる人の光景が写し出されております。その姿態を真横から見た姿が思い浮かぶでしょう。穴のあくほどとくとご覧あれ。

この「乃」なる文字からは、両の手が大地に触れるように両腕を延ばし両膝を折り曲げて腰をかがめて地にひれ伏し、今まさに祈りに入ろうとしている光景が目に浮かんできます。み仏への忠節なる心を示さんと、大勢の人々が一堂に会した「禰《ね》」のあとに続く「乃《の》」の意味が慮《おもんぱか》られてきます。「禰《ね》」の文字の中の人々の一人一人の祈る姿を乃の一字に浮き彫りにした思惑に、はっと胸を打たれる思いがします。この祈りを捧げる姿には、大人も子どもも、老いも若きも、翁《おきな》も媼《おうな》もありません。とにかく老若男女全てなのです。

　この「乃」の字を取り入れた文字に「秀」や「及ぶ」などがあるのは、すでにご存知のはずです。さて「秀」とはどんな人の状態を指しているのでしょう。人の木と書かれた「禾《のぎ》偏」の意は、まさに「人の心の土壌で育つ心の木」です。その「心の木に乃《の》が寄り添うことにより祈り心がどんどん芽生えて、「他より秀《ひい》でる」ことになるのです。「憂いのないひとが優《ゆう》」だから、「秀《しゅう》」は優る域を超越し、祈りへの無垢なる心の状態です。この二字を重ねれば「優秀」となり、もう、鬼に金棒です。「劣る」も考えてみて下さい。優劣を決しますよ。

　さて次に、「及ぶ」という字について進めてみましょう。この「及ぶ」の文字は見て字の如く、「乃」と「人」との合成で、「祈る人」のことです。つまり「乃の状態をどんどん続けられる人には、祈り（乃）がどんどん及んでくること」になり、菩薩の種子である「子」が心の中に芽生え及んでくることになります。祈りの深い人の存在感たるや大きく、「存」にある子同様に、人に菩薩の子（種子）が及んでいるのがおわかりでしょう。

「種子《しゅじ》」とは密教で「仏、菩薩」などの諸尊や事項を象徴的に表す梵語で、五姓各別にあるうちの一つの菩薩種姓が身に及んでくることになります。こうなれば、悟りへの手掛かりや糸口を自らの手でつかみ、切り開き始めていくこととなります。「遊ぶ」とは、（之《し》続《にょう》）祈りを続けていれば人の心の中にある菩薩種子が、仏の方に向かって「遊ぶ」ことになるという事です。

また、て（手偏を表わす扌）に及ぶとなれば、何かを「扱う」ことになります。一体何を扱う事になるかは、ご想像におまかせしましょう。

このように昔人は目で見た事だけでなく、精神的世界で感じとった情景までを文字で表しているのです。

以上ここまでくれば「奈仁奴禰乃《なにぬねの》」の真意はおわかりいただけたでしょうか。ここで、祈りを示す人の中に他よりすぐれた「仁」が入っているのは、とりもなおさずその人の核の中に「仏心《ぶっしん》」が息吹き、核の字の中に「仏」の字が入っていたように光り輝いたものを持っているからです。また、知者や賢者が必ずしも信心深くおられるとも限りません。法然上人の一枚起請文の中に、「たとい一代の法をよくよく学《がく》す共、一文不知の愚鈍の身になして、尼入道の無智のともがらに同じうして、智者のふるまひをせずして、ただ一向にねん仏すべし」とあります。

「仁奴《にぬ》」とは、この世に生を賜っている「すべての人々」と解釈することが正しいのです。また、自分自身が仁奴のいずれに入るのかは自分自身がよくわかっていることで、あえて、事こまかに詮索する必要もないでしょう。

「奈仁奴禰乃」の「奈行」の大意とは、「ひとは皆、身をもって祈ることを大いに示さん」と、この世のすべての人々に対して大いに諭しているのです。

＊

さて、この「安以宇衣於」もやっとのことで中盤まで辿りつくことができました。昔人の傑出した知恵や卓越した眼識にはおそれおののくばかりです。なにげない単なる文字の羅列にも、まさかこんな大それた思想や世界観がうち広がり展開していようなどとは、夢思いませんでした。昔人の生活環境は厳しく、安穏なる生活すら送ることが大変だったことでしょう。また当時の人間関係を想像してみれば、それなりに複雑で、別の視点からも諸問題がたくさんあったかも知れません。

一方、現代はといえば、食物一つにしても季節感は乏しく、身につけるべき栄養すら、かたよりがちではないかと心配されます。百年千年後の人類は一体どのような生活様式になり、その頃の人間関係は……と考えてみるだけで気の毒なような気がしてきます。どんな時代のどんな世の中に生まれ出ようとも、人間が持っている本性は変わることなく生かされてゆき、心が大切と思われます。さて、次の「波比不部保《はひふへほ》」以下何がとび出してくるのか乞うご期待といきましょう。

波《は》比《ひ》不《ふ》部《へ》保《ほ》

波《は》（三界に打ちよせるは娑婆のうねりなり）

「太《た》知《ち》川《つ》天《て》止《と》」の行には川が流れていました。この「波行《はぎょう》」にいきなり波を打ち出してくるなど漢字の作者の行き届いた配慮がうかがえます。私たちは自然界の川の流れや潮騒などは熟知していますが、天《てん》・地《ち》・時《とき》の流れをさそう悠久の川の流れや、此岸《しがん》（この世）と彼岸《ひがん》（彼の世）との間に漂う娑婆（一般社会）や浮世（この世の中）の世界に大波小波のあることをご存知の方は少ないようです。各人に打ち寄せる波は大同小異、千差万別です。

この「波」の文字は、大きなうねりから、小さなさざ波に至るまで、変幻自在です。

「氵を三水偏」と読ませ、その源流は川から持ってきており、「水」の本質を意味します。次に「皮」を「かわ」と読ませる字を持ってきているところなど実におもしろい。あたかも「川の二乗が波」で、即ちかわとかわとが一つにぶつかりあう所に波が生まれてくるように思えます。実際にも、水と水とのぶつかりあいから、波が生まれます。また、うねりや波というものは、辿りつく岸辺がある所にまで打ち寄せるのが普通です。もしこの岸辺がなければ、大海原がどんどんとうち続いていくのみです。

次に、「皮」とは、よく見ていただければ最初の二画目までで「み仏のム」を真っ逆さまにしての書き出しからなり、その次に「支える」という文字を見破られないように合成しているのがわかります。

つまり、「皮」とは、めばえた（十）み仏（ム）を受ける（又）こととなります。すべての実りには、その内部の果肉を保護する為の皮があるわけです。

また母なる大地で言えば、雑草や灌木で覆われた地肌が地球の皮に相当する部分で、水の部分においての皮とは水の表面のことをいい、つまり波です。端的には水や川の皮が波で、水と波との関係は切っても切れません。これも自然の力が織りなし造形してゆく、自然界の摂理法則なのです。

川が流れる以上、波は絶えることもなく、現実の社会においても波は毎日、ひたひたと打ち寄せているわけです。娑婆や浮世の世界に波が押し寄せるがゆえに、うねりが生じ、世間を洗い流していき、様相を変えてゆくことになります。

み仏の精神である心の支えも、娑婆や浮世の世界でそこに漂い流れる「波間」から得ることになっているわけであります。

また、「芽生えたみ仏を持っている人々」が「彼・彼女・彼等」。ぎょうにんべんは複数の人々を表しています。彼岸《ひがん》におられる彼《か》の人たちは今は既に完成された仏を持っておられる方々です。私も仏、彼（女）も仏、当然、貴方《あなた》も仏となっているのは当たり前の事でしょう。

以上、私たちは波間に生かされていることになっている関係上、世間の荒波にもまれ成長するのはよいのですが、決しておぼれたり波間に呑み込まれることなきように。おぼれ、呑み込まれてしまえば海底の藻くずと消えるのみで、一巻の終わりとなります。

比《ひ》（み仏の化身の育ち具合を比べよう）

「くらべる」ことですが、一体、何と何を見比べたのでしょう。でも昔人は何かを見比べたことは確かです。

この「比べる」の字は、「上と化ける」との合成です。「人」が「上」の文字の二・三画目に横たわり寝そべっているのがわかります。そして「匕《ひ》」へとつながっています。「化かし」の「化」なる真意とその由来はと申せば、人偏が入っている関係上、人としてこの世に産声を上げ、成長してゆく状態の中の一つとしての現象と見受けられます。

つまり、「左側の人」はもう立派に一人歩きができ、しっかりと思考する能力が備わり、この世で誰の世話にもならず生きていける状態の人であると考えられます。ところが右側の「匕」の字は、年の頃あいで言えば、この世に生まれてまもなく、やっとのことで乳離れがして腰も次第に座り始めた幼児です。はいはいすることに疲れたのか、いったんその場にじっと両足を投げ出して座り、そして今まで座っていた子が母親に甘えて、抱かれようとする正にその時の瞬間、赤ちゃんの紅葉のような両手は母親に向かってさしのばされ、だっこしてもらうことを要求する、そんな時の情景を真横から見た姿と見えます。

そんな幼い頃の姿を記憶にとどめていた人と、その嬰児とが数十年振りに再会したとき、あまりの立派な成長ぶりに驚き、昔見た過去の記憶の残影と現在の立派な姿とが、脳裏で交錯し、同一人物の過去と現在の姿が一瞬「化けた姿」となって眼前に現れたのでしょう。

そんなわけで、この「化」の文字の左右の間には、時間の流れが根底に息吹いています。この文字ができた当初は「人をだまし迷わせる」という大それた気持ちがあったわけではなく、むしろリアルでコミック（喜劇的）風な着眼からと思われます。

この「匕」（幼子）の一字には、ひ弱さを感じます。そばには、ういういしい母親の慈愛の目が片時もなく光っていることでしょう。「子等への母のやさしさ」は昔も今も変わりなく続いているものと考えられます。

このように、過去の残影と現実を直視する視野との交錯は「化かしの思想」を育《はぐく》み、今日までの長い年月の間には時間の流れが次第に早まり、いつのころからか瞬時の変化が「化かし」となったのでしょう。

ここに「能《あた》う」と言う文字を見てみましょう。ここにある「匕」も幼子の意を持ち合わせ、「幼子等の肉月（体内）に、次第にム（仏）が宿ることが可能の能《あた》う」となります。この肉月の月に、完全に成長を見守ってくれる仏さまが入れば「育つ」という字が出てきます。実に見事なる「化かし」ではないでしょうか。

「仏さま」の頭上に「草冠」をいただいてできた文字が「芽」となり、この「芽の字にある仏さま（牙《きば》ではない）」が化けて「花」となるなんて、全く思いもよらないことですね。私自身特に、この「芽」から「花」へ成長した「化かしの行為現象」を、「弥陀の化身」だと特別に表現し考えています。

「匕」とは人の成長過程のある状態を表現しているわけです。かつて、仏像のご尊顔が生まれて間もない赤ん坊のやすらかな寝顔を描写されたものだとよく聞かされました。また、そのような書を高校の授業で習い読んだ記憶もあります。以上のことと、「芽」から「花」への「見事な化かし」から、次の新たな見解が生まれます。「み仏の字」を草冠の下に含んだ「芽」が、「花」となりかわり咲きほこるのですから、「花」の草冠の下の「化」はとりもなおさずみ仏が人に化けて咲いていることになります。「化身《けしん》」とは「み仏（匕）が人に変身した身のこと」をいい、辞書にも「神仏が教化のために人間その他の姿を取り、この世に現れたものやまた、そのお姿」だと説いています。

次に「化主《けしゅ》」という言葉があります。「化身」と同じように、「み仏（匕）が人に化けた主《おも》なもの」と解せられ、その真意は「衆生を教化する主の意味」から「仏」そのものの意味や「高徳の僧」、はたまた仏道を説き、寺院の費用にあてるため人々に施物を請う禅僧、とも解説されています。以上のことから、「化《ば》ける」と「化《ば》かす」とは同じ字であっても、その行為たるや全く異なり、また「化ける」の意味の語源のほうが古いように思えます。

「化かす」ことは「だまして、人の心を迷わせる」ことで慎まねばなりません。以上「化ける」話はこれまでにしましょう。

さて、「比べる」とは見比べることであり、土の中から発芽したものを二つ掘り出し、発育具合を双方並べることによって見比べていることになります。

おそらく、田の異なった芽の発育具合を見て、肥えた土壌かやせた土かを見極めるために、同じ種類のものを相対視し、見比べ対比したのでしょう。別々の土地に植え込んだ同じ種の発育状態を観察することによって、土壌自身の肥沃さを調べているのかもしれません。より多くの収穫を得るには、土の状態をよく見て、どのようにすれば稔り豊かな土壌になるのか研究しているようです。

田や畑にも、人の心からの思いやりや愛着心の多少の差が絶えず反映しているようで、手を抜けば手を抜いただけの解答を自然界は下すことになっております。「大地に芽生えた（上の字の意味）化身」を「比べる」こととなる真意がくみとれます。

また「比べる」の親戚の字に「此《こ》れ」なる字があります。ほぼ同じ着眼発想の文字ですが、「比べる」は複数の化身を対象にしており、見比べた結果、単一に育ったものの化身をもって「此れ、此の」といっている次第です。

さて、「比《ひ》」の字を「白」の頭上におしいただいている漢字に「皆」があります。「日や月」の字にみ仏が宿されていたように、日に人が加われば「白」となり、森羅万象が素直になんのまじりけもなく、すくすくと育つ色合いなのでしょう。また、人の立場や状態などで、「罪の疑いがないことや潔白や無罪」などとも使用されます。この白にみ仏の化身が宿されているものが「皆《みな》」となり、私たち一同のことをさし、「夫《そ》れ清《すめ》るは天性、濁《にご》るは地性、陰陽交りて萬物を生ずる。ことごとく皆佛性あり」（五體加持）となります。

最後に「北」なる方位とは、やはり「仏の化身が芽吹いている方向」をさし、私たち人間を含む森羅万象が、この北の世界で生息していることにもなっているそうです。四天王の一人の毘沙門天さまが北の方位の守護神で、また七福神の福神でもあります。

不《ふ》（地のみの心だけでは示せない）

「あらず」「不」の文字の上に、もう一画の一（天）があれば、「天地のみ仏の心」を「示す」という漢字になります。一方「不」の三画目が「丁《ちょう》」（仏）のようにはねず、頭上に天がなければ、天に思う（神仏は天にもいることになっている）感謝の気持ちもなく、地のみの心（地上の世界）だけとなり、かつみ仏の心が入っていないから駄目だという事になります。

「不」は「実《み》（口）に不《あらず》」と否定の「否」となり、時には可能を不可能にも変える力を持っています。もう一度この「不」の字について、眼光紙背に徹して下さい。「人の心」と書かれているでしょう。その人の心にみ仏が入っていませんね。「示す」の字の三画目は見事にはねていましたね。はねるかはねないかで「仏の有無」を質《ただ》しているのです。

即ち、心にみ仏がないということだけで、物事の有り様が打ち消されることになります。常々から「示す」が如く、天に対しても、地に対しても、心から祈り敬虔なる感謝の気持ちを抱くよう心掛けねばなりません。「斤《はか》（計）り知れない心を示す」ことが「祈《いの》り」となります。この場合の「斤」は「心の重さ」を言っており、示すことの一天への思いにその重厚さを感じます。

まして人の心たるや、天と地といずれか一方のみではなりたちません。「奈似奴禰乃《なにぬねの》」の各文字や大意にもあったように、いつまでも祈る心を欠かさず大きく示すことが大切です。前述の「比」にしても、地のみの土壌の力ではとても実《み》（口）は育たず、天と地の融和した力、即ち自然の御加護があればこそ、立派に育つわけです。大宇宙自身の天と地、小宇宙内の天と地、小宇宙同士（人と人）の天と地と、いずれも皆、天と地とが交わる関係から、すべてのものが誕生してくるのです。

かくの如く、「示していないことが不《あらず》」で、何事もみ仏の心を持って示すことが大切なことではないでしょうか。

最後にこの示すが「ネ偏《しめす》」になっていることを再認識していただければ幸甚です。まして、「ネ偏《しめす》」と「衤偏《ころも》」とは一画違い、はてさて両者の特徴とはいかなるものでしょう。

部へ（立ち働いてふやした実《みのり》の色づくところ）

邑《おおざと》偏と阜《こざと》偏の区別について

この文字は、二つの部分からなり立っています。「音」と「阝」との合成です。

音は実《み》（口）や作物を増やさんが為に立ち働くことで、そんな時にでるのが「音」です。こんな立ち働く時に出る音も音自身が門をくぐる頃には闇《やみ》（日没）がきます。

また、立派な果実や果肉ができるように音に肥沃なる土を与えれば、「培《つちか》う（培養）」となります。このように「音」には、（人が）立ち働き、実（口）を成すという意味が含まれ、そこから「ふやす」という意味も含まれます。この字に「人」が寄り添えば、「倍《ばい》」となるのです。

次に、阝（おおざと、邑）と阝（こざと、阜）です。これらは漢字のつくりや偏の一翼を担っており、当然「邑《おおざと》や阜《こざと》」の字自身に両者の真意が含まれています。

では、この「邑《おおざと》」や「阜《こざと》」についてすすめて行くことにしましょう。この「阜《こざと》」の字にも、お二《ふた》方のみ仏の字が連なり、芽生えの十で締めくくられています。最初の一画目の点は「なべぶた」との合成からで、実際にこのなべぶた（人）を取り払えばコ（ム）を縦にした字が飛び出ます。この理屈がとければもう一つも理解できるでしょう。

ゆえに、阜の字は「み仏の恵みである作物や果実が連綿とつらなり、みのっているところ」で、それがどんなところかと言えば、「小里《こざと》」なのです。今風に言えば田畑が耕され、夏にはナスやキュウリやトマトやカボチャ、冬には人参・大根・ごぼう等と、色々な野菜や果実が栽培され収穫し得るところがこざと（阜）なのです。小規模の人家が集まっているところで、あぜ道や里道が縦横につらなる田舎《いなか》の小村落をいい、邑《おおざと》（大里）にくらべれば人家の領域が狭い所となります。

一方、邑《おおざと》の文字も、阜《こざと》の文字にもあるように「一つ一つの口（実）が色づいていること」を表現しています。しかし、すでに収穫されてのちある程度時間が経ち、野菜や果実が出荷されて、市町村内に出廻るところが邑《おおざと》（大里）となり、人家が密集した所を意味していることになります。ゆえに、「邑《おおざと》」には、もうあぜや里道のいなか道はなく、牛車や荷車が行き交うほどの幅広い大きな道が続くのです。そして朝な夕なに市《いち》がたち、そこかしこに青空天上の露天で様々な商《あきな》いがもよおされていたことでしょう。

「邑《おおざと》」なる文字を分解してみましょう。「口」とはみ仏の恵みでもある「実り《みの》」です。これらの実りである食（作）物を私共の口《くち》から食《しょく》し、五体の健全を維持しています。次に「色」との合成の為に「巴《ともえ》」なる文字と結び合わせ、「色づいた実り（口）」が「邑」

となっています。元来、「巴《ともえ》」とは化身の二つの「匕」を縦と横に組み合せたもので、最初の一・二画で匕を横に寝かし、次の三・四画で立てた「匕」を持ってきています。また「巴」なる文字の意味は、トマトが青（グリーン）から赤に色づいていくように、内側の芯から外側に向かって、うずまきのように色づいていくようです。

人に置きかえて考えてみた場合、これに、腰の曲がった久しい人（老人）の意をもつ「ク《く》」と抱き合わせたものが「色《いろ》」となっております。「腰が曲がった年寄りに至っても、心の中から、むらむらとした欲望が湧き出てくる」こと自体が「色《いろ》」なのです。よい意味からも、お年寄りはいついつまでも夢と希望を追い求め、そんな色を絶《た》やさないことが、若さを維持しつづける「骨《こつ》」といえます。

話を戻しましょう。「邑」とは実《みの》りを表す「口《くち》」と色づいていくことを表わす「巴《ともえ》」との合成文字からなりたっており、色づいた実り（作物）は商《あきな》いの場に出てこられるわけです。

そんなわけで、「部」とは、色づいた実りをどんどん集荷しふやせる場所となります。そんな所には実りも多く集まり、かつ多くの人々が居住している所ともなれば、小里（阜）を離れ、大里（邑）ともなり、何家族もの集団が居住し、村落内での集りや賑《にぎ》わいをしめしたのでしょう。

以上のように、邑《おおざと》も阜《こざと》もそれなりに身近で大切な意味あいを含んでいます。「邑《おおざと》」

は比較的、土地が広いところで、「邦《くに》・部・郡・都・郊・郷」等があります。「阜《こざと》」は邑に比し、狭い場所のことで、「隣、院、随、陵、陰、陪、限」等々があります。昨今では交通機関の発達や道路の整備状況からかなりの田舎にまで民家が建ち並び、いわゆる昔風ののどかなる田園風景が感ぜられなくなり、心寂しい思いがつのります。いつの世になっても自然の内懐《うちふところ》で暮らせることは素晴らしいことで、心に留め置きたきものです。人類が栄えるかどうかは、自然を大切にするかしないかで決まります。

保《ほ》（自らの心の木に実《みの》りを保て）

「保《たも》つ」、何を保ちたかったのでしょう。集まるとは木の上に鳥が群がり集まることで、「隹《ふるとり》」は一般の（心の）鳥を指していました。これは大宇宙の自然界で起こり、私たちが日常茶飯事に目にするごく普通の光景で、とりたてて驚くに値しません。が、常に小宇宙観を持ち合わせる心の現象としてとらえてみた場合、一般的な「樹木」は心の中で育つ「心の木」となり、また、自然界で鳥の意であった「隹《ふるとり》」はいち早く、欲望や煩悩や執着を表す火の鳥に変貌します。これが心の木に群がり集まってきますから、ことはおもしろくなります。反面、欲望（希望や願望）や煩悩や執着心を持つことも大切なことで、自らの成長を促進させていくことからも必要欠くべからざるものです。ただ、これらをむき出しにせず心の内奥に秘め、「なにくそ」という闘争心や反骨精神を時には養わねばなりません。だから大願成就する為には、刻苦勉励するかたわら、祈り心が不可欠なのです。「進む」という文字にもあったように、「隹」には祈り心の意を持ちあわせる「しんにゅう偏」が必要となるわけです（之の項を参照）。

このように昔人は、大宇宙の自然界に起こる様々なる現象を人のみが持てる小宇宙の世界に導き入れ、どちらとも解釈できるように漢字を構成する術を駆使していたのです。仏《ほとけ》心の意を持つ「糸」など端的な例と言えましょう。また、象形文字から表意、合成文字に至るまで、様々な精神や思想を字形にうずめ込み、簡単にその真意を見破り見抜けないようにしているのも事実です。

三摩耶戒に「われらはみほとけの子なり」とあります。「法身《みほとけ》の慧命《いのち》を相続したてまつらん」との縁《えにし》がまたなんとも言えません。「字」そのものの文字に見える「子」は、一体誰の子かと言えば、ウ冠り自身に「仏」の意味が宿されている関係上、「字」そのものが「仏の子」となっていて、仏の知恵を宿された子だと解釈してさしつかえありません。

また「学ぶ」とは「仏ごころを持った字」を学べとなり、とても楽しいですね。

さて、「保つ」の右側の字は、木の上に果実が鈴なりの如くでき始めていく様を表しています。果ともなれば木に田んぼの「田」の文字がくるわけですから、もう完全に果実が鈴なりの状態です。このように、木に実がなる（大宇宙の自然界）が如くに、心の木（小宇宙）にも実り（口）を保つということです。母なる大地から、苦労したあげく鈴なりになった実りを取り入れ、日陰や祠に「保管」したことの状態を表すのです。

また、この「保つ」なる文字を真向からとらえ解釈してみれば、「人の心の木に実《みの》り（口）が成り、備わってくれば、人は心が休まることをおぼえ、この平常心は安らぎを生み、道徳的にも正しくあり続け、身を平穏に保ち続けられる」ことになります。

前述の「部《へ》」は、みのり（口）を成し、増やす為に立ち働いて得た、その口《み》が色づきました。そのつややかに色づいた豊かなる実（邑）を心の木に保てるようになれば、人は大いなる安らぎと安堵感から休息を得ることができます。心の木に仏が宿っている人が「私」であったように、人の心の木に、み仏の実《みのり》が成れば「和《なご》む」となり、正に心の大いなる安らぎを得られることになりましょう。

以上のように、「波比不部保《はひふへほ》」は、「娑婆や浮世の世間には、目に見えぬ波がうねり続けており、一つ一つの打ち寄せる波は、ここからここまでが、あるひと所の部屋の如く同じ分量や大きさの波だと比ぶべくもない」し、また途絶えるという事もないのです。また波のうねりが次から次へ打ち寄せる都度、古いものがどんどん洗い流され、もくずと消えて行く反面、新しい芽がどんどん母なる大地に打ち寄せては芽生えてきます。まさしくこの浮き世の波により、世間というものは刻々と移ろい変わってゆくのです。

時代が大きく移り変わってゆこうとも、知恵や知識の集積は科学の力となって、大いなる力を発揮するでしょう。しかし、いつの世になっても、人の本質とする心は変わることもなく、この世に生まれでた人は自分自身が持てる一人一人の力を駆使することにより人生そのものを切り開いて行かねばならないのです。神仏《みほとけ》たちが取りきめた私たち一人一人への使命感、端的に言えば「天命」を持ち、なんら不足に値《あたい》せず各人が一生懸命に生き延びることが課題で、大事なことです。人の心は永遠に変わろうはずはありません。「浮世の波、定《さだ》かならず、比ぶべくもなし」とは、まさに己《おの》が心に対してと言えましょう。即ち人生とは、ここからここまでだよと計れるものではなく、「有為転変《ういてんぺん》の如く、世の中すべてのものが絶えず変化して、しばらくの間も同じ状態にとどまることがない」というように、波瀾万丈になるのはいた仕方ないことであります。

末《ま》美《み》武《む》女《め》毛《も》

末《ま》（枝の先端が末で幹が本なり）

「末《ま》」は末《すえ》で「未《み》」ではない。

辞書には①（本《もと》に対して）一番先（おしまい）の部分　②月の末などである期間の終り③末頼《すえたの》もしいと（はるか）先の時期　④世も末《すえ》（終り）だと仏法の衰えた時代　⑤末《すえ》は男ですと一番後に生まれた人　⑥本題から離れた、どうでもよい事柄……等とあります。

一方、「未《み》」とは①まだ……しない、まだ……でない　②過去・現在・未来の「未」……等で両者の真意はおのずとことなります。よく似ている分、気をつけねばなりません。

母なる大地（大宇宙）に口《み》（実り）がなることを「吉《よし》」とする場合は下が長い土で、心の土壌（小宇宙）に口（実り）がなることを「吉」とする場合は下が短い士となり、お互いに意味あいが異なります。志《こころざ》しの士、紳士の士等、これら皆、人の身分やある状態を言っていますから、当然人の心の土壌からのことで、下が短い土となります。

元来、「末《ま》」も「本《もと》」も「木の本性」が背景にあります。「本《もと》」とは母なる大地の地肌から出ている木の根の太い部分（幹）を示し、「末《すえ》」とは木の本に対して木の最先端の方を指し、「木のこずえの先」をいいます。木の根元に対しての言いまわしとなっています。

人間の「体《からだ》」も木が本《もと》で、体が病におかされれば元《もと》も子もなくなり、なにかにつけ体が資本だと改めて心せねばなりません。また、農作業などで、よく働いた後に木陰《こかげ》などで一寸一服《ちょっと》と「休む」ことも大事なことですが、寄らば大樹の陰と精神的世界に仏性を宿し持った人の心の木に寄りそえば、心安らぎ「和《なご》む」ことになりましょう。やはり、「末《ま》」をよく理解する意味からも、木が持てる本性を理解しなければなりません。「末《すえ》」は博士か大臣かと、子らに夢を託すのもいかがなことでしょう。

美《み》（移ろいゆく自然界に芽生える大地が美しい）

花を見て美しい、素敵な女性を見ては美しいと、ただ単に「美」とは、外見的に物を見て美しいということなのでしょうか。

「美」の文字の「大」とは、天・地・時の流れを三位一体に形成したもので、「移ろいゆく自然界」の意味です。この自然界の中に宇宙心霊の心が宿されており、この仕組構造がまず偉大なのです。まず、最初の三画を取り除いてみると、「大」のすぐ上に「土」が飛び出してきます。さすれば「大きな土」とは「母なる大地」を指していることとなり、美の文字の根幹を形成していることがわかります。一方、最初の三画に相当するものは、立心偏の点々を並列的に組み合わせることにより草冠りの芽生えを含ませたもので、「心が芽生える」こととなります。

以上のことから、「美」の全体の意味は、「移ろいゆく自然界（大）で、母なる大地の心がどんどん芽生えていることが美しい」と言えます。ごく自然で着飾らないありのままの姿が「美」の原点なのです。この為、自然界を破壊し続けることは、美の世界も損ねて行くこととなります。この見返りは気温の変化に端を発し、異常気象を誘発し、その猛威はとても人間の力では防ぐこともできず、まさに神仏《みほとけ》からの天誅《てんちゅう》が下されたのに等しいことになるのです。まさに、天がはねればおしまいとならん。

以上のことがらを「人」になぞらえて言えば、「小宇宙の心の土壌がどんどん鋤き耕され、大いなる実《み》が宿り、どんどん芽生えることが美しい」と言えます。大宇宙の母なる大地にも、小宇宙の心の土壌にも、次から次へとどんどん（新しい芽が）芽生えることが美しいということです。いつでも天上を仰ぎ見ては、ひたすら今ある命を、生きる喜びをかみしめ、花開くが如くに芽ぶいていることが正体なのです。美の大の部分を取り除いた字は心と土との合成となり、「土の心の本性」とは、芽生え豊かなる稔りをもたらすことにあります。

「善」とは「人の心の土壌や、母なる大地に実が宿り、また芽生え来《きた》りくることが善《よき》こと」という意味です。人の場合においては、容姿端麗もさることながらそれ以上に美しいと言えることは、深淵なる心の奥底からあふれ出る慈悲心と「品《ひん》」を備えることです。「天は二物を与えず」とはよく言ったもので、必ず他の人が持っていない素晴らしい長所が与えられているのも事実です。

常に着飾ることのないひかえめなる心根《こころね》は素晴らしい響きとなって、広範囲に響き渡ることでしょう。そっと道端に咲く可憐な花の命こそ美しきことで、地味で真《ま》っ直《す》ぐに生き抜くことが美しき人生なのです。

武《む》（戦いをくい止めるのが武《ぶ》なる者）

武人・武士・武器・武勇伝などとまことに猛々《たけだけ》しい意味をもっています。この「武」なる文字からは、「戦いを止める人の姿」が連想されます。概略すれば、「丶」（天）に向かって石矛《ほこ》「戈」を振りかざし、（戦いを止める為に）仁王立ちに立ちはだかっている人の姿そのものです。

何に対して「おの」を振りかざしているのでしょうか。こういう時は平常心ではなく、心そのものが外に飛びだしており、人間としての理性をかなぐり捨て開き直らねばできないことかもしれません。野生の獣物や他の種族の攻撃などで、種族や吾が身を守る為に、きっと頭上におのを振りかざしているのでしょう。最後の筆順の「丶」など実にあざやかなものです。また石おのを振りかざし仁王立ちになって戦ったのは男だったのでしょう。常に頭脳と武力が勝っている方が勝利をおさめ、勢力範囲を徐々に押し広げていったことでしょう。現代人は武力を使うかわりに言葉巧みに舌戦で相手を陥れているようで、決して優れた方法ではありません。

やはり正直で誠実な人こそ最後に報われるのです。落胆するに及ばず、最後に心から笑う者が勝利をおさめることになるのですから。正しい道は正道で、王道につながっていきます。

「武なる者は戦いを止める人」で世に安らぎを求め、平和を乞い願う人です。戦国時代の武士《もののふ》はまさにそのものずばりだったことでしょう。

女《め》（生む人が女で生む所が母なる大地なり）

ずばり、「女」の字は「七（生む）」と「人」との合成から構成されています。「武《む》」の男に対して、「女《め》」を配置するとは、やんぬるかな、心憎きまでの配慮かと思えます。戦いを止めることのできる猛々しい男に対し、体軀的には細く柔肌《やわはだ》な、人が子を生むという「女」の字が、次に控えているのが昔から世間の通り相場のようです。

子を生む人（女）が「好《す》かれ」、種や苗が育ちみのりが得られる母なる大地が好まれます。逆に、生むことを兼ねない母なる大地は「嫌《きら》われる」のです。

母なる大地としての役割を果たす「女偏」として見てみましょう。実り（口）を成す為の苗や種が育ち始め、今まさに母なる大地にみごもり実を成した瞬間が「如《にょ》」なる状態と言えます。み仏（ム）としての口《みのり》の上に次の実を成し始める「ム」をなすことが「台《だい》」となり、「美」の項で「土の本性」とは豊かな稔りをもたらすことだと解説したように、土にみ仏の口《みのり》（台）をもたらすことが「土台」となり、すべての基本と言えましょう。み仏としてのみのりとは、当然「作物」のことを指しており、み仏としての口《みのり》が母なる大地（女）に根づき生れることが、すべてのことの「始まり」となるのです。

母親の体内に子どもが宿ることを「胎《たい》」と言います。即ち「女」の字としての究極なる意味や目的とは、「子を宿し生む人」であり、子孫繁栄種族維持が文字から見ても大切な役柄となっています。

「如」とは「口《みのり》を生む母なる大地がすべてであると同時にその事実が真理」ということで、常に母なる大地が「始動」していることがことの「始まり」です。

そろそろみ仏としての化身（子）を生める年頃にある人が女としては良い頃あいとなり、良い状態の女となり、良い女が「娘」となります。こんな「娘」さんが、生む為に家（相手《よそ》の家）を持つと「嫁《とつ》ぐ」こととなり、こんな「喜び」をもたらす女は「嬉しい」限りです。大昔から、女が家を持つ前（未婚の時）に子を生んではいけなかったことがうかがいしのばれます。

以上のように「女」の字の結論は、自然界に森羅万象が次の命を生み落とせる母なる大地があることが全ての発想の原点で、その考え方を人にあてはめたのが「女」という文字となります。

では「男」は、どういう文字なのでしょうか。見ての如く、「田」と「力《ちから》」から成り立っています。ところでこの「力」の字には、生むという「七」が横たわっていることにもなっています。

「田」とは、最初の二画までが、み仏を表す「ム」で、最後の三画が「土」で構成され、「土がみ仏のム（作物）で覆われている所」が「田」となります。辞典には、「イネ・イグサ・ハス」などを植えるために大地の表面を平らにして、畦《あぜ》をめぐらし水をたたえられるようにした耕地のこととあり、一般的に（主）たる作物でもある「お米」が育つところであります。

次に「力」となっていますが、よく見れば「女」の字にも「七」が含まれていたように、この「男」の字にも「七」が入っているわけです。「七は力なり、又も力なり」で、生む《うむ》ことや受ける《うける》ことには「力」が必要なのはいうまでもありません。そんなことから「男」からは、母なる大地（土）にみ仏の作物を生ませる基本的な使命役柄がうかがえます。

生む女が受ける側の立場になってはならぬ（奴《ぬ》）と人は諭していましたが、これも時代の流れなのでしょうか。今やまさに男女同権の上、さらに女性上位の時代への突入なのか、事情によっては男が子育てにまわっても不思議なことでもなくなりました。能力のある者がより以上の生産性を上げればよいことなのでしょう。

毛《も》（仏心を持って三界に根づいていくものを毛というなり）

「し」は人が腰から下の足を投げ出し、ひざまずいている姿にも見え、「乚」となれば人そのものが祈りに没頭し、その姿が大地に根づいていると考えられます。さらに深く考えをめぐらせば、「人」と「ム」との変形から合成され、ここでもみ仏なる「仏」そのものが浮き上がってきます。これに本来の誕生の意を含む「七」という文字が重ねられると、「毛」となります。この世の母なる大地から生れ生かされゆくものすべてが、頭の先からつま先に至るまで包まれているのです。

「毛」とは辞書には「人間や獣などの皮膚に生える細い糸状のもの」とあります。昔人は今よりさぞ毛深かったことでしょう。心に安らぎを得る衣類を身につけるようになってから、徐々に薄くなってきたのでしょう。

「毛」は三と人が根づく「乚」との合成で、三は過去・現在・未来にわたって根づいてゆくことです。

女性については「女三界に家なし（幼い頃は親に従い、嫁に行っては夫に従い、老いては子に従わなければならない）」とされるように、一生の間、広い世界のどこにも安住の場所もなく、定まる家もないとされております。また仏教用語の三界ともなれば、欲界、色界、無色界、つまり全世界を指しており、この全世界のどこにも根づかず安住の場所もないと、悲しき女の性《さが》を言っています（現代の女性はさにあらず。立派に安住されておられます）。

また、「手」とは「毛」の反対の方向にはねるだけで、その目的が異なるからおもしろいものです。「手」の一、四画で仏のムがやはり出てきます。さすれば、この「三」は天地時の流れを指し、そこに芽生えているみのり（ム）を手にすることになります。この「手」の字から「扌偏《てへん》」が発案されています。この場合は、芽生えている「十」と「ム」を合成させたものに、そっと手をさしのべた状態を書いています。実に妙案と言えましょう。

さて、「末美武女毛《まみむめも》」の大意とは、「武《ぶ》なる者（男）は、世の平安に努め（平安にさせる為に戦いを止め、たちはだかる）、また女も、ういういしく芽生えてゆく女心や、この母なる大地に生まれ芽生えさせる力があることが美しいのである」。単に女子の肌毛を見て美しいものだとめでるものではありません。

男も女も、単純に身を着飾ったりするだけでは本当の美しさとは言えません。やはり草木が自然の内懐に深く芽ぶくが如く、自己の内面を徐々に切り開き、心の芯からにじみ出てくる真心こそが真の美を発揮するのです。人の心というものは三界に根づき、かててわえて仏心に根づいてゆくことが大切なのです。

男も、ただ勇猛で力強く粗野というばかりが男ではありません。女を素晴らしく愛する以上、男たるもの、より一層、心の土壌や田を鋤き耕し励まねばならないのです。「武なる者、世の平安に努め、女子《おなご》も三界に根づくこと美しきが、今だしの感にあり」がその真意とするところです（昔人らの考え方です）。

也《や》由《ゆ》與《よ》

也《や》（生むは力也《なり》）

「也《なり》」とは、「なになになり。例のごとく」との意味です。この文字自身を見据えてください。心の眼《まなこ》でじっと静かに考え巡らせていただければ、「也」の字の意味合いや構成のしかたがくっきりと透《す》かされて、あざやかに浮き出してくるはずです。つまり「也」とは「力」と「七」とで組み合わされ、まるで、この世に生まれ生かされてゆくには、「力」が欠かせないことが立証されているように見えます。「力や七」にも「仏」の文字が含まれます。この世に生まれ出てくるものすべての命が前世からの約束事で、これまたみ仏の加被力によるもので、生まれ生かされてもらえるから不思議なことと言えます。「也」とはつまり「み仏を生むは力也《ちからなり》」の意で、何事を完成させるにしても、力をもって事に当たらねばならならぬことは当然のことと言えます。

昔は、「働かざるもの、食うべからず」を地でいく世界。すべてが自らの働きから得るしかなかった時代です。こんな時にも打ちひしがれることなく、また打ちのめされずに力を出し生き続けていかねばならないのです。「み仏（力）を生む（七）土そのものが土也《つちなり》」というのが、「地」そのものの構成です。種族を絶やすことなく守っていく為には、おしまぬ努力を最大の誇りとしたことでしょう。

「乃・之・久・也」は本当に様々な人の感情がこめられています。特に、母なる大地にひれふし感謝する意を持つ「乃・之」はそうです。また、生に対する執着心や久遠長寿の喜びの念もこめられています。

何と昔人は自然の法則を肌で知り自然を愛し、かつ感謝してきたことか。ひざまずき感謝する心根を忘れようものなら、きっと奈落の果ての果てにまで、突《つ》き落とされてしまうでしょう。「生むは力也《なり》、受けるも力也《なり》。そして、人なるもの仏の道を切り開きゆくことが誠の力なり」と言えます。「人というものはみ仏を生むなり」となって、この「也《や》」に「人」を付ければ、自分でもなく相手でもないという意味の「他」が出現してくるわけです。

また、み仏を生むという「也《なり》」の字に「三水偏」の水をあたえれば「池」となり、森羅万象の命を育《はぐく》み育てるところとなるわけです。いずれも皆大切なることばかり也《なり》。もし池をうめたてる必要が生じた時には、それなりの供養を施し、念入りに神社からの許しを賜った上にとりはからわねば、大いなる祟《たた》りがおそってきましょう。

由《ゆ》（由《わけ》があることを由《よし》とするなり）

「理由、よし」という字がなぜこのような字になるのでしょうか。田の字の真中が突き出しているだけですが、この田が突き出る事自体になにかの由《わけ》があるのです。「田」そのものには、大宇宙での母なる大地の「田」と小宇宙の心の土壌の田があるわけで、特に人の心の田は「耕田経《こうでんきょう》」のように耕すことが大切です。結局のところ両方ともにいつも耕されているにもかかわらず、突然に何かの事情で田に異変が起これば、きっとその「由《わけ》」がありうるのです。突飛な考えや妙案が浮かぶのもその一種で、また、その「由」がとければ、一本筋が通り「申す」字が生れるのです。

この田の土が異常なのは、きっと獣が飢えのあげく、そこらを掘りおこし荒しにきたのでしょう。このように田んぼにも、人の心の土壌の田にも、「由」がどんどん芽生えてくるし、心の土壌をどんどん鋤き耕せば耕すほどに色々な由が芽生え、心の葛藤も広がってくるのです。でも一つ一つのこの由はとけることになっており、「由《わけ》」がとける都度、由それ自体に筋が通り「申す」ことになり、「由《よし》」とすることになります。

人間、一人一人には由《わけ》があるゆえに命を与えられた訳《わけ》で、自己の存在の何たるかを認識して人生を過ごすことが由《よし》。実《みのり》が成長していくことに、その都度その由《わけ》は必ずあるはずです。自らに種々様々なる由《わけ》があるのは「自由《じゆう》」なことです。ものごとがそうなって「くる由《わけ》」のことを「由来」と言います。また、「由《わけ》を経《へ》る」ことが「経由」することです。では、いつまでもお元気の由《よし》で。

與《よ》（幼きものには添木《そえぎ》を与えよ）

「与える」の旧い文字です。母なる大地の地中の根や茎が地上にみ仏としての芽を出し、これから育っていこうとする時、幼くひよわい芽が倒れないように、竹垣やさくや垣根を付し、育てようとする心を「與える」といいます。力を生む（七）ことやみ仏を生むことが「也」で、田から芽を出し「由《よし》」となし、由となした芽に添えた木を「與える」こととなる次第です。

與える字の左右対称の字の一つ一つにはみ仏の字が宿されています。「印」という字の左側の部分にも、み仏が宿され、右側のふしづくり（卩）により、大地から芽を出したみ仏がしっかりと「ふしづいて」いる姿がしるされます。これもみな「芽」の草冠りの下の文字が「仏」となっている由縁からだと言えます。

では、「與える」とは一体何を与えるのでしょうか。結果的には垣根や添え木なのでしょうが、よくこの文字を見れば、心の意を持ち合わせる「六」が入っているのがわかります。「三」が心であったように、この「三」の二倍が「六」となり、こんな「六」に立心偏の心が二つ組みあわされ、しっかりと上の部分を支え合っています。だから幼い芽を見てなんとかせねばと心を与え、その結果、真中の幼い芽として立っている小さい縦横が添え木の部分なのです。新しい「与える」という字は横一が入る二画目までに「仏」の字が構成されています。二画目までで「人」と「ム」とを連続的に書かせ、最後に竹垣としての横一で三画目をしめくくり、芽生える意を持つ「十」をも抱きあわせています。なぜなら、立派に育ち芽生えさせる（十）ことを目的として与えることが基本だからです。

お釈迦さまがお説きになっておられます。困った人々に与えるのが慈悲なる心で、常に心に余裕を絶やさずにいることが大切なのでしょう。

「也由與」とは、「安行」の「安」から「末行」の「毛」まで来た段階で、色々な意味を網羅し、ではここらで「わけを与える也」と念を押しているのです。本当に不思議なことで神秘的ですらあります。

安行・加行・左行・太行・奈行・波行・末行など、どの行のどの字をとってみてもその一つ一つの意味に曖昧さはなく、人の世の心の中の核心を貫いており、いずれも迫力のある真理にまで迫っています。文字を構成された方が、神仏につかえ崇拝し得る大勢の方々なのか、あるいは阿弥陀仏さまのような一人の方なのかは定かではありませんが、きっと神や仏の世に住せられていた方々であったような気がいたします。修行を表す「行《ぎょう》」にも「八の下にみ仏が宿って」おられます。つまり、八方世界のみ仏が行うのが行《ぎょう》となりましょうか。また、八方世界のみ仏というものは、思い思いに行くからとても楽しいのです。

いずれにしても、畏敬の念を感ずる程に恐れ多いことです。そのように神仏の目に見えない素晴らしい方々と、わが母国語の「安以宇衣於」を通して、気持ちや精神が通《かよ》い始め、邂逅《かいこう》でき得たのも大変な喜びです。この世の因縁がそうさせてくれたことにも深く感謝すると同時に、昔人等同志の縁《えにし》があったればこそと、本当に有り難いことです。

今こうして生ある喜びに対し涙がほとばしり出る程の感謝で満たされ、陽のつややかなる光や朝星夜星を仰ぎ見ても、とけ入ってしまいたい程の気持ちでいっぱいにさせられ、ひたすらに感動があるのみです。では引続き、良《ら》行・和《わ》行・无へと進むことに致しましょう。

良《ら》利《り》留《る》礼《れ》呂《ろ》

良《ら》（み仏としての化身やみのりがなることが良い）

「よい、よし」と、例によってこの文字が何によって「良し」となっているのでしょう。「みほとけのみのりの玉が宝なり」と、「宝」そのものが私たちの命を維持してくれている作物を指します。食物が宝なのです。立派に実った穀物や野菜や果実自身が、神仏《みほとけ》らが我々に下された宝なのです。人が常に良いと言えることは、飢えにさいなまれることもなくいつも食べられるということであります。「食」の字そのものが「人の良い状態」だと物語ってくれています。森羅万象の命はすべてみ仏の化身ともされ、化身自身の関係の構図が、お互いの命を支えあっていると言えるでしょう。「命」とは、人も含めた大地にみのり（口）としてふしづいている様を言います。

では、この「良い」の字を分解してみましょう。文字全体は七画で構成され、一から四画までで、人を表す「なべぶた」（亠と四画目）と化身の「匕」が組み込まれます。最後の二画で「人」をはっきりと組み入れて締めくくり、「ム」そのものは縦に骨格をなし支えているのがよくわかります。さすれば、すべてが「良い」ことになっているのです。食物である作物しかり、命ある生物しかり、そして私共人間しかりと、すべてこれみ仏のみのりや化身で成り立っているからです。

また、「人というものを含めみ仏の化身たちはみ仏としてみのり（口）を持つことが良い」ことです。よく「良」の字を観察していただければ、なべぶたと日と仏とで合成されていることも理解できるはずです。

また、み仏の化身としての作物の実りは、日のあるうちに取るのが「最良」とされています。

自給自足の当時は、日がこの地上に昇り煌煌《こうこう》と照り輝き始める早暁から、人々はいっせいに目覚め農耕の場におもむき立ち働きます。作物をふやす為に動き廻り、様々な音（みのりを成し立ち働く時に出る）を出し、農耕に励みます。日照が続きすぎれば雨乞いを行い、また雨が降り続けば洪水を恐れます。働く意欲と農作物に対する敏感なまでの思いやりがひしひしと感じられ、その当時の昔人等の真剣にせっせと働く姿が偲ばれるのです。母なる大地を慈父の如き日射で覆い包むことが、最良の恵みであったことでしょう。

最後に「良」を統括すれば、「心にみ仏としてのみのりが宿ることが良いこと」で、こうなれば、しめたもの。「良心」とは辞書にもあるように、「自分の本性の中にひそむ偽瞞、打算的行為や不正直、ごまかし、怠慢の念などを退け、自分が正しいと信じる所に従って行動しようとする気持が本旨とする所で、最良の心となる」わけです。

利《り》（心の木に収穫《みのり》を得ることが利益《りやく》なり）

「利」を分解すれば、「禾偏《のぎへん》」と「立刀《りっとう》の刀や刃物」（刂は漢字の旁《つくり》のひとつ）で構成されているのがわかります。

「木偏」とは、この世で長寿長命と三世諸仏の心です。小宇宙の心の土壌にも、生まれて死ぬまでの間に少なくとも一本の木が生長して行くことになっていました。早死にすることを「夭折《ようせつ》」と書きますが、この「夭折」の字に「折れる」文字があるのも、木が折れることが命を絶つことになるからでしょう。相思相愛中の仲の良い二人の間柄を無理矢理に引き裂くことを、「生木を裂《さ》く」と言い、時々悲しみのあまりに大変な事件が起きているのも事実です。また、不慮の突然の事故死にも「大木が倒れる」が如くと、木にまつわる表現があるのは当然のことです。こんな木にも、いつの頃からかやさしい慈悲の心や仏心が宿り始めると、心の木に仏が宿り「私」（木と仏の合成）という字が誕生する事は既に述べました。

また、人の心の木に「乃《の》（いのり）」を持ち合わせてくれれば、他より「秀《ひい》でる」となり、誠に素晴らしきことです。

こんなわけで、「利」の人の心の木にりっとうの刃物を組み合わせることは、まず手始めに自らの心の土壌を引き開いて行くこととなります。次第に開墾された心の土壌が広くなり、みのらせる所も多くなり、「ご利益《りやく》」を得られる所に通じてゆくわけです。こんな心の木に幸あれと、念ずれば念ずるほどに「稔《みの》る」こととなります。ついにその祈りが通じ稔ったあげくに恵みをもたらし、みのりの「念」が「恵み」にとって代わり、ついには稲穂の「穂」の登場となる次第です。

「稲穂は稔れば稔るほど頭《こうべ》を垂れる」と幼い頃から諭《さと》し教え込まれましたお蔭で、今にして、財をなすことと、心が芽生え稔り豊かになることとは、全く異質であることが理解できるようになってきました。仏教では、稲穂の「お米」は最高の心の稔りを表し尊ばれています。「米」の文字には、お釈迦さまがお説きになられた悟りの境地である「慈悲喜捨」の四つの無量なる心の意味が含まれておりましたね。

現実的にも、より多くの収穫を得ることが「利」につながるのは当然のことです。勿論、農作物を刈り入れる時には、鎌や鉈《なた》（りっとう）等の刃物を使います。

豊かなる実りを前にして収穫にいそしむ姿や、その喜びの表情がまぶたに浮かんでくるようです。天や地に馳《は》せる感謝の心は、自己の存在を認識すればこそより以上に芽生えます。今こうしてここに居られるのも、自らの生きる小さい力のみによるものではありません。絶えず神仏《みほとけ》のご加護を賜っている有難さに感謝あるのみです。

心の土壌に育つ木に、み仏の口《みのり》が育てば「和《なご》む」こととなります。利益《りやく》の最高の実りなのでしょう。和《なご》む心に充実感を増しているところに「秀」の祈りの心が一層増してくれば、完全なるみ仏のみのり（日）を形成し、次第に「香《かおり》」を放ち始めるのです。人格の上の仏格をその芳香として放つことになってくるのです。

くれぐれも自己中心の利を追う「私利私欲」に走ることのなきよう。「自利利他」が示すように、相手の利につながることが肝要です。

最後に、禾《のぎ》編に軒先の意もあることを付け加えておかねばなりません。寺社仏閣の庇《ひさし》のある大きな建造物の前で祈る（乃）ことも秀でた行為であるように、収穫し終えた農作物を軒先の前につるしたり、軒先の下《もと》で作物を刃物で料理することも利益《りやく》の「利」になります。まとめれば、「大宇宙からも小宇宙からも実を得ること」自体が「利」なのです。

天と地に思いを馳せ、生あることとの充実した心の喜びを片時も忘れずに、稲穂の如く頭を深く垂れる姿こそ昔人の姿です。「乃之」の文字を改めて見れば、その味わいは別格で、「乃之」の双方の字から昔人の念や姿がおどり出てこようというものです。誰しも大いなる恵み（利）を求めたいものです。人の心の木になった果実を立刀《りっとう》（刂）することは、豊かな考え、工夫や知恵を得ることでもあるからです。「人が生涯にわたり、なし得ることは、人の心の木にみ仏のみのりを成すことなり」であります。

留《る》（田でみのったみ仏のみのりを切る時に心を留めよ）

「とめる、とどめる」と、一体何をとどめるのでしょうか。この文字の中心部の一画に大きな意味を含み、昔人の精神がとどめられています。

田（心の土壌の田も含む）には、様々な農具が必要です。収穫時には、「鋤《すき》・鍬《くわ》・鎌《かま》・スコップ」など鋭利な刃物をつけた農耕具が使われます。この「留」の文字の三画目の一点がなければ大変なこととなります。やはり、この一点は「以つ」や「太」の一点と同様に一天の心の意味を表現し、この点がなければ、つまりは素直な自然の心が入っていないことになります。したがって、この「丶」があるのとないのとでは、大きな差が生じるのです。

「留」は十画の画数からなっています。最初の二画目までは下の田で育った、み仏の「ム」(作物)を表し、三画目の一点で完成された「仏」の字ができてきますね。眼光紙背《がんこうしはい》です。四・五画目の「刀」は当然鋭利な「刃物の刀」を意味し、このままでは、田で稔ったみ仏の実りを刈りとってしまうことです。

刈りとってしまうのにはちょっと早すぎはしないかと気づくことが大切です。三画目の一点で仏の字を完成させてはいるものの、この一点を以って、刈りとる行為を思い「留まる」のです。だから三画目の一点には刈りとる行為の思いをとどめようとする強い意思が込められています。「あわてる乞食《こじき》は貰《もら》いが少ない」と言うが如く、時期や周囲の環境に、目くばり、気くばりが肝要なのです。この一文字を改めて見れば溜飲が下がるようです。耕し、みのらせる田があって、その農耕具(最初の二画で鋤き耕す農具の鍬を表していることも掛けています)があるだけでは、豊かなみのりは決して得られません。

この「留」の中程に一点(一心)を付け加えることにより、「人の心」により一層の心が入り、鋤くものの農具と田との間に心が通い、円滑に事が進み、より多くの成果が得られるわけです。安以宇の「以」にもあったように、「人と人、人とものとの間にかよう心を以つこと」が大切です。何事も自給自足から身につけた技倆《ぎりょう》や知識にまさるものはないことを昔人は知り抜いているだけに、この「留」の文字に秘めた思いやりには、切なるものがうかがえます。

礼《れ》（禮）（心の豊かさ示すことが礼なり）

この文字は、「ネ《しめす》（示）偏」と「乚」とが意味するように、心豊かになれば人はこの祈りの状態（感謝の気持ちを示すこと）になれるということです。もっと「乚」を掘り下げて詳しく述べれば、「之《し》」がそうであったように、この文字も人が両ひざをひざまずいて胸元で両手を組み合わせ、神や仏に対し心から敬虔なる祈りを捧げている姿であろうと思えます。また、その行為はひとえに謝意を表す謙虚な気持ちで、敬虔なる容姿を髣髴《ほうふつ》とさせ、相手側に心でもって尽くさんとすることが「礼を尽す」事となるわけです。たんに儀礼的に直接手を合わさずとも、常に心の中で黙礼ができるまでの心の修養が肝要です。前述の「留《る》」の項であったように、田で稔った作物を刈り取るのには時期尚早だと、刈り取ることを思い止めた心の一点が豊作を生み、その結果この「禮」の文字にもあるように、豊作が心の豊かさへと結びついていくわけです。思いとどまった心のゆとりは心の土壌にも豊かなる実りをもたらし、謝意なる気持ちが言葉のはしばしや姿となって表れてくるわけです。み仏に対して、（し）をネ（示す）ことが礼となります。

この際、年齢の差など問題でなく、自らをとりまいているすべてのものに対して、一個人として常に礼を尽すことが大切です。何事も自分が成した行為は、いずれは自分自身の身にはね返ってくるから怖《こわ》いのです。あくまで形式的な儀礼ではなく、本音《ほんね》を響かせた心からの礼を尽していてこそ、豊かなみのりの喜びを分かちあえるのです。

呂《ろ》（み仏としての口と口とが通じ合えるのが誠なり）

この文字が何を言わんとしているか、最初の頃は皆目見当もつきませんでした。ここまでくれば根競《こんくら》べで、手を抜かずにねばりにねばり抜くことにした次第です。この字をよくよく見れば「口と口がつながっている」のがわかります。この口とは、とりも直さず人の口の事です。そこでああ、なる程と思い当たりました。「言う」とは、「み仏のみのり（口）のある心を言う」ことであったように、たとえ相手が誰であれ、絶えず相手の耳を通して当方の言い分を聞かせなくてはなりません。心の出口でもある口から話すわけですが、お互いがしっかりと気持ちが通じあえるようにしゃべらねばなりません。この「呂」の字がお二方のみ仏の字で構成されているのも念頭において下さい。

道元禅師さまは「愛語よく回天の力あることを学すべきなり」と言っておられます。自分本位の自己中心的な話し方では、せっかく大事な内容であっても、話が通じるどころか反感を生みかねません。また相手の弱味とするところをほじくり出して、得意満面に得手勝手に話すことなど愚《ぐ》の骨頂で、ゆめゆめ行うことなきよう。また、相手がおしだまってしまい反論してこないからといって、勝ち誇ったようなしぐさも慎まねばなりません。「口《くち》」とは勝敗をきめる為に使われるべきものではなく、真意を正しくお互いに通じさせあうところなのです。暴言暴挙はつづまるところ吾が身に火の粉となって振りかかってきます。相手も当方の出方をじっと見つめているからです。

「呂《ろ》」の最初の二画は当然「仏のム」を表し、次の三・四画目と下の口の字と接している部分とで人を含み、順不同ながら「ム」で締めくくり、仏と仏との組み合わせからなりたっているのです。「私」の字に仏が、「貴方の方《あなた》」の字にも仏が含まれ、この仏の口《くち》同士が一本の掛《か》け橋《はし》でつながっているのです。「自分の口と相手の口とが、心より通じ合える様《さま》」となっています。

ここに、「宮」という字があります。「神宮」と書けばより鮮明となるでしょう。「宮」とは「ウ冠り」が神仏《みほとけ》の意味を含んでいたように、神や仏が支配している社《やしろ》では、本当の気持ちを打ち明けなさいと諭しているのです。神や仏との契りや誓約にはうそがあってはいけません。お釈迦さまも、この世で一番かわいいと思えるのは自分自身だと説いてお
られますが、誤解をしてはいけません。「宮」とは三世諸仏が住む社《やしろ》なりとなっています。
おごりやたかぶりを気持ちに表すことなく誠（実）をもって話さないと「呂」の実際の値打ちは出てきません。参考までに、「呂」と同じ発音をする文字を挙げてみると、路（筋道・道理）、魯（おろか）、露（つゆ・あらわれる・むきだしになる）等があるのには目を見はります。やはり、この口一《ひと》ことが災《わざわ》いをまねき、一方愛語のように慈悲に満ちたやさしい言葉が傷ついた人の心を時には癒すのです。

この「良利留礼呂《らりるれろ》」とは、もうおわかりいただけたでしょうか。「わけを与えるなりの也由與《やゆよ》」に続いているだけに、怖いような気も致します。

「最良のご利益《りやく》（恵み）を得るには、時・所を選ぶ事もなく、すべてのものに対して礼を尽し、呂を尽し（誠心誠意）、対応する心を留めておくことが最良である」。つまり、「最良のご利益とは、万事処するに礼を失せず誠意をもってことに当たるべし」となります。

この「良利留礼呂」の基本的精神は次の「和為宇恵遠」と同様に昔人の大いなる祈りであり願いであり、真実のこころであるがゆえに、一人でも多くの人がこの精神を守り続けねばなりません。

また、「徳」の字の「罒《あみめ》がしら」はほかならぬ「羅」のことをさしています。これは、「羅」の「信仰の心」を芽生えさせている人々に「徳」が行き渡るように、また、この徳をいただいている方々はその徳を周囲の人々にも分かち与えるようにすることが肝要なことですよと、昔人は言っているのです。「大いなる昔人よ万才」と言いたいくらいです。

いよいよ、「和為（宇）恵遠」と「无《ん》」だけになりました。これも、「零と一・二・三」。「、」や「口」の各発想法や、世の中での様々な出会いから導かれてきたように思えます。今では、神代《かみよ》に近い昔人の大いなる素晴らしき考え方に対し、屯首《とんしゅ》するばかりです。

人は決して一人では生きて行けません。あの天守閣をもつ大きな城壁も、一つ一つの小さな石垣が寄り添い支えあい、立派な城を守っています。この石垣も一穴の蟻の穴から崩れ去らぬとも限りません。「一寸の虫にも五分の魂がある」ように、人それぞれの心の中にこの魂が芽ぶき宿っています。無視したり馬鹿にしたりすれば、「窮《きゅう》鼠《そ》猫《ねこ》をかむ」のたとえ通り、いつの日にか抵抗や反発を買うわけです。不慮の災難に出くわさぬように、ひたすらに「いわしの頭」といきましょうか。

宙天に輝く慈父の明りが、母なる大地を覆い包むが如くに、心してかかるべきです。田にも心にも、みのり豊なることを乞い願わんが為にも。

では、最後の「和為（宇）恵遠」に駒をすすめることに致しましょう。

和《わ》為《ゐ》（宇《う》）恵《ゑ》遠《を》

和《わ》（軒先にみのりが連なりてこそ心和らぐ）

自らの心の「木」に「み仏」が宿ることで「私」の文字が誕生したように、み仏としてのみのり（口）がその木になるならば、「心和《やわ》らぎ」、「心和《なご》む」ことになります。また、人の「良い」ことの基本は食べたりすることであったように、作物を食べることにより命永らえることができるのです。

食うために生きるのではなく、生かされ生きて行く為に食べる事が大事な事です。また生き続けることは、み仏としての知恵を授《さず》かり、人それぞれお互いに分《わか》ち与えることに意義があるのです。み仏から授かった知恵の継承は一つ一つ重なり合って大きな知識となり、それらが更に積み重なって、次第に人類の発展につながってゆくのです。現実にこんな素晴らしい科学文明の時代に到達できたのも、すべての叡智《えいち》（知恵）の結集のなせる業なのです。一つ一つの知恵の「和《わ》」や積み重なりが今の世を形成しているのです。当然、その裏側にある失敗の連続の数々は次の新たなる知恵へ結びついていくことは、言うに及ばない事です。

また、この「和」も「利」と同様の発想展開を辿《たど》り、稔り豊かな農作物が取り入れ蓄《たくわ》えられ、こうした状態が途切れることもなくうち広がってゆけば、おのずと心なごみおだやかで平穏な生活が送れることになります。また住居《すまい》の軒先に絶えずみのりが貯え備えられていれば、心のゆとりとなり、おだやかになごんできます。ひいては日々、大いなる安らぎを得ることになりましょう。

和は輪であり、輪は円（〇）であり、円は縁であります。また「円」は「仏の字」で構成され、仏縁としてもつながっています。そして和は丸い心という原点にまで遡ってきて、零という、形や実態がない域にまで立ち戻ってくるのです。因縁とは不思議な事ばかりです。

かの聖徳太子さまの十七条憲法の第一条に、「和を以って貴しと為す」とあります。一方、私共も小宇宙の世界があって千変万化をとげており、目で見、耳で聞き、鼻で嗅ぎ、舌で味わい、心で思うこと等を通じ、大宇宙の自然界と相通じるようになっています。その一筋の光明が、真実の心ということでしょう。人の心のみが三世（過去・現在・未来）を駆けめぐり、三界（欲界・色界・無色界）を通り抜けられるのです。人生、すべてこれ真実一路を追い求め、常にかげりのない心の世界を築くことが、自然界との心の融和となり得るのです。

このように、「心の木（禾）に、みのり（口）が生る」ことが大いに「心和《なご》む」ことを意味し、総体的にも「和を為し得ること」は、真実の心から生み落された賜物かもしれません。

あの高価な装飾品とされる宝石のダイヤモンドの原石は、きめこまかい絹や真綿で包まれることを好まず、木目の荒いどんごろすなどで包まれるのが良いとされています。私共の日常生活の中でも、真実というものは、実際には常に誤解や中傷、ねたみやそねみの中に覆い包まれて息衝《いきづ》いております。一つ一つのベールがはがされてくることで、「真実」がいぶし銀の如く重厚な輝きを見せますが、きらりっと光ったかと思えば一瞬のうちに、また闇の中にその影をひそめてしまうのです。

また、真実というものは決して向こうから一方的に向かってきてはくれません。安易な心の妥協には安易な結果しか生まれないのです。人というものは死の間際に至るまでの間中、真実を追い求め続けねばなりません。そのことが神仏《みほとけ》らが誰しもに与え課せられた、公平なる課題だと思えるのです。この目、この耳、この口、この心から価値のある真実を。真実の芽が豊かに稔り、着実にわがものとなってゆくことが「和」となり、目の前の相手にも「和やか」なる心が通じていくことを祈りながら。

また、真実を見る目は苦労の多少が決します。労多きことが見る目を養い、より多くの真実を見抜ける力を賜る事となります。み仏の姿が真実である以上、み仏の化身や、み仏の心を見るのが「眼」となり、「字」は眼光紙背に徹して見ることが肝要です。なぜなら「字の一文字」ずつが真実の姿であるからです。

為《ゐ》（爲）（二重《ふたえ》三重《みえ》の戸開きの奥に火を灯し祈ることが為になる）

「ため・なす」という意を含みます。この文字を見て「何の為《ため》」に「何を為《な》す」のか、また「何を為《な》す」ことが「何の為」になるのか、判別しにくいように思えます。現在の略式化された「為」よりも、旧字体の「爲」の字で説明してゆくことにしましょう。

この「爲」という字にも、「愛」や「受」の文字と、一から四画目までに共通した文字が入っています。これを別名「つめかんむり」と言い、辞典には手先を描いたものと説明されています。

さて、「爲」なる文字を次のように分解してみましょう。まず、最初の三画までは人々を、次に「戸」が入り、そして二重《ふたえ》三重《みえ》と戸を続かせて、最後に「灬」（れっか）で締めくくり構成されています。このれっかは火が灯っている様子を表しています。こうなってくれば、人のある行為が想像できそうです。つまり、「人々が深い祠の中に入ってゆくにつれ、二重三重の戸びらをかいくぐり、その最奥で灯明の火が焚《た》かれている光景」が映じてきます。それは、祈願や祈禱を込めて火を焚いている姿です。即ち、この行為を繰り返し「爲《なす》」ことが「爲《ため》」になり、次第に心が和《やわ》らぎ、和《なご》んだ気持ちになれる為の祈りとなるのでしょう。

「戸」の字をよく見ていただければ、なべぶた（亠）とムとの合成から成っているのがおわかりいただけると思います。み仏の実りを保管しておけるのは、一定の温度を保てる開き戸のある納屋の中なのです。「戸」にもいろいろな戸びらがあります。心の戸びらの中にみ仏の実りがあるなんて素晴らしいかぎりです。昔人らは常に祈りの心を絶やすことなく、生活の中に溶けこませていたのでしょう。「爲」とは、自己の愛のみならず、世の爲、人の爲に祈りを捧げたことかも知れません。

「愛」とは「人々はみ仏（宀）の心を腰が曲ってでも受けたい（夊）」ことで、「受ける」とは、「人々はみ仏（宀）を手をさしのべて（又）でも受けたい」こととなります。文字の由来を解明して行く上で、筆順は大切なことであり、人と人とに縁《えにし》（縁とは仏の心を持てば忽《たちま》ちにして仏と仏のつながりが生まれること）があるように、漢字同士にも不思議な縁があるのです。

恵《ゑ》（田が芽生え三世諸仏としてみのりある心に恵みもたらす）

この「恵《ゑ》」と前述の「爲《ゐ》」との間に「宇」があるのは、ご存じの通りです。この「宇」自身は、「天のみ仏が地のみ仏を芽生えさせ育てる所」であるとの真意を秘め、森羅万象を覆う「この世」そのものであります。

また「恵み」の字も、「田」の文字自身で、土（三人）と仏のム（冂）で土の字をおおい、なりたっていましたね（記述済）。その田が一層芽生え（十）て、三世諸仏のこもった恵みとあいなる次第です。これもひとえに「爲《ため》」なる行為の積み重ねからです。いずれは心の土壌に「菩薩種姓」の種子が芽ぶき、仏心《ほとけごころ》が顔をのぞかせ、慈悲なる心となって人々の救いへと移り変わってゆくのです。

天の恵み、地の恵み、それに人の心の恵みを付け足せば、さぞかし大いなる「恵み」を得られることでしょう。やはり、心の中に大いなる恵みを得られることが最大の喜びです。これに勝《まさ》るものはなく、人としての大いなる成長の証《あかし》です。まして、「恵み」は分かち与えるもので、いずれは人々への布施となって行くべきものでありましょう。

遠《を》（祈りを続ければ心の土壌にみ仏としてのみのりを広範囲にわたり得られる）

一般的に、この「遠い」とは、基準の位置からの距《へだ》たりが時間的にも空間的にも大きいことを言うようです。

しんにゅう偏は「祈り」の意味を表す「之」から派生しており、その元祖は「之繞《しにょう》」のことを指しています。その詳しい意味は、既に「之」の項で説明致しました。誰しも夢や希望や願望、それに目標の達成に対する執念や執着心（隹《ふるとり》）を努力と並行して持ち合わせ、絶えず祈りの心を持ち続けて「進む」ことが肝要です。何事も成就し成功させるには「祈りの精神」を忘れてはならないわけで、祈りの心が積み重なれば次第に不思議な仏の加被力を得られ、申し分のない結果となりましょう。

そんなわけで、この「遠い」の文字には何が成就することになるのでしょうか。当然、「恵み」をもたらす「恵《ゑ》」の次の字としてです。

「土」とは、見てのごとく母なる大地を意味し、次の字はみのりを表す「口」であり、最後に「人々」を位置づけています。

「祈りを続けて行く人々に母なる大地の豊かなるみのりがやって来るのは遠からず」とあいなる次第です。一生懸命に田畑を耕し、一族郎党が飢えにさいなまれることなく平穏に生活していく上にも、豊作を乞い願わねばならないわけです。大体の作物は春に種や苗を植えつけ秋には収穫するといった一年もので、天候や気象条件に左右される関係上みのり豊かなる収穫の保証はないだけに、豊作は嬉しいかぎりです。

その結果、収穫する作物を祈りながらにも計る（斤）ことが、「近い」ことになるわけです。「斤」とは計数や計算ができる意味で、季節が巡り、収穫した作物を計れる状態が「近い」ことになります。また「斤」とは手斧のことでもあり、稲穂や穀物を順次収穫し、ひと所に集めるほどの間隔が狭いことからも「近い」ということを表します。収穫した作物の分量を計（斤《はか》）ることを欠かさないことから、「欣《よろこ》ぶ」となる次第。だから「遠い」とは、豊作祈願の祈りを欠かさずに一生懸命に働けたおかげで豊作となり、その分距離や範囲が「遠い」位置にまで収穫が得られる、となるわけです。

やっとの思いで、「安」から「遠」までやって来られました。「安らぎ」も自分の為ならず、「遠く」にいる人々にも分ち与えたいものです。

では、「和爲（宇）恵遠」の大意となれば、「和《わ》を爲《な》せしとは、遠き諸人らにも恵み分かち与うることとなり」となります。「和《やわ》らぎの心とは、ずっと遠くの方にいる人々にまでいきわたり、恵み分かち与うる事が平和の輪を広げる事」となり、国際的なる見地から言えば、経済的に窮している諸外国にまで援助の手を差し伸べ、助け合う事が大切な事と言えるでしょう。もう感慨無量です。吾が薄き胸板は昔人の大いなる念や精神で満たされ、充実した満足感で一杯です。自給自足当時の苦しき昔人の農耕生活から刻苦勉励し、厚き信仰の念を忘れることなく各文字にその精神をにじみ込ませ、仏教の素晴らしい世界観を築き上げ、漢字を見る限り弥陀の世界を形成しているのですから。簡単に見破られることもなく、じっと押し黙ったように影をひそめ、各部首で息づいているのが目に見えてきます。

それはまさしく、一つの天体の夜空に輝く星を散りばめたが如く、色々な言葉や現象を生み落としています。

父なる天を駆け巡り、母なる大地に縦横無尽に根をおろしている時の流れは、実にあでやかなるみのりをもたらせています。いよいよ、こんなに素晴しい世界も、あと「无」の一字のみで終幕を迎えることになりました。最後の最後にまで行き届いた配慮。これほど絶妙なる終焉は他に類を見ません。ラストシーンの見事なる展開と言えるでしょう。それは、最後の「ん」という字に見事に組み込まれています。この最後の一字を得心ゆくまでじっと見据え、その意味を味わってみてください。

旡《ん》

「旡《ん》」（天がはねればこの世は終りなり）

この「旡《ん》」なる文字の四画目が下の位置に根ざすことなく、天に向かってはね上がっています。これには、それなりの理由があるわけです。

演劇や芝居でも、「はねる」という言葉があるのはご存知の通りです。それは最後の一シーンやひとこまが終われば、その物語りはそこで完結ということです。あとは天井からの天幕がおりてくるばかりです。その光景が「はねる」ということです。だから、宙天に輝ける日も、天がはねてしまえばこの世は終わりだというわけです。もし天がはねることにでもなれば、この地球上のすべての生あるものが存在すら終わり、名実ともに無に帰してしまう事になります。「無」とは、「人も含めこの世の天・地・時の流れに芽生え生息しているものに火をつければすべてこれ灰燼に帰してしまい、なんにも無い」ということです。

あの「太知川天止《たちつてと》」は、「移ろいゆく自然界に於いて知りすぎること多くば天は止まらん」と、自然の生態系をこわす愚行に対して警鐘を鳴らしています。

この「安行」からの最後のしめくくりとしての「无《ん》」の位置づけ、まさしく「天がはねれば、この世はおしまいならん」とはよく言ったものです。この「无《ん》」の字をもう一度よく見て下さい。一画と三画で「人」が、二画と四画で「仏のム」が入っています。なんと「仏」がはねればこの世は終りとならざるを得ません。最後の一字にまでゆき届いたこの配慮。神仏《みほとけ》ならではの業です。まいりました。

毎日、読んだり、見たり、書いたりしている一字一字の漢字には大いなる昔人らの平和を願う祈りや念がこめられているのです。「字」そのものの字形が「仏の子」となっている由縁でもあります。これらの昔人たちの温かき祈りを、片時も忘れる事もなくこれからも過ごしたきものであります。

无《ん》

●

あとがき

「一切の衆生（この世の中に生きているすべてのもの）の命は仏性による働きであり、現在西方に在す無量寿（阿弥陀）仏は、その仏性の実体である」と仏典に説《と》かれています。また、三摩耶戒《さんまやかい》の冒頭の句にも「われらは、みほとけの子なり」とあります。また、この世のすべてこれ神仏《みほとけ》らのなせる業で、その存在にも仏性が宿されています。

大地のみ仏が「石」で、山のような石が「岩」となり、それらにしても仏性がある。大地で芽生えている仏は「古い」と、これまた「長い歴史」を持っていることがわかります。

このように、一切の衆生や万物に仏性のあることを証明し物語っているのです。

ましてほとけの御加護《ごかご》により命脈を保ち、命が時の流れに付随している以上、みほとけの子である私たちは、ほとけの子である字を通して仏心を学びとらねばなりません。ゆえに、漢字の由来や生《お》い立ちに興味や関心がおありの方は、文字を通して新たなる別世界に飛び込まれれば、字界《じかい》（当て字）ならぬ、視界が開けてくることになりましょう。新たなる世界観が広がります。実に斬新で楽しい世界です。

少なくとも漢字を文字として使っている国々では、共通した仏教精神や文化が形こそ違えども根強く広がり浸透しています。また、お互いに、困った時にはいがみあうのではなく、相互に援助し合わねばならないのです。かの悠久の昔より、偶然なことでもなく、こうまで意識的に考え編み出された漢字が持つ世界観は、実に計り知れない真実性の連続ばかりです。

またその真意が、果たして今のこの世にしっくりとあてはまることだろうかと考えてみた場合、いつの世でも人の心が変らない以上、その昔に言い当てていることが今なお続いています。その精神たるや、まるで、み神仏さまがなにもかも見通されての筋書き通り。その間に、各時代の時の流れを経て幾多の歴史を乗り越えてきたにもかかわらず、基本の形を変えることもなくまっしぐらに突き進んでいるのが汲みとれます。

昔人は時には、肉親と決別し今生のわかれを告げ、合掌し、霊魂がさ迷うことなく永遠の眠りにつけるように、深く頭《こうべ》をたれ哀悼の意を捧げたことでありましょう。時には、この地上（の楽園）に蘇《よみがえ》ることを切に願いながら、ひたすら祈りを捧げたことでしょう。「加幾久計己《かきくけこ》」の「久《く》」に腰の曲ったお年寄りの姿や、「これの状態になってゆくがよし」と「左之寸世曽《さしすせそ》」の「之《し》」や、また、「知者も愚者も祈り心を大きく示せ」と五体投地ならぬ「乃」がでてきました。また、敬愛するべきお年寄りたちは「たそがれの年齢」と言われるものの、その心にはみのりが多く、「久しい」という文字が「夕」に絶妙なる変化をとげる手法の高度な考え方には感嘆するばかりでした。

　昨日まで生きながらえてきた老人が、長寿を全うして亡くなりこの世から仏として「欠ける」と、仏の字を呼び込んで作成している超高級なる駆使技量。また、腰の曲っていた老人の眼力や眼識には「負い目」を感じるなど、「久しい」と「目」との合成作品はまさに傑作品。

「次ぐ」など、天と地（二水偏）に欠かせないものとなり、次の世代へと移り、継がれてゆくことになります。今ある自然の母なる大地を見た刹那瞬間が「姿」なる字で表され、この「姿」の情景の中に次代を担《にな》う若い芽のまことの姿も含まれています。目に見えない土の中や川や海の中でも次から次へと新しい命を生み落とし、まさに生々流転の様や現象があるのです。万物の継承が「女」と「次ぐ」という字で表現されています。

　生涯で幾多の苦難の険しい道を歩み、呻吟《しんぎん》しながらも苦難を乗り越えてきた老人に対しては、いつも重宝がってあげるのが当たり前で、やさしい言葉でねぎらうことを片時も忘れてはなりません。人知れずに生まれ、人知れずにこの世を去ってゆく森羅万象の一つ一つの生命の尊厳は、尺度で計り得るべきものではありません。そこかしこに根づき育つ一輪の草花にしても、きっとこの世に生まれるべくして生まれてきたのであり、一切不必要なものはないと言えます。その分太古の昔より生まれ育ち今までの長い時間にわたり生きながらえてきた、自然界すべての存在に意義があり、種の起源の継承者の全ては皆この世の摩訶不思議な大変価値のある生命体とも言え、お互いに大切にし合わねばなりません。

人は人のみならずすべての生命体とも縁で結ばれていると確信してやみません。

零・一・二・三から始まる無限の漢字数字にも恒河沙・不可思議と大宇宙・小宇宙にもつながる世界があり、「安」から始まり「无」で閉ざされる漢字の間にも、その言葉は無限にうちひろがり、生命は絶大で、命ある間にも般若（知恵）の世界へとつながっていきそうです。今日も、仏《ほとけ》の心で形作られた「舟」に乗って、娑婆や浮世のうねりの中をこの此岸から彼岸に向け漕ぎ出し、一方では、祈りを絶やすことなく続けることにより、我が菩薩の種子はみ仏に向かって「遊」びなん。

観羅離庵

●

改訂版のあとがき

何ひとつ、現在の象形文字によります。体制に異論はありません。但し、『漢字に仏性あり』の書を発表しまして以来（西暦2000年以後）に、中国天台宗祖でもあられます、「智顗《ちぎ》大師」がお説きになられました「一切衆生悉有仏性」やイギリスのノーベル物理学賞を受賞されましたブライアン・ジョセフソン氏は「物質的に物事を見た場合、物質より前に精神が存在している方がより明確な理論のモデルを作りうると考えている、また共通しているのは、人間には心や意識があって、そのことが物質的世界と無関係に存在しているのではなく、お互いに影響しあっていることを認めることだ」と記述表現されていました。これら智顗さんのお言葉や、ブライアン氏の物質より前に精神が存在（人間には心や意識がある）うんぬんのご両名の発言に感銘を受け、私が長年にわたり「漢字（表意文字）を解き明かしてゆく論拠を私なりに裏付けされているかのように、大変深く感銘を受けた次第でした。やはり中でも整数・素数は単なる数の序列にとどまらず、いずれも深い自然界の多くの現象等を基礎的な意味を持ち、制定されていることは大変意義あり、最重要だと再認識できました。それ以後、以前に解けていなかった「零と壱」が自分なりに解明できました。

また、この度の書にも「起承転結」はなく、本書の場合には重複合成使用するための表現を持ち、あくまでも整数・素数の組み立てから肯定か否定かの意味を表した精神的なる方法を取った次第です。

また、基礎的な意味を理解していただければ、おのずと自分なりに意味が解き明かせ、その分、今までにない新世界観を感じられるでしょう。

また、智顗さんのお言葉は、「悉有仏性」の如く、全てが三世代の命の継承がいつまで続かせることが大切なことですよとも解釈致しております。また色々なる漢字に思いますに重複合成という技法を使用されているので尚一層、漢字の由来を難しいものにしていると考えられました。そこを、ご理解いただきますれば、皆様方にも新展地が開けてくるでしょう。

まして、パソコンやケイタイ電話に頼らず自ら調べ漢字を愛おしみ、愛することも大切なことだと認識された、お互いに大いに頑張りましょう。

なお、本書の執筆にあたり、ややこしい字源をいとわず、小学館スクウェアの担当者様、社長様に、このたびの原稿について相談したところ、「本の出版というものは、何を主眼とし、かつテーマの内容が各読者の方々に一体何を語ろうとしているのかが基本原則だ」と伝授され、『改訂版　漢字に仏性あり』が妥当ではないかとの内容の電話相談を拝受し、かつ前出版の二年後に、新たなる大変重要なる数々の事実を認識することが出来、前著の改訂版として出版することに至りました。

この様に微に入り細をうがつご指導ご指摘を賜わり、また小生から電話した折の明るい応対をしていただいた方々の御一同様を含め、大変お世話になりましたことに深く感謝致し、この紙面を借りて厚く御礼申し上げます。

観羅離庵

観羅離庵《かんらりあん》の雅号《がごう》について

観羅離庵の雅号につきましては、先の拙著、「私譯般若心経」や「きつねとたぬきのばかしあい」（各近代文芸社出版）に於いても詳述してきたところでありますが、どの書に致しましてもその呼称の内容は大幅に変わりようもなく、雅号の由来が本旨とするところでもありますので、再度、重複する部分のあることをここにお許し願うこととし掲載させていただきました。紙面をお借り致しまして、ご容赦のほど、よろしくお願い申し上げます。

「観・羅・離」これらの三つの文字には、ある共通した動物が含まれています。その動物の不断の行動面に現われる仕草や習性を見事にとらえ、般若心経の進みゆく過程やそれぞれの位置づけで、巣くい、塒《ねぐら》をはり、しっかりと根づき息衝《いきづ》いている様がうかがえます。それらは本文でも既述しているように、「隹《ふるとり》」であり、「鳥」そのものの存在です。「観・羅・離」とは「観自在菩薩の観」、「波羅蜜の羅」、それに「遠離の離」です。だが同じ鳥という表現でも、めいめいが持てる字形の意味が異なるように、鳥の状態が異なっているのに不自然さは感じられません。

これらの鳥の習性は、すべての人間が終生にわたり持ち続けるであろう欲望や執着ひいては煩悩であり、その姿を字形の一部に含み表しています。みのりの多い所に集まりたいのは、鳥ばかりではありません。すべての飢えた動物は当然のこと、理性ある人間ですら野生の動物が群がり集まるが如くにみのり多き所に寄り付き、その恩恵にあずかりたいのが本音と言えます。人間以外の動物と同一レベルで考えるのは失礼なことかもしれませんが、誰しも満たされ飽食にありつきたいのが世の常です。

この「隹《ふるとり》」という文字を私なりの見解でただし、その由来をひもとくことに致しますと、最初の一・二画、次の三・四画（なべぶた）のそれぞれで「人々」が挿入されており、次の五・六・七・八画で、心の土壌を表す土が芽生える「十」と「土」との合成で締めくくられているのがわかります。これらを総合的にまとめあげますと、この「隹」とは「人々の心の土壌に絶えず芽生えみのるもの」となり、それは「欲望や執着などの煩悩」の意味をこの一文字で端的に表現し、この煩悩の「隹」に翼を与え、かつ鳥の習性を付加した上で「隹《ふるとり》」という字姿をなさしめているのであります。この煩悩といわれる「隹」だけで人様に危害を加えるわけでもなく、かわいい習性を持ち、時には人間の成長して行く過程での促進剤ややる気の起爆剤ともなり、このようによい一面もあります。かたや、異常なまでに煩悩のとりこになりすぎると、困った面も出てきます。誰しも生きて行く上で、この「隹」は精神的世界の舞台で大いに人々を悩ませるところがあり、すべてこれお互いの心のなせる業だといえます。理性がただひと握りで、他は煩悩イコール本能となれば一番危険です。また、誰しも終生にわたりこの煩悩と戦い続けるわけで、「魂《たましい》」の字の中にある仏と鬼との闘いとも言え、それが絶えず夜昼となく心の葛藤となり、悶え苦しむところがおもしろい所でもあります。このように人間とは、公私にわたり絶えず奮起し努力しなければならないことにもなっており、いわばそのことが宿命と言えましょう。

さて、余談となりましたが、次を進めましょう。

みのり芽生えている所には鳥類が群がり集まるのが習性で、その現象を見なさいとの意味を持っているのが「観」です。五感や六識の中心にある心から発せられる欲望や願望は、見るもの聞くものすべての対象物に、鳥が羽ばたきねらい定めた獲物を捕獲するが如くに、張り付き覆い、そしてまといつきます。獲物が自らの手もとに入ろうが入るまいが、とりあえず電光石火の如く瞬時に、その現象やら行為は五蘊（色受想行識）を通じて繰り返されます。なぜなら自らの内奥に、総称して煩悩という名の鳥が潜在的に巣食っているのが本当で、この煩悩といわれる怪鳥は、ちょっとやそっとでは飛び去り逃げていってはくれないのです。実に優柔不断で、次から次へ生まれては飛び去っていくが、またいつの間にか羽をやすめては、次の欲望や願望の対象となる獲物が出てくるのを待ち受け心の木に羽をやすめに集まってくる。本当にやっかいな代物です。

ところが、ただひとつ、三竦《すく》みの仕組ではないが、彼等にもこの世で一番弱いものがあります。これに引っ掛けられてしまえばもう一網打尽、羽ばたく翼もなんのその、もがけばもがくほど網目状の糸にくいこまれ、最初の頃はばたばたと抵抗していても、最後には力尽きて動くことなく、動から静へと、あたかも捕獲された身のつらさを知り、初めて己の恥部をかえりみて別の自分に目覚めて行くが如く、静まって行くのです。それが「波羅蜜の羅の世界」です。

「羅」とは、別名鳥類を専門に捕獲する「かすみ網」のことでもあります。この「羅」に字にも、秘密の意味が組み込まれています。「羅」は、「あみがしら（罒）」「糸」と「ふるとり（隹）」で構成され、網目状の糸に隹《ふるとり》（鳥）がかかることから「かすみ網」となってはいますが、これだけの意味なら誰しもおどろきはしません。鳥類の鳥目の弱点を突いたかすみ網で捕獲するなど、人間の知恵の最たるものかもしれないが、それ以上の知恵の証が入っているなどと誰が思いつくでしょう。「観」の字や「羅」それに最後の「離」にある隹《ふるとり》（鳥）は、ここでは煩悩の火の鳥とまで置きかえ明言した以上、責任をとる意味からも、種明かしを求められてもいた仕方ありません。

それは一粒の山椒の風味がピリリッと味をきかせるように、「糸」なる字が重要なる意味を含んでいることになります。即ち、糸の筆順から辿って見るならば、最初の書き始めの文字は「人」で、次の筆順が「ム」で、これを合わせれば、「仏」の字が出てきます。当然最後の三画は立心偏で「心」を表しており、通してみれば、糸の字は「仏心」とあいなる次第。これを示す一番良い例に「絶つ」があります。「仏心《ほとけごころ》で色を絶つ」など、まさしく修行僧の初手なのかもしれません。

かの煩悩が比喩的に表現された隹《ふるとり》（鳥）も、目に見えない仏心にかかっては、もうどうしようもないはずです。最初の頃はつよがりを言っていても、順次その深みにすすんで行けば、心は深く静まり、あれほどに次から次へ五体より翼をつけ発着の繰り返しを続けていた欲望や願望の鳥たちも、飛び立って行く頻度も徐々に少なくなってきます。

まして、「羅」の「かすみ網」の如く、目に見えない糸、つまり自らの心根に神仏や祖先を思い描くにつれ、目に見えるものと信仰の世界との絆は次第に、今や中途半端ではなくもう確実に、そこに現れ、絶ち切れそうで絶ち切れない糸で結ばれ、まといくるまれて行くことになります。遠く離れたものとの以心伝心のように、伝わる心にも、まぼろしの糸との瞬間のつながりが芽生えることになります。

かようにも、かすみ網に飛びこみ捕獲されるのは鳥ばかりではないという事実を数千年以前の昔に明文化しており、煩悩のとりことなり、麻薬じみた甘い欲望や願望を持つか弱い人間も、目に見えない糸の仏心には寄りすがり、生死をさ迷い九死に一生を得た者ならばなおのこと、深甚（信心）して行きたい世界となるのは必至。またこの浮世や娑婆の世界に必要欠くべからざるところであり、生きてゆく過程においても、心やすまる安穏のよすがやよるべとなり、大いなる知恵や、稔りあたうる所と言えましょう。

　さて最後の「離」となるわけですが、そう簡単には、五蘊盛苦である五体から、煩悩の鳥たちは離れ逃げ去って行ってはくれません。その心境や境涯に至るまでは、並大抵の修行では到達し得ないでありましょう。般若心経では菩薩種姓（五性格別の一つで誰しも生まれながらに菩薩の種子を宿しており、修行次第では菩薩の域《いき》に達せられるとされている）より発芽し育っていく仏心が、一人一人の救いの道を案内し導き入れ、心の曇りやかげりがなくなるまで菩薩道に励み、そのあかつきの果てに、ある日突然、目から鱗が落ちるように、即ち完全なる悟りを得た瞬間より、今の今まで心の中に巣食っていた煩悩の鳥《と》禽《り》たちは一斉にはばたきまたたくまに宙空へ飛び立ったかと思えば、もうその姿はどこへやら消え失せ、それ以後煩悩の業火に責めさいなまれることもなく、恐れや怖いということも一切なくなってしまいます。このように遠離《おんり》の「離」をひもとけば、「隹《ふるとり》」や「禽《とり》」も「鳥の意」を表しています。隹が禽をいや鳥類全体を表しており、一瞬のなにかの音で敏感に察知反応し、鳥たちは一斉に飛び立ち、その影や姿をひそめてあとかたもなく飛び去ってしまう鳥たちの習性を、ものの見事に言い表しているのです。即ち「離」とは、いわゆる執着や欲望などの煩悩から解き放たれる「悟り」を表す文字でもあります。

また、次に「離」の究極の見解をここで繙きご披露しましょう。それは「隹」の左側の「离」の中にお三方《さんかた》のみ仏が宿され構成されているのです。勿論、なべぶた（亠）に人一人《ひとり》と次にペケ（×）に二人の人が入っています。十やペケ（×）はなべぶたを二つ上下に組み合わせて合成され、本文中の「禰《ね》」の文字にもありましたね。ここまでくればあとは、各々のムの字形の表現は異なるが、すべてこれ「ム」そのものを三つ連続的に書いていいます。やはり、お三方の仏と言えば三世諸仏となり、過去・現在・未来に住《じゅう》するみ仏をさし、これらの三世諸仏を一身に宿しかつ崇めている方々は、いくらずうずうしい煩悩の隹《ふるとり》といえども、長居はできず、一斉に飛び立ち、その姿すらいずこの彼方へか行方知れずとなる次第なり。即ち、「離」とは悟りの本性を宿した素晴らしい漢字と言えましょう。

現代では、離婚や離縁などと離が芳《かんば》しい意味に使われないのが残念です。せめて、煩悩を離脱せしめる「離」が正しいものだと、いつまでも念頭に置きたいものです。

また余談ながら、「雅《みやび》」に仏が、「維」には仏心の糸が「隹《ふるとり》」に寄りそって、執着や煩悩を骨抜きにし、ものの見事に「隹」の鳥はなすすべもなくじっとおとなしく優雅にしているのが分かります。夢や希望や欲望を成就させる時の「隹」には、祈り（之）を表す之繞《しにょう》（しんにゅう偏）を相携えて「進め」ることに致しましょう。

以上かくの如くに「観」と「羅」と「離」をおしいただき、そして、安住の地や場所としての「庵《いおり》」をつけ、「観羅離庵」といたしたわけです。まだまだの未熟者で、決して世を捨てたりもできず、また悟りを開くなどおこがましくて、誠におそれ多くも、畏《かし》くもある次第。以上観羅離の庵《いおり》にて。

付録　私訳般若心経

自《みずか》らに、菩薩の種子《しゅじ》が宿りたるを観《み》たまわん。
在世《よある》に、一切の苦厄を、いく度《たび》に重《かさ》ね経《へ》ようとも
巴《ともえ》のごとくに漲《みなぎり》いずる五蘊は無無意《むなしい》がほどに、苦で満ちあふれ
思い悩める自らの姿を照らし見い出せた時、
悠《はる》かに、生かされ、切り開き行けるのは、
大いなる知恵の、稔り与うる波羅蜜の世界を深甚《しんじん》して行くことなり。

種子《しゅじ》を蓄《たくわ》え、収《おさ》める舎利子には、
物質的現象と無無意《むなしい》心とが、同じ土壌に芽生え
無限なる心にも、はてしなき物質的現象とが相宿《あいやど》らん。

ひと度《たび》に、日がたなびけば、たちどころに色と空とが根付き、

瞬く間《ま》にも、無無意心《むなしいこころ》と物質的現象とが蔓《はびこ》らん、
受想行識もまた然《しか》り、日々くり返さるることが定《さだ》かなり。

おとがいの上に秘《ひ》めたる知恵《ちえ》袋《ぶくろ》にも、自然《じねん》が如くに法《ほう》をひめ、
限り尽きること無き存在《そんざい》に心宿し、無無意《むなしい》相と化し、
一息一脈の間《ま》に刹那《せつな》と鼓動《こどう》とが交錯《こうさく》するがよう、生滅《しょうめつ》、垢浄《くじょう》、増減《ぞうげん》の
めくるめく現象をこともなげに綾《あや》を為《な》し、尽きることがない。

日がたなびき亘るがゆえに、無無意心の中にも、果てしなき物質的現象で満たされ、
色としてとらまえる眼《め》、声として傾ける耳、馨《かぐわ》しきを嗅《か》ぐ鼻、
知《し》ろ食《しめ》せる舌、触《ふ》れたき願いの身、あまねく存在《そんざい》に意《こころ》ゆだね
これらすべて五蘊の発心《ほっしん》より響《ひび》き奏《かな》でとどまることなし。

つれづれなるがままに、祈り天地一体に至《いた》らしむるは、

みはるかす無明《むみょう》の闇《やみ》より露《つゆ》の如《ごと》く現《あらわ》れた、生と心とが相まみえ芽生え育つ。
また、いつの日にか、老《お》い去《さ》らばえ、燃《も》えつき死ぬるまで、追い求めても祈り尽きることなし。

苦で満つる心に因を宿《やど》すも、また因を滅する手だての多きことかな。
実《み》を成《な》し得《う》るにも、心を以《も》って臨《のぞ》み、心より為《な》し得《う》る所から、それは生ずる。
為に、一心に、曇りやかげりがうせるまで、
波羅蜜に依り、悠かなる知恵を呼び起こし、
あまねく芽の、善にはぐくみ得るがよう、心すかねばならぬ。
機が熟《じゅく》し、疵《きず》なき玉の実を為し、菩薩の域に達したる暁には、

恐怖の念は鳥禽《とり》がいづかしき遠き彼方《かなた》へはばたき去ったが如くに消え失せ、
恐れや怖いということも、今はもう無い。
身にふりそそぐ究竟《くぎょう》の念も一切が顚倒し、
浄土の夢郷《むごう》に目覚め、三世に亘《わた》る諸仏の涅槃三昧《ねはんざんまい》に浴《よく》する。

三世の脈絡《みゃくらく》を歳《と》し、すみかとし、
波羅蜜よりの知恵を根生とせし諸菩薩が懐持《かいじ》する、
最極上の慈悲喜捨の精神、
即ちそれは、完成された知恵を得たからにほかならぬ。

移ろいゆく自然界に於いて燦然《さんぜん》と輝ける日の
神仏の合力《ごうりき》を得て、すべての法に隈無《くまな》く与えるが如くに知恵は芽生えん。

移ろいゆく自然界に於いて燦然と輝ける日の

たわわに成る実を知ろし食《め》すが如くに知恵は芽生えん。
燦然と輝ける日の、数限りなく無限の大地に根をおろし、
芽を蔓《はびこ》らすが如くに知恵は芽生えん。
燦然と輝ける日の、数限りなく無限の生命力を
刻々と竹の節目《ふしめ》が正しく育つが如くに知恵は芽生えん。
かくの如くに完成された知恵は、
一切の苦を取り除き能《あた》いしこと、まぎれもない真実なり。
なんとならば、般若波羅蜜多そのものが知恵の真言ならん。
ひと度に、唱《とな》うれば、たちどころに知恵の実を成就して曰く。

臆することもなく、一つ一つの苦集をあからめよ、
さすればみのり与うる波羅蜜と波羅蜜を修め得た僧とが
滅道なる路《みち》をあからめ教示し賜わん。
あくこともなく、あからめ続け行くことが菩提心であり、
今あるこの娑婆の世界が即菩提とする所なり。

著者略歴

観羅離庵《かんらりあん》・本名 吉井 功

1940年大阪上六石ヶ辻生まれ。

幼少より誇大妄想家。三度の死に直面。

戦後、八尾市に移住。

成法中学一期生。

八尾高校卒業。

同志社大学卒業後、近畿相互銀行（現 関西みらい銀行）入行。

退職後に掛け軸「安以宇衣於」と出会い、以後漢字のとりことなる。

著書に『私譯般若心経』（近代文芸社 1994年）、『漢字に仏性あり 安以宇衣於物語』（小学館スクウェア 2000年）がある。

改訂版　漢字に仏性あり
安以宇衣於物語の世界観と思想

2023年8月6日　初版第1刷発行

著　　者　観羅離庵

発　　行　小学館スクウェア
〒101-0051
東京都千代田区神田神保町2-19　神保町SFⅡ 7F
Tel：03-5226-5781　Fax：03-5226-3510

印刷・製本　中央精版印刷株式会社

Printed in Japan　ISBN978-4-7979-8764-5